耐心的资本

PATIENT CAPITAL

The Challenges and Promises of Long-Term Investing

[美] 维多利亚·伊凡希娜（Victoria Ivashina）
[美] 乔希·勒纳（Josh Lerner）
著
银行螺丝钉
译

中信出版集团 | 北京

图书在版编目（CIP）数据

耐心的资本 /（美）维多利亚·伊凡希娜，（美）乔希·勒纳著；银行螺丝钉译. -- 北京：中信出版社，2021.12（2025.1重印）

书名原文：Patient Capital: The Challenges and Promises of Long-Term Investing

ISBN 978-7-5217-3324-2

Ⅰ. ①耐… Ⅱ. ①维… ②乔… ③银… Ⅲ. ①投资经济学－研究 Ⅳ. ① F830.59

中国版本图书馆 CIP 数据核字（2021）第 188373 号

PATIENT CAPITAL by Victoria Ivashina and Josh Lerner.
ISBN: 978-0-691-18673-3

耐心的资本

著者： ［美］维多利亚·伊凡希娜 ［美］乔希·勒纳

译者： 银行螺丝钉

出版发行：中信出版集团股份有限公司

（北京市朝阳区东三环北路 27 号嘉铭中心 邮编 100020）

承印者： 北京通州皇家印刷厂

开本：787mm×1092mm 1/16 印张：18.5 字数：204 千字

版次：2021 年 12 月第 1 版 印次：2025 年 1 月第 5 次印刷

京权图字：01–2020–3323 书号：ISBN 978–7–5217–3324–2

定价：69.00 元

服务热线：400–600–8099

投稿邮箱：author@citicpub.com

译者序

银行螺丝钉

长期投资，正是螺丝钉一直以来在做的事情，所以当编辑找到我，希望我能翻译这本书的时候，看到书名《耐心的资本》，心想，这不正是互相契合的理念吗？

所以很荣幸接受了邀请，翻译了这本书的内容，希望咱们国内更多的投资者能够了解长期投资的理念。

在投资里有句俗话：七亏二平一赚。

为啥呢？

有两个原因：追涨杀跌和频繁交易。

之前也有机构统计过，国内股票基金投资者，平均持有时间长度在2~3个月。

这还是平均值，如果是最近两年进入市场的新投资者，估计持有时间更短。

之前一位有名的基金经理，在分享的时候，也说过类似的数据。

这位基金经理管理的基金，过去几年，在所有基金中，收益排在前列，净值也从1元涨到了4元多。但是，他分享了一个数据，大部分投资者持有他的基金的时间，非常短。37%的投资者持有不到90天卖出，平均收益率为3%；能坚持持有5年以上的投资者，只有0.4%。

要知道，他的基金过去几年收益很好，如果换一只收益排在平均水平的基金，持有5年以上的投资者还会更少。

能持有5年，几乎是千里挑一。0.4%是什么概念呢？

举个例子，高三考生考大学，在山东能考上“985”院校的，通常只占当年所有考生的1.4%。而坚持持有基金5年以上的投资者，只有0.4%。比一个学生考上“985”院校，还要难3倍以上。

所以“挑选一只好基金，长期持有就能赚钱了”，这个策略的执行难度，就好比对一个学生说，“只要你好好学习，就可以考上清华、北大、复旦、浙大了”，难度差不太多。

挑选优秀的基金，其实不难。难的是长期坚持。

这是对我们个人投资者而言的。

那么机构投资者，是不是就可以更好地做到长期投资呢？

也不一定，不是所有的机构投资者，都可以做好长期投资。

《耐心的资本》这本书所讲述的，正是机构投资者在私募股权领域的长期投资情况。并且机构投资者的持有时间会更久，通常是长达10年或几十年。

虽然这看起来跟个人的投资离得有些远，但它们的投资行为，其实对我们未来的生活、社会的发展，都有着很深远的影响。

比如著名的耶鲁大学捐赠基金，它为耶鲁大学提供所需要的资金，比如为教职工发放工资、维持校园正常运转等，因此捐赠基金运作的好坏情况就非常关键了。

书中还提到另一所大学纽约大学捐赠基金，由于投资过于保守，长期以债券配置为核心，忽略了股票资产配置的重要性，导致少赚了数亿美元。

再比如美国亚拉巴马州养老金的投资，经历了很多失败的项目，损失巨大，导致该州养老金出现了非常大的缺口。这种情况又会导致该州的信用等级下降，从而影响学校、道路以及其他公共基础设施等方面的建设。

为什么在机构投资中，会出现这样的问题呢?

这本书从两个视角进行了分析。

第一个视角，是投资者的视角，也就是手握大量资金的机构。它们的投资策略是怎样的，如何选择投资对象，如何管理好内部投资团队等。

第二个视角，是基金的视角，也就是接受资金并进行投资，为投资者产生回报的投资集团。这些基金的结构是怎样演变的，在投资中遇到了哪些问题，当基金规模扩大的时候是否能从容应对，基金的费用对收益有怎样的影响等。

很多问题，迄今为止可能还没有很好的解决方案，不过发现问题，便是解决问题的第一步。这本书也提供了很多非常有参考价值的建议。

在我看来，作为普通个人投资者阅读这本书，目的不是学习到具体的投资策略，而是从一个更高的维度帮助我们开阔眼界，了解世界上这些大型的投资机构，它们都做过哪些尝试，经历过什么样的困境，取得了哪些成功。

这些投资，通常都是以私募股权投资的方式进行的。这个领域不如公募基金那么透明，投资起来难度更大。

从私募基金的起源开始，这本书介绍了很多这个领域的先行者，得以让我们对整个行业有一个比较全面的了解。

最后，这本书特别擅长使用各种案例来进行描述，初读起来有些深奥，却又不缺乏趣味，值得细细品读。

前言

私募资本入门

本书着重阐述长期的、有风险的和流动性差的投资。这些投资可能涉及为单个项目提供资金，从开发新药到修建高速公路，但它们通常还是通过公司进行，无论是明尼阿波利斯的微生物公司，还是中国香港的卫星通信专业公司。

关于长期投资的争论越来越多，也越来越深入，焦点一直集中在投资点子上：这个世界上的好点子是不是已经不多了？为什么各个公司提高生产率似乎更难了？我们的想法是在一个不同但重要的方向上取得进展：当好的点子真的出现时，如何确保它们得到耐心资本的资助和培育。这本书基于最近的学术研究、我们自己的工作，以及许多与投资者的讨论，概述了长期投资面临的关键挑战，并为应对这些挑战提出了建议。不过，在深入讨论细节之前，我们先简要定义几个概念。

在整本书中，我们频繁地使用“私募股权”这个术语。在过去的几十年里，私募股权一直是进行长期的非流动性投资的主要方式。在传统的私募股权结构中，资金是这样筹集和分配的：由所谓的普通合伙人（GP，例如红杉资本或黑石集团）等专业中介机构管理的基金进行。其中一些集团侧重于初创公司（风险投资），另一些侧重于正在转型的成熟公司（收购），还有一些集团则侧重于介于两者之间的公司，这些公司通常已经盈利，但需要资本和建议（成长型股权）。在私募股权投资行业的这三个领域中，交易的来源、尽职调查的过程、估值以及投资后的价值创造来源都大不相同。

普通合伙人从投资者那里筹集资金，这些投资者可能是家族办公室、保险公司、养老基金、大学捐赠基金，或者政府拨出的长期资金池，即所谓的主权财富基金。资本提供者被统称为有限合伙人（LP），而基金则被称为有限合伙。这些基金通常有 8 ~ 10 年的寿命，有时还会延长。

私募股权投资者通常同时管理数只基金，这些基金的剩余期限不同，有时侧重的领域也不同。但在该行业历史上很大一部分时间里，私募股权投资者通常都恰如其名：他们投资于私人持有的股权（而不是债务）。对于风险资本和成长型股权，投资通常以复杂优先股的形式进行。对于成长型股权和收购，除了股权，投资者通常还使用从银行和其他投资者那里借来的债务（统称为杠杆）。投资后，普通合伙人将持有该实体 5 年左右，常常通过一个或多个董事会席位来指导其进展。一旦投资被出售——无论是出售给公司买家（所谓的交易出售）、股票市场上公开发售股票的首次公开募股（IPO），还是出售给另一家私募股权集团——基金将逐渐停止运营。

普通合伙人提供了服务后，会收取管理费，即每年所筹集资金总额（也称为承诺资本）的 1.5% ~ 2%，以及最终利润（带息）的 20%，有时还包括额外的交易费用。但是，近年来这种模式已开始发生变化，基金的寿命更长，结构更新，包含新的投资类型。

本书借鉴了过去的经验教训，对未来提出了建议。因此，我们不仅考虑了如上所述的传统基金模型，还考虑了采用其他方法进行风险项目的集中投资和非流动性投资。也就是说，出于篇幅考虑，我们回避了公开交易证券中的投资者或者那些追求较短期限投资策略的投资者（例如对冲基金和激进投资者所采用的策略）所面临的挑战。

我们在本书中介绍了关于长期投资者和私募股权的几个需重点关注的概念，包括资产配置、业绩评估、薪酬、机构投资者内部的治理结构、基金结构带来的激励（或“代理”）问题等。虽然我们不打算让本书成为私募股权行业的教科书，但还是在提到相关的概念时做了解释。我们最终希望本书不仅能吸引行业参与者，而且能更广泛地吸引那些对创新点子以及如何将其付诸实践感兴趣的人。

目录

第1章
长期投资，刻不容缓

PATIENT CAPITAL

The Challenges and Promises of Long-Term Investing

长期投资这件事，从未像今天这样重要。现代社会中的很多棘手问题都不容易解决。比如全球环境恶化问题、发展中国家和发达国家的基础设施日益老化问题、国家安全问题、对刺激经济发展的创新的迫切需求问题等。这些问题都不是一朝一夕就能解决的，都需要大量的时间和金钱来寻求合适的解决办法。

此外，在世界上很多地方，过去站出来解决这些问题的“投资者”，也就是政府部门，现在却不愿意或没有能力这样做了，这一点越来越明显。在欧洲，很多宏大的计划要么被废止，要么被证明是无效的。以西班牙为例，这里到处都是“幽灵机场”，这些机场由欧盟和西班牙政府出资建造，却几乎无人使用。[1]甚至有一些机场，在建成后的头几年里，连一架商业航班都没有。[2]与此同时，国家政策的变化也带来了不良后果。比如政府之前鼓励研发替代能源，承诺会给予慷慨补贴，然而政策突变，不但没了补贴，还要收取“太阳能税”并进行严格监管，这导致西班牙的很多可再生能源公司濒临破产。[3]

在美国，小政府主义导致公共投资在环境、科技和创新等领域的作用被削弱。即便是政府部门关注的领域，比如基础设施建设，前景也是不明朗的。因为该计划严重依赖于私营部门的支出，政府并不起主导作用。另外，在国防科技领域的趋势表明，自从“9 · 11”事件之后，有明确目标的短期项目，比起那些几十年前就立项了，并且在计算机和通信领域产生重大突破的大型项目而言，更受青睐。[4]

很显然，想要解决长期的需求，就要有另一组行动者发挥带头作用。最有可能解决问题的，就是公共养老金、保险公司、主权财富基金、捐赠基金和家族办公室管理的资金池。这些组织的职责就是在长达很多年的时间里保管好资金。对于大学和家族而言，保管时间甚至是永久的。

而且，这些机构手中掌握着巨额资金。据经济合作与发展组织（OECD）统计，2015 年，仅其成员国的国家养老金资产就超过了 35 万亿美元。此外，这些国家的人寿保险公司在 2015 年掌握着接近 15 万亿美元的资产。[5]如果还要统计主权财富基金、捐赠基金和家族办公室等机构掌握的可投资资产，就比较困难了，不过也应该达到了数万亿美元。[6]

这些机构对长期投资机会的渴望，比以往任何时候都要强烈。我们称之为“投资者”。公共养老金和社会保险计划正面临着巨大的缺口，传统的股票和债券已经无法弥补这个缺口了。例如，据穆迪（Moody）的报告估计，2017 年美国联邦、州和地方养老金的缺口大约为 7 万亿美元（这还不包括没有着落的高达 13 万亿美元的社会保障责任）。[7]报告还表示，许多其他国家的情况也好不到哪里去。同样地，由于政府消耗资源的速度比获取回报的速度更快，为了避免严重经济衰退和社会动荡，许多国家的主权财富基金也在迅速枯竭。

在这个资源枯竭的时代，获取可观的回报是当务之急。但是，在预计未来几年[8]全球股市将表现平平、利率上升缓慢的环境下，用传统资产来实现这个目标将面临巨大挑战。因此，在过去20年里，投资者越来越青睐于像耶鲁模式或加拿大模式这样的方法。在这些方法中，私募股权和房地产等长期资产，发挥着至关重要的作用。

比如多年来使用这些方法的典范——耶鲁大学，在过去20年里（到2016财年末），从债券上仅获得了每年5%的收益率，从股市里获取了每年12%的收益率，但从私募股权和林地、农场等地产投资中，分别获取了14%和16%的年化收益率。与此同时，过去20年，耶鲁大学还通过风险投资，获取了难以置信的高达77%的年化收益率。也就是说，假如我们在20年前投资了1 000美元，按照77%的年化收益率，其间不取出任何资金，持续投资下来，那么如今将增长到9 100万美元！[9]

直观来说，长期投资的吸引力是显而易见的。历史上有很多精明的投资者"不走寻常路"，并因此获得了惊人的回报。比如，小约翰·D.洛克菲勒（John D. Rockefeller Jr.）早在1946年就开始了对日本房地产的投资，沃伦·巴菲特（Warren Buffett）收购伯克希尔–哈撒韦公司（Berkshire Hathaway）是在1965年，查理·李（Charlie Lea）在联邦快递（Federal Express）过去6轮业绩表现不佳和收入下滑时对它的投资，也获得了不错的回报。

可见，投资者的目光正在超越传统的股票和债券，希望通过黏性更强的长期投资来获得更好的回报。《华尔街日报》估计，2017年美国私募市场的投资总额，包括直接面向投资者的私募债务和股权配售在内，一共为2.4万亿美元，这比公募市场的2.1万亿美元还要多。[10]即使投资者想要坚守公募市场，可供投资的上市公司却可能不够数量，至少在美国是如此。根据克雷格·多伊奇（Craig Doidge）、安德鲁·卡罗伊（Andrew Karolyi）和勒内·斯图尔兹（René Stulz）的调查研究，在过去20

年里，美国上市公司的数量下降了大约一半（不过，在其他国家，上市公司数量过去一直在增长，直到2019年才开始趋于平稳）。[11]目前，对于新建企业和重组企业、公路和桥梁、农场、风力发电场等领域的投资越来越受欢迎。在理想化的情况下，这些经验丰富的投资者将填补资本缺口，同时创造出很不错的财务回报，来解决社会需求。

然而在大多数情况下，尽管需求非常多，这些领域的投资却不尽如人意，会受到很多干扰。现实的情况往往是，对于复杂的投资，投资者会采取“快而不计后果”的方式，却还奇怪为什么这种方式不起作用。结果就是浪费了大量的资金，却几乎没有真正的进展。

一个典型的失败案例就是“清洁技术泡沫”。[12]从2008年到2011年，风险投资家意识到了全球变暖的潜在风险，于是向太阳能、风能和生物燃料等领域的公司投资了150多亿美元。在大多数情况下，投资者急着投入资金来干一件大事，资助的通常是那些几十年来专家都无法解决的技术领域。还有的投资者，比如臭名昭著的索林卓（Solyndra）公司，管理层缺乏经验，却手握大量从政府和私募投资者那里获取的资金，在不了解市场和竞争的情况下，犯了一系列的错误。当然，也有一部分原因可以归结于运气差。当时天然气价格快速下跌，而水力压裂法却在美国大肆流行。经历了一系列广为人知的失败，再加上大萧条造成财政上的压力比较大，所以政府对清洁技术公司的补贴也就下降了。

很明显，短短几年里，这些投资者都在苦苦挣扎，在风险投资界，对所有清洁技术相关事务的热情开始大大减弱。而后，这些投资者关注的对象又转变了，变成了社交媒体以及数不清的相关应用程序。于是，对清洁技术公司的早期资助，从2011年的14亿美元下降到2014年的约1亿美元。虽然也有一些成功案例从这次投资热潮中脱颖而出，比如特斯拉和电动汽车行业，但还是会让人觉得，这是一次昂贵的、失败的投资。实际上，当人们发现，一些表面上看似有用的方法，而真正实践起来却效果不佳之后，通常就已经放弃去解决这些极其复杂的问题了。

除此之外，还有许多其他的长期投资项目也表现不佳，因此投资者开始越来越多地寻求新的长期投资方法。

我们举三个例子：

- 2017 年，当时美国最大的公共养老金——加州公务员退休系统（California Public Employees Retirement System，缩写为 CalPERS）的首席投资官西奥多·埃利奥普洛斯（Theodore Eliopoulos），将 3 230 亿美元的养老金用于一个私募直接投资项目。该项目并不是通过基金来进行投资，而是通过入股生命科学等领域的私募控股公司来进行投资。通过这种方式，可以帮助加州公务员退休系统减少其在上一年向私募股权管理人支付的 8 亿美元费用，同时延长投资期限。不过也有人质疑，即使把直接投资人员放在一个独立的法律实体里，养老金是否有能力支付足够的薪酬来吸引顶尖人才。在 2017 年年底，加州公务员退休系统转而要求主要金融机构参与竞标，才能成为其私募股权项目的战略合作伙伴。
- 公共投资基金（Public Investment Fund，缩写为 PIF）是沙特阿拉伯王国拥有的几家主权财富基金之一，它曾两次公开承诺投资新的私募基金。PIF 原本是一家发展比较缓慢的公司，也持续经营了几十年，但 2019 年以来，它获得了大量公共资金的流入，并将从沙特阿拉伯国家石油公司私有化的过程中获得更多资金。然而，即使是按照同行的自由支出标准，它的投资也令人震惊。首先，PIF 向软银愿景基金（Softbank Vision Fund）承诺投入450 亿美元。软银愿景基金在2018 年年初非常接近其1 000 亿美元的目标，规模是有史以来其他风险基金的30 倍，也是最大的科技型并购基金的10 倍。其次，PIF 初步承诺可以向黑石集团（Blackstone）提供200 亿美元，支持黑石集团的400 亿美元的基础设施基金。这400 亿美元足有黑石集团以前筹集到的资金的2 倍之多。不过，鉴于黑石集团曾在2011 年决定过放弃筹集20 亿美元的基础设施基金，所以PIF 的这一举动尤其令人震惊。英国《金融时报》也有报道，沙特基金匮乏的经验和不健全的组织结构，引发了国内外对这一做法是否明智的担忧。[14]

- 一个不便透露姓名的亚洲富豪家族的投资办公室，由于专业投资者对于家族掌门人比较随意的投资方式表示不满，所以投资意见产生了分歧。特别是，工作人员觉得家族办公室的首席投资官，也就是创始人的孙子，对待投资项目和公司的方式非常散漫，以数十亿美元的价格把家族零售业务卖给了一家全球性企业集团。数据表明，过去10 年来该家族的投资记录相当复杂。作为回应，这位首席投资官说，家族办公室的工作人员正在试图限制他的能力，使他无法迅速、灵活地应对全球网络向他们提供的机遇。

这三个事件说明了长期投资计划所踩的一些关键“地雷”。无论这些方案从理论上来看有多么令人满意，但在实际执行时，都会一再被类似的问题所阻碍。因此，我们并不赞同投资者还没做好充分准备，就开始进行长期投资，尽管很多投资者都是如此。事实上，追求长期投资已经不再仅仅是大型机构关注的焦点。我们的研究表明，在2008年至2017年期间，所有养老基金都大举向各种不同的投资领域扩张，哪怕那些只管理着5 000万美元资产的基金。[15]

人们迫切需要思考别人所遇到的困难，然后给出解决方案。这些障碍并不是无法克服的，我们在后面的章节也会列举很多成功案例，但是如果没有适当地关注，它们定还会出现。本书的目的就是，识别出这些陷阱，并提出可行的解决方案来规避这些陷阱。

什么是长期投资，为什么需要长期投资

长期投资到底是什么呢？在许多讨论中，这一定义相当模糊，就像美国最高法院大法官波特·斯图尔特（Potter Stewart）对猥亵的经典定义："当我看到它时，我就知道了。"[16]比如，世界经济论坛（World Economic Forum）将长期投资定义为：一名投资者希望无期限地持有资产，并且他有能力做到这一点。[17]而一个名叫"专注于长期项目资本"的行业元老级组织则将长期投资定义为：用多年时间来创造价值。[18]其实这两个定义也是比较类似的。

我们对长期投资给出一个更朴实一些的定义：持有超过5年的投资。最近几十年来，这种投资通常是在私募合伙企业中进行的，其中包括对前沿技术的投资、对急需资本或重组的私营企业的投资、对基础设施项目的投资，以及对一些难度更高的品种如农田和水的投资。我们说过，从事长期投资的投资者（无论是一次性投资还是定期投

资），主要包括私募基金、养老基金、家族办公室、捐赠基金、保险公司和主权财富基金。

与此同时，短期投资包括可以随时买卖的流动资产。比如股票和债券，虽然很少有人说自己是短期投资者，但实际上这样的人很多！世界银行根据世界交易所联合会的统计数据计算得出，一只股票的平均持有时间，从1975年的5年以上，下降到2016年的8个月以下。而从全世界范围来看的话，在同样的时间里，一只股票的平均持有时间，从4年左右下降到了9个月。[19]我们对长期投资关注的同时，也不能忽略一个事实，那就是短期投资也能带来重要的好处，即能为资本市场提供流动性。

实际上，股票持有时间的缩短可能会引发一个问题：为什么我们需要长期投资者？尽管投资者各式各样，但如果一些短期投资者各自做出的决定都能使他们所持有的公司的价值最大化，我们不就达到理想中的结果了吗？换句话说，耐心的资本如何创造价值？

一种解答是，评估潜在的创新产品和服务的价值，可能是非常困难的。也许短期来看，被认为是一个灾难性的失误，但放在长期来看，却最终获得了巨大的成功。我们回顾一下过去半个世纪最具革命性的产品，就能知道这点。

苹果公司最初涉足移动设备，是在2001年发布iPod之后，当时销量远低于预期，面临了大量的质疑。[20]《连线》杂志认为，iPod这个名字可能是“我更喜欢其他设备”或“我更喜欢拥有光盘”的缩写；而《纽约时报》则嘲讽道，“‘突破性的数字设备’可能正在推动它的发展。”[21]由于销量低于预期，苹果公司的股价下跌了25%。但即便如此，董事会还是一如既往地支持史蒂夫·乔布斯，并没有改变公司发展方向，到2014年苹果公司停止公布iPod的销量时，该公司已经售出了

3.9 亿台 iPod。[22]

类似的产品还有波音 747 和 IBM 360，尽管经历了延迟、成本超支、股票分析师的广泛批评等，但它们最终被证明是非常成功的，并具有更广泛的社会影响。[23]有些组织想要采用别人开发的技术，也会面临类似的问题。

由杰里米·斯坦（Jeremy Stein）发起的关于公开市场短视行为的一系列研究工作，展示了这些观察结果背后所透露出的意义。[24]尽管苹果、波音和 IBM 可能有雄厚的财力来忽视人们对这些项目的质疑，并继续为这些“陷入困境”的项目提供资金支持，但这些可能只是个别案例，而非常态。斯坦描绘了这样一个世界：市场会因为公司有更高的收益而给予它们回报，比如今年利润多，通常就会期望明年利润更多。深谙此道的企业家，就会努力提高当前的收益，哪怕这意味着不会给那些终将创造价值的长期项目提供资金。斯坦认为，即使背后的投资者知道企业家在这样做，并会导致公司股票价格大打折扣，企业家还是会继续这样做，因为所有其他的企业家都在做同样的事情。因此，企业家陷入了经济学家所说的“囚徒困境”——假如有两名囚犯，即使他们保持沉默结果会更好，他们仍然会倾向于告发彼此。类似地，公司可能会削减长期项目上的开支以打动市场，尽管如果它们集体决定不这样做，世界会更好。

虽然斯坦在写下这一模式的时候早在 20 世纪 80 年代，但现在像比尔·阿克曼（Bill Ackman）和丹·勒布（Dan Loeb）这样的激进对冲基金投资者的激增，成功地鼓动了许多“表现不佳”的公司削减成本和重组。因此斯坦对世界的描绘，放在今天来看更加真实。金融学术文献认为，在许多情况下，对冲基金的干预措施提高了股东价值和公司的长期业绩。[25]但在某些情况下，我们不得不去怀疑，这些激进分子一味地专注于给投资者带来现金回报，会导致不利的后果。

在这种情况下，私人的、有耐心的市场可能具有强大的优势。在看重大数据和持续分析的当今世界，我们也许会认为，公开市场提供的反馈永远是一件好事。但真正的实践者却经常透露一个事实，那就是私人持股的投资方式，才可以使管理层免受取悦市场的压力，如果想要取悦市场，管理层就可能会“做错事”。其实，没有受到公众关注，才更容易执行风险更大的产品开发计划、痛苦的重组计划，或是大量而缓慢的投资。

这些关于私募市场优点的说法很有趣，但很难被证明是对的。因为上市的决定不是随机的，也不是偶然的。能上市的公司，大多是更成功、更有前途的公司。沙伊·伯恩斯坦（Shai Bernstein）以一种巧妙的方式展示了私募市场的一些优点：通过比较已上市公司在首次公开募股后的行为，以及那些虽然申请了上市，但由于随后几个月股票市场下跌而导致上市无法完成的公司[26]（因为新股发行市场变化无常，长期低迷可能导致其永远无法上市）的行为，会发现，已上市公司所产生的创新想法的质量会相对下降。这种下降，可能是由于公司里很多关键创新者离开了公司（大概是去了其他初创企业），而留下的成员创新效率变得不如从前（可能是由于他们正沉浸在自己新获取的财富的喜悦中，而分散了精力）。

公开市场不仅可能迫使企业家做出错误的决定，而且可能在一开始就不能很有效地提供监督。在许多情况下，投资者很难了解企业家及其亲信可能拥有哪些私人信息和动机。例如，当一家企业从外部投资者筹集股本时，企业家就有动机进行一些没必要的支出（如奢华的办公室），因为在他们获取的收益里，可能并不需要承担这些成本。[27]

在长期投资的背景下，企业家就可能投资于策略、研究，或一些虽具有高个人回报，但股东预期的金钱收益比较低的项目。比如，一家生物技术公司的创始人投资于某项研究，这会给他在科学界带来巨大的认可，但给投资者带来的回报却很少。这与伊兰·古德基（Ilan Guedj）和戴维·沙尔夫斯坦（David Scharfstein）的研究结果相一致，他们的研究表明，对于资金充裕的年轻生物技术公司来说，涉及癌症药物的关键临床试验的成功率只有3%，而对于制药公司来说，这个比例是35%。[28]他们的研究还表明，在许多情况下尽管出现了明显的问题迹象，首席执行官（CEO）仍然继续工作，渴望尽可能长时间地保住自己的职位。

如果企业家和投资者能够签订详细的合同，涵盖所有可能发生的情况，这些问题或许可以避免，但这是不切实际的。即使投资者强烈怀疑企业家采取了某种与最初协议相悖的行动，他们也无法在法庭上证明这一点。因此，投资者往往干脆避开，导致耐心的资本难以被发掘。

我们已经强调了公开市场投资可能出问题的两件事：第一，市场可能迫使管理层过于短视；第二，管理层可能以牺牲投资者利益为代价来推进自己的事业。第三个问题则比较普遍，对投资机会的把握可能不准确。对于哪些项目将成为长期赢家，不只是股票分析师和普通大众难以判断，即使是专门投资这些项目的专家，也要费一番工夫。柏尚风险投资公司（Bessemer Venture Partners）就是一个典型的例子。

柏尚是一家顶级风险投资公司，以投资年轻公司而闻名。在其网站上列出了一长串失败的案例及原因——也就是那些它们没有投资，后来却变得非常优秀的公司。（当然，柏尚也选择对了许多赢家，否则就不会有这样的名单了！）比如，在易贝（eBay）刚成立时，它拒绝了投资易贝的机会，因为投资者不认为一个交易漫画书和糖果盒的平台，会有什么价值。[29]

为了更系统地阐述这一点，我们的同事比尔·科尔（Bill Kerr）、拉马纳·南达（Ramana Nanda）和马特·罗兹－克罗普夫（Matt Rhodes-Kropf）研究了一家成功的大型风险投资集团的最终投资结果。[30]该公司通常要求其团队在交易完成时对所进行的交易进行评分。从10多年的交易中得出了一个惊人的发现：最终被证明是超级赢家的交易、中等成功的交易和完全失败的交易，与其初始评分结果基本上是吻合的。

短期业绩的压力、对监督管理层的需求，以及如何识别出最有可能成功的机会，这三个挑战表明了长期投资的战略作用与短期投资是很不同的。积极参与投资管理的长期投资者可能会贡献很多价值。虽然他们不能预测企业是否会成功，但他们可以与自己持股的公司和项目密切合作。在理想情况下，长期投资者也许能够对投资方向给予正确的引导，并减少上文提到的各种不合理的现象。

正如上文中说到的，在越来越多的情况下，长期投资者更喜欢选择采用私募投资合伙人的模式。这些合伙投资者会使用一些工具来辅助项目取得成功，比如筛选投资、复杂的交易结构、投资的分期、提供监督和非正式指导等。如果事情进展不顺利，无法改变，他们也可能会切断资金，以避免把钱花在糟糕的事情上。此外，私募股权公司的高额薪酬也激励投资者更密切地关注公司，因为薪酬与公司的回报是密切相关的。

当然，长期投资和私募合伙人并不是同义词。例如，伯克希尔－哈撒韦公司就通过公共基金的方式进行了一系列非常成功的收购。

TIAA是为学术和医疗专业人士（以及其他人士）管理养老金的机

构，也很看重对特定上市公司的治理。这些行为可以产生经济学家所称的正外部性：当公司的运营得到改善时，所有投资者都能从公司价值的增长中获益。[31]正如在金融文献中记录的，投资者的积极参与可以帮助改善被融资公司的产出。

但是，这个过程并不容易，许多组织不具备足够的技能或结构来成功挑选并监督投资。例如，银行似乎就很难做好这件事。银行家往往不具备必要的技能，无法在几乎没有实际资产和存在重大不确定性的情况下对项目进行评估，也无法在资金注入后提供严密的监控。它们承担风险的能力也很有限。此外，银行（以及企业）很难复制私募合伙企业的薪酬方案。没有强大的激励机制，企业会发现很难留住员工，因为一旦投资者建立了历史业绩记录，他们就可能会去成立属于自己的基金。[32]因此，即使在德国和日本等金融部门以银行体系为中心的国家，政策制定者如今也在寻求鼓励发展私募行业的方法，以确保为高风险创业项目提供更充足的资金。

至少在理论上，愿意进行长期投资的行为都应该得到回报。因为这需要对不透明的项目进行评估、监督，还可能面临无法轻易把投资进行变现的风险。如果公开市场上的传统短期投资者无法为能带来盈利的投资好机会提供资金，我们希望能通过其他的方式来提供资金。金融创新者的大量工作，已经突显了他们在应对当今重大金融挑战时的能力和创造力，比如，资助从欧洲到亚洲进行贸易的航行船只，以及资助美国的铁路网络建设等。[33]在过去30年里，私募资本公司的爆炸式增长就可以说明这一点。确实也有大量证据表明，由风险资本支持的公司比同业其他公司具有更强的创新能力和更好的就业机会，[34]同时那些由私募股权投资的公司则在产品安全性、生产效率、应对经济衰退的韧性、创新性、减少工伤事故等方面都有改善。[35]

长期投资的挑战

因此，从理论上讲，长期投资会为企业和经济带来重大好处。这些投资者使得那些原本不会获得资助的项目获得了资助，他们提供监督，并保护公司和项目避开那些公开市场里潜在的不合理压力。此外，由于投资者应该因为他们愿意进行长期投资而得到回报，最终的受益者群体，无论是退休人员、在职人员，还是学生，也应该受益。这听起来真棒！

这就引出了另一个问题：如果一切都那么美好，为什么还需要这本书呢？因为这并不只是一幅简单而又美丽的图画。投资者既对长期投资机会有大量迫切的需求，又想要获取更好的投资回报，两者之间虽然存在着交集，但正如前文所述清洁技术故事所表明的，对长期投资的许多尝试都收效甚微。这些令人失望的情况很普遍，比我们想象的要多，是什么原因造成的呢？

尽管长期投资具有吸引力，而且也可能获得超额收益，但许多投资者实际上是喜忧参半的。近年来，许多类型的另类投资的总体回报率，完全比不上公开市场的投资回报率，更别说这些投资风险更大，流动性还不足。所以在很多情况下，投资者实际上并没有做到长期投资，而是在市场火热的时候进入，在市场下跌的时候退出。而且通常做这些投资操作的基金管理人没有什么损失，真正遭受损失的是提供资金的个人和机构。

例如亚拉巴马州，它的养老金投资发生了一系列重大逆转，如果不是因为该州对资源的迫切需求，差点就到了可笑的地步。[36]几十年来，亚拉巴马州退休系统（Retirement Systems of Alabama）养老金一直是由戴维·布朗纳（David Bronner）管理的，他有权投资任何类型的资产。布朗纳也志在寻求长期投资，比如购买写字楼、购买公司的大量股权等。

到目前为止，总的投资结果还是可以的。不过其中也有许多投资都失败了。例如，在2003年，布朗纳向美国航空公司投资了2.4亿美元，这项投资使州养老金获得了8个董事会席位，并使布朗纳获得了董事长的头衔。但是这家公司最终于2004年申请破产。再比如，几年后布朗纳投资了广播媒体和报纸行业，但由于后来数字媒体获得了大众青睐，这些投资也遭遇了损失。他也投资了一些本地项目，例如莫比尔的RSA大楼和罗伯特·特伦特·琼斯（Robert Trent Jones）高尔夫球场，但其中许多项目的投资逻辑都令人质疑。据报道，2011年至2014年期间，美国国家养老金在高尔夫球场投资的2亿美元，投资回报率仅为1.5%，而当时正是公共股票市场涨势不错的时期。[37]

毫无疑问，当时最大的一次投资失败，是2007年向亚拉巴马州巴顿的新铁路车辆工厂投资3.5亿美元的计划。这个计划承诺创造1 800个就业岗位。[38]但是在对项目进行尽职调查的过程中，州养老金没有发现，这项设施的建造费用几乎是工厂管理者估计的两倍，而且工厂管理者没有如实申报其负债和资产。最终导致该项目在2010年宣告破产。到破产时，也没有生产出任何有轨电车。于是州养老金接管了这处物业，然后又投资了2.75亿美元来完成它。

这项投资的最终损失难以估量。州养老金确实成功地将工厂租给了纳威司达公司（Navistar），而后者又将工厂的一部分转租给了其他公司。但这并不是一笔公平的交易。纳威司达公司从州养老金处获得了大量投资，用于在该州的其他地方建设柴油发动机设施。这个举措创造了就业机会，于是当地经济发展局向纳威司达公司提供了慷慨的补贴[39]（不过，当纳威司达公司没有达到既定目标时，这些补贴也被下调了[40]）。根据协议约定，公司首席执行官向州养老金偿还了 2 100 万美元。[41]但布朗纳自己也承认，该项目的损失已达数亿美元。[42]

由于这些失败的投资，以及对员工过分慷慨的福利承诺，亚拉巴马州面临严重的资金不足问题。尽管州养老金声称其无资金储备的负债为 167 亿美元，但乔希·劳（Josh Rauh）的计算显示，真实数字大概率是 463 亿美元（这也是美国各州中数字差异最大的之一）。[43]这使得亚拉巴马州养老金的资产负债比（约 40%），以及州养老金负债与州税收比，在美国所有州养老金中都位居下游。亚拉巴马州政策研究所指出，2015 年，弥补养老金缺口的支出已经成为该州第二大支出，仅次于教育支出，预计未来几年还会大幅增加。[44]考虑到美国公共养老金的落后表现和不稳定的财政状况，亚拉巴马州的表现类似于跑完马拉松的最后一站——对参与者来说是痛苦的，对观众来说也是痛苦的。

如果这仅仅是美国 50 个州之中 1 个州的经历的话，还不要紧。但遗憾的是，还有很多州也存在类似的情况。比如肯塔基州，可以说是美国所有州里养老金计划做得最糟糕的。[45]在 2016 财年末，肯塔基州退休系统（Kentucky Retirement Systems，缩写为 KRS）养老金的无资金储备的负债为 328 亿美元，如果再保守一些预计的话，这一数字可能高达 840 亿美元，相当于全州每个成年人 26 000 美元。[46]KRS 养老金这种资金短缺的危险状态，不仅对该州的就业人员有不好的影响，还会导致国家债券评级机构降低肯塔基州的信用评级，使得该州修建学校、道路和其他公共基础设施项目的成本更高。事实上，普华永道会计师事务所之所以将肯塔基州的财务状况排在倒数第二名，核心原因正是养老金问题。排在最后一名的新泽西州就更差了。[47]

肯塔基州是如何陷入这种困境的呢？虽然各种各样的系统性问题

造成了它的资金缺口，但长期投资也引发了一些不当行为。例如，2011 年美国国家审计机构的一项调查显示，有 1 160 万美元的费用付给或委托给了“中介机构”，这些“中介机构”帮助对接 KRS 养老金和一些需要销售产品的私募投资公司，并且当时与首席投资官的关系非常密切[48]（尽管美国证券交易委员会对此事展开了调查，但并未提出指控）。这个所谓的“付费模式”后果很严重，比如 2009 年，KRS 养老金向劳伦斯 · 佩恩（Lawrence Penn）的 1.2 亿美元规模的卡梅洛特收购次级商机（Camelot Acquisitions' Secondary Opportunities）基金，拨出逾 2 400 万美元。KRS 养老金也是该基金最大、最早的投资者之一。[49]但美国证券交易委员会的一项调查随后披露，佩恩从中挪用了 930 万美元购买珠宝、豪华轿车和其他奢侈品。[50]

类似的故事可能会在新泽西州、纽约州、伊利诺伊州、加州等地上演。但除了这些恶性事件，更加显而易见的教训是：简单地进行长期、非流动性资产投资，并不是获得高回报的灵丹妙药。

其中一些问题可以直接归咎于最终控制这些资金的家族和机构：

- 缺乏适当的激励机制来奖励为长期业绩做出正确选择的员工。
- 糟糕的投资选择流程。这个流程往往是由缺乏把握正确方向能力的董事会和顾问推动的，更多是基于一个熟悉的品牌名称或该地区的流行因素，而不是基于投资的本质来制定的。
- 缺乏工具来衡量自己的财务状况，比如对未来资本的需求有多大，面临的风险有多大，甚至在某些情况下能做到多好，能持有多少资产等。
- 不能有效地向股东或潜在合伙人传达他们正在做什么，这会给投资造成一系列的困难。

当然，还有一些其他问题也是想要做长期投资的基金经理必须面对的：

- 不恰当的激励。这会导致人们想要持续不断地增加所管理的资产规模，即使这会导致基金投资者的收益降低（尽管不会降低基金管理人自身的回报）。
- 绩效博弈。这使得受到限制或存在缺陷的传统绩效指标不容易暴露。
- 利用市场影响力的老牌私募集团，和缺乏协作却急切想要让基金表现出色的投资者，会绕过许多有效管理原则（讽刺的是，基金管理人对它们投资组合中的公司坚持采用的正是这些有效管理原则）。
- 在许多情况下，创始合伙人高度集中的权力和企业内部的不公平情况，导致投资的成功率随着时间的推移而降低。

最终，资本的提供者和投资者之间的不同观点就会导致出现矛盾。尽管长期投资者关注的都是基金的变化，但是除了当前存在的明显问题，这些基金的组织方式也并没有什么新意。

当前的长期投资模式存在的问题还比较容易描述，但想要解决却很难。因为从本质上讲，耐心的长期投资是困难的，通常周期很长，市场反馈也很少，很难知道这项投资到底进展如何。因此，很难评估这项投资的风险和回报，也就很难激励基金管理人运营和管理基金。

不过，尽管这些问题看起来令人烦恼，解决方案却并非初看上去那么遥不可及。在世界各地已经采取了各种方法来解决这些问题，比如老牌家族办公室和捐赠基金采用的久负盛名的策略，新机构采用的新方法，以及无畏的基金管理人探索的新基金架构等。从这些最佳实践中，我们可以确定一套潜在的解决方案。

本书路线图

在这本书中，我们将探索这个看似遥远而又充满挑战的领域。因此，当我们直接分析问题时，我们会主要关注那些有希望的解决方案。我们认为，尽管机构投资者和高净值投资者似乎与大多数人的日常生活存在一定距离，但他们对我们以及我们的后代的生活有着深远的影响。因此，理解投资者为什么会出错，以及他们如何能做得更好，对所有人都很重要。本章讲述的正是这一点。

在第 2 章至第 4 章中，我们将分析提供长期资本的个人和机构所面临的挑战和机遇。

在第 2 章中，我们将介绍长期投资的历史。首先是一些关键的历史时刻，从凯恩斯为剑桥大学国王学院制定的投资策略开始介绍，这些策略确立了许多长期投资者至今遵循的原则。然后，我们快速进入开创性的家族办公室，聚焦于洛克菲勒家族的经历，以及他们从机会性的投资方式向私募基金的转变。

投资策略的传播也是很重要的。最初，这些投资策略只由一小部分家族办公室和大学捐赠基金采用，然后，它们从默默无闻逐渐到成为人们关注的重点，获得了极大的赞誉。这些长期投资策略随后被广泛应用到养老基金、主权财富基金和其他投资中。同时，策略在传播过程中也在不断进化，在 21 世纪，这种进化尤其明显。比如，虽然大型机构经常投资像捐赠基金和家族办公室这样的基金，但它们同时也会利用自身的规模优势来争取更优惠的经济条款，打造自己的投资能力。

在第 3 章中，我们将探讨困扰这些投资者的一系列问题。首先，我们强调了长期投资会带来的基础挑战。例如，很难确定私募资本是否值得这样做，因为它们不仅数据统计不清晰，而且用于评估业绩的主要指标也存在缺陷。其次，很难确定哪些独立的投资团队表现最好，他们未来是否能继续保持领先等。

许多长期投资者的特殊地位，尤其是非营利性或公共（或准公共）机构的大量代表，会加剧这些挑战。这些投资者常常会面临一些难处，比如资源短缺、投资团队的激励不够（或设计不当），以及对自己的投资能力过于自信。

这些问题的核心挑战在于这些投资机构的治理。比如，消防员是一项很有挑战性的工作，但是他们冲进着火的大楼去救一个孩子所需要的技能和训练，与投资委员会是否能很好地管理消防员的养老金，没有什么关系。同样，当地银行的行长可能对一个大学城的经济生态至关重要，但这个人可能并不是学校捐赠基金管理层的最佳人选。然而，许多机构都是由缺乏经验但有政府背景或地方关系的董事会来管理的，这可能会导致错误的选择、不清晰的任务和许多其他问题。

在第 4 章中，我们将探讨这些问题的一些比较好的解决方案。首先尝试的是对这些机构的治理结构进行改革。因为如果企业架构不合适导致公司运作出现问题，就无法做出有效的投资策略。其次我们关注的是一个常见领域：评估。很多机构一开始制定的标准不完善，因此投资决策自然会出问题。

我们还针对一些比较敏感的问题进行了分析，比如团队成员的薪酬。一个看起来很简单的解决办法就是："多付钱!"但事实上，公共机构和准公共机构的薪酬总是有限制的。所以更难的事情是，如何使有形奖励与成本更低但往往更有价值的内在奖励相匹配，并确保机构所吸引来的人员的能力与布置给他们的工作任务相匹配。最后，我们强调了投资者与潜在的金融合作伙伴及股东有效沟通其投资策略的重要性。

在第5章至第7章中，我们从追求长期投资的基金的角度出发进行讨论。我们首先回顾了这些基金的发展历程，着重指出，在20世纪，追求长期收益是如何成为一个惯例的。我们还跟踪了一些看似合理的特性，是如何随着时间的推移被确定下来的，以及后来是如何导致行业扭曲的。

在第5章中，我们将讨论在20世纪80年代影响投资的巨大变化。美国劳工部在1978年做出了一项当时鲜为人知的技术性决定，为养老基金进行另类投资打开了大门。对"谨慎人规则"的重新定义，使得大量资金涌入，重塑了许多先行者，资金也流向了许多其他公司。到20世纪80年代末，当前行业的模式已经初具雏形——其中有提供系列产品的小型集团和小型专家。在随后的每一个10年中，人们都对这些趋势产生了更大的兴趣并加剧了这种趋势。

在第6章中，我们将更全面地研究长期投资基金所面临的问题。我们探讨了想要不断扩大基金规模的诱因，以及它如何促使基金管理人做出一些决定，而这些决定往往可能只会增加自己的个人账户余额，但不会提高基金的业绩，尤其是在募集新基金时，这种影响格外大。最后，我们关注合伙企业内部，指出那些很容易出现问题的行为，因为创始人可能会以牺牲下一代和外部投资者的利益为代价，来为自己谋利。

在第 6 章中，我们花了相当多的篇幅来讨论行业结构的变化，特别是公募基金日益占据主导地位以及向外部投资集团出售少数股权。虽然这些方式可以解决一些明确的难题，但它们也有自己的问题。我们强调指出，这些举措可能会加剧私募基金一直隐藏的问题。

我们将在第 7 章中再次讨论最佳实践。纵观各类基金，我们重点介绍了一系列正在解决上述问题的创意组织，有新组织也有老组织。我们还探讨了为什么解决这些问题对行业来说似乎很困难，以及什么机制可能会产生更大的改变。

我们在这里主要讨论 4 类改变。一是合伙关系性质的改变。在很多情况下，长期合伙关系应该是基于投资基金的不同而变化的，但往往新的投资中采用的合作方式仍然会沿用原有的。比如说一个 10 年期合作计划可能适合某些投资项目，却不适用于另一些投资项目。所以重新思考基金的生命周期，以及整体上基金采取怎样的方式在既定的时间框架内退出投资，是一个重要的问题。这也是我们的第二条建议：重新思考如何管理这些合伙关系。在时间和法律允许的条件下，基金里的投资方（通常被称为有限合伙人或 LP）如果有更积极的声音，可能会有所帮助。

第三个改变与基金业绩的评估和报告方式有关。当前的体系中，每个组织都用自己的方式来展示数据，这些方式不是一致的。这导致了各种问题：几乎不可避免地，各个组织都以最佳的方式呈现数字。此外，用于评估这些指标的共同标准，如内部收益率，本身就存在严重缺陷。因此，有必要重新思考如何评估长期投资，以及由谁来评估：迫切需要一个独立的认证机构来进行这些计算。

第四个改变是激励因素。当我们审视这些改革方案的设计时，很明显有一些特征，设计初衷是为了确保激励能带来价值最大化，却在某些时候被“武器化”了。如今，它们是讨价还价的筹码，具体取决于是投资者还是基金管理人处于主导地位。有几项改革，可能会有助于让各方更好地保持协调一致，比如涉及如何对投资者进行成本补贴，以及随时间来分配利润等。

在第8章中，我们探讨了近年来越来越常见的投资者和基金管理人之间的混合现象。机构投资者越来越多地尝试自己做事情：要么与私募集团一起投资，要么自己投资。我们也分析了这么做的理由，以及所面临的重大障碍。最后，我们为想要直接投资的团队提供了一些比较好的建议和做法。

在第9章中，我们着眼于行业的未来。金融经济学家对未来的观察是不准的。比如欧文·费雪（Irving Fisher）在1929年10月的预测中说：“股票价格已经达到了永久性的高水平。”[51]我们许多同事也对全球金融危机即将到来视而不见。更不用说预言家，比如保罗·萨缪尔森（Paul Samuelson）对股票市场的描述，“预测了过去5次下跌中的9次”[52]。于是，我们列出了4种情形来对冲赌注。我们强调了一系列为了达到最乐观的结果所必备的改变。

结语

本章介绍了本书要探索的复杂且神秘的领域：长期投资。从世界经济论坛到国际主权财富基金理事会等机构，它们发布的一系列令人眼花缭乱的报告都曾探讨过这些问题，而我们寻求解决方案的方式与这些报告截然不同。这些早期报告几乎都是由行业专业人士为行业专业人士撰写。它们不仅缺乏局外人需要了解的问题的本质和细节，而且这些由银行家组成的委员会制作的，并且由 12 名律师仔细审核过的文件，才是这些机构认为满意的。

相反，我们写的这本书是一本非常不同的书，一本针对普通读者的书。因此，我们花了更多的时间来找出关键问题，并通过大量的例子来说明这些问题在实践中是如何体现的。这本书并不以另类投资的技术知识为前提，而是试图引导读者了解关键的机构特征。

正如法国政治家乔治·克列孟梭（Georges Clemenceau）提出的，战争太重要了，不能由将军说了算。我们也认为，长期投资太重要了，不能由投资委员会说了算。养老金、捐赠基金和其他投资者做出的投资选择对我们未来的财务健康，或者更普遍地说，对世界的未来，都有着深远的影响。

第2章
房间里最重要的人

PATIENT CAPITAL

The Challenges and Promises of Long-Term Investing

在任何一家私募资本集团举行的派对上，最引人注目的往往是那些穿着布里奥尼西装、大声谈论自己最新交易的男人。而且私募资本合伙企业的高管，目前仍然绝大多数都是男性。他们会代表大型投资机构和家族投资者来管理资金，比如投资到私募股权基金、风险投资基金或房地产基金项目中。而比起这些管理资金的人来说，投资者可能穿得更寒酸，也不像他们有那么多私人飞机，更别说举办高大上的生日派对了。但如果没有投资者提供的资金，“耐心的资本”可能就是一句空话了。

所以，我们必须从那些手握资金的组织开始，来展开对耐心的资本的讨论。在这一章中，我们将介绍几类主要的机构投资者，它们无疑才是“房间里最重要的人”。然后我们依次来分析一下，从过去到现在一直提供耐心资本的组织，比如捐赠基金、家族办公室以及养老基金。

当然，能提供耐心资本的组织并不只有这几家，比如银行、主权财富基金或保险公司等，也都是很重要的资本提供者，但我们在本书里并没有花太多篇幅来描述它们。即便是我们即将讲述的捐赠基金、家族办公室以及养老基金，其实如果想要详细介绍它们与私募资本互动的历史，足以再写一本更厚的书了。不过，我们在本书中重点讨论的，是私募资本历史上的几个关键节点。所以，读者对接下来内容的预期，可以参考一下电影《2001 太空漫游》（*2001: A Space Odyssey*）中的情节：原始人的第一根骨头棒融合成了一艘装有核武器的宇宙飞船。尽管本书没法完整地讲述私募资本的方方面面，但我们还是希望能对这些投资者的关键特征，有比较深入的分析，同时也分析了人们对长期投资的兴趣的变化情况。

从结构上来看，本书讨论的所有投资者都有能力在长期项目中配置大笔资金，这种能力不仅对他们自己的财务健康很重要，对我们所有人来说都很重要，这一点在前言中也讲过。但是，从理论到实践的道路是艰难的。本章描述的这些故事，同时暗示了长期投资所面临的机遇和挑战。

捐赠基金，以股票为中心

> 随着时间的推移，我越来越确信，正确的投资方法是把巨额资金投入一家我认为自己稍稍有所了解的企业之中。不管什么时候，我个人觉得，只有两三家企业是值得我完全信任的。

有读者可能猜测，上面这段话是从《巴菲特致股东的信》中摘抄来的，但它其实来自约翰·梅纳德·凯恩斯（John Maynard Keynes）。[1] 凯恩斯在宏观经济政策方面的研究，给他带来了很大的名气（不过在某些圈子里他却声名狼藉），他的研究为第二次世界大战后的世界经济秩序奠定了基础，也为当今许多国家应对全球金融危机提供了帮助。不过，在凯恩斯的多重职业生涯中，他还曾担任过这样一个职位：为国王学院捐赠基金制定投资策略。从1921年直到1946年去世，他对捐赠基金的很多管理方法在当时看来是很激进的，不过如今都已经被人们认可了。正因如此，他的方法也对现代长期投资者的投资理念，产生了深刻的影响。

国王学院成立于1441年，是剑桥大学的众多学院之一。国王学院大部分的投资组合都集中在英格兰各地的农业地产上，这也是国王学院一贯的传统做法（值得一提的是，这种策略作为多元化投资组合中的一小部分，如今在大学捐赠基金中重新流行起来了）。国王学院的这种投资策略，早期的收益是很不错的，但是在19世纪70年代至90年代的农业萧条期间，却遭受了损失，原因在于运输成本的下降导致英国农民不得不面临来自新世界的竞争。

凯恩斯对捐赠基金的管理提出了一个大胆的设想。由于国王学院已经存在了近5个世纪，将来也还会长久地存在下去，凯恩斯特别指出，应该充分利用学院的这种长期投资视野来制定投资策略。第一个策略就是，在市场低迷期，捐赠基金可以作为反向投资者来进行投资。他通过努力争取，成功地在国王学院的主要捐赠基金中，创建了一个“可自由支配的投资组合”。凯恩斯对这个投资组合拥有前所未有的投资自主权，可以自由地选择投资品种，并且不受制于1893年和1900年英国政府颁布的《受托人法案》（Trustee Act），该法案只允许捐赠基金投资于非常有限的一些品种，其中还不包括股票品种。

为了执行这一策略，1927年，凯恩斯卖出了国王学院1/3的房地产投资组合，并将其中的一部分资金投资到了他新成立的可自由支配投资组合。最初，可自由支配投资组合主要是根据宏观经济状况来做一些短期投资，有时候成功，也有时候失败。但是在1934年，他放弃了这种短期预测市场的策略，转而采取了一种新的投资策略，也就是买入并耐心地长期持有特定股票。这也正是利用了捐赠基金的长期投资视野。1922年至1929年，可自由支配投资组合的平均股票周转率（买入和卖出的总量除以持有股票的价值）为55%，但是当凯恩斯采取了新的“买入并持有”策略之后，股票周转率在20世纪30年代下降到了30%，从1940年到1946年他去世，周转率进一步下降到了14%。

凯恩斯的第二个投资策略是，大量投资股票，而不是房地产、现金或债券。在凯恩斯的可自由支配投资组合中，股票所占的比例是相当大的，20世纪20年代，股票比例平均为75%，到了30年代，股票比例平均为57%，从1940年到1946年凯恩斯去世，股票比例平均为73%。相比之下，捐赠基金传统投资组合中的股票比例平均仅为1%。在凯恩斯管理期间，剑桥大学和牛津大学的其他捐赠基金都没有像他那样侧重于投资股票。事实上，直到第二次世界大战结束后，剑桥大学最大的两所学院——圣约翰学院和三一学院，才修改了规则，允许投资股票。同样地，在20世纪20年代，哈佛大学捐赠基金只配置了16%的股票，耶鲁大学捐赠基金也只配置了24%的股票。

凯恩斯的投资策略还包括专注地持有一批数量不多的股票。20世纪40年代，当凯恩斯充分执行他的投资策略时，其投资组合里包括大约60只股票。这些所持股票公司的特点是高度国际化、多样化，这种想法在当时是非常超前的。他持有的股票多是小公司的股票和“价值”型股票，或者是相对于市值来说能产生大量分红的股票。后来学者们也证明了，凯恩斯持有的这些股票类型，正是能够产生丰厚回报的股票。

凯恩斯有一句名言（至少有人说这是他的名言）：“思想塑造了历史的进程。”这句话说得很在理。凯恩斯非常明确地阐述了捐赠基金的理念：当我们积极主动地挑选投资品种时，需要专注于长期和耐心的投资策略。他还在长期投资组合中确立了“以股票投资为中心”的核心理念，摒弃了其他看起来风险更低的投资方式。同时，他还做到了言行一致。凯恩斯在他管理国王学院捐赠基金的 25 年里，可自由支配投资组合获得了每年大约 7.7% 的风险调整资本回报率（阿尔法收益）。[2]

凯恩斯关于股票在长期投资中的重要性经验，其他一些投资者却没有意识到，比如纽约大学捐赠基金。这只捐赠基金在 20 世纪八九十年代的经历就是一个警示。[3]我们知道，美国对内阁成员的评估标准是按照个人净资产来的，如果我们按照类似的方式来对捐赠基金进行评级的话，那么这段时间负责监督管理纽约大学捐赠基金的团队可以被评为 A+。当时，拉里·蒂施（Larry Tisch）负责捐赠基金的日常管理，他是洛伊斯集团（Loews Corporation）的共同创始人，后来又担任了哥伦比亚广播公司（CBS）的首席执行官。捐赠基金的投资委员会则由一群知名的纽约企业家组成，包括当时的大通银行总裁托马斯·拉布雷克（Thomas Labrecque），以及美国国际集团的传奇人物莫里斯·格林伯格（Maurice Greenberg）。然而，在他们的带领下，纽约大学捐赠基金的收益却不尽如人意。在当时那个年代，哪怕是一位普通的公募基金经理，也能轻松做到高达两位数的增长率。纽约大学捐赠基金却由于过分看中债券资产的安全性，少赚了数亿美元。

不过客观来看，当时纽约大学捐赠基金采取保守的投资策略也是能理解的。因为在 20 世纪 70 年代，纽约大学的财务状况不容乐观。1973 年，纽约大学由于无法支付工资解雇了不少员工，还关闭了工程学院，把部分资产（包括布朗克斯校区）变卖给了纽约城市大学。

蒂施担任纽约大学投资委员会主席时，要帮助学校从两次资不抵债的困境中恢复过来，使不多的捐款数量有所增长，还要转移学校的主要收入来源，使学校不再主要依靠学费来经营。因此，同时面对这么多的挑战时，蒂施显然更愿意以比较稳妥的方式来运作捐赠基金。由于不愿意承担哪怕很小的经营赤字的风险，投资委员会当时侧重于进行债券投资。不只如此，还有其他因素也影响了他的投资决策，比如当时债券的收益率是比较高的，每年学校还需要从捐赠基金中拿出一定数额的资金来支付大学运营费用。基于这一逻辑，1981 年至 1982 年，纽约大学捐赠基金将其股票配置比例从 33% 减少到了 7% ，同时将债券配置比例从 62% 增加到了 90% 。

到了 20 世纪 80 年代中期，纽约大学的财务状况已经逐渐稳定，并且随着美联储主席保罗·沃尔克（Paul Volcker）出手遏制通货膨胀，债券的收益率开始大幅下降。然而，投资委员会仍然坚持保守的投资策略，在几年的时间里都以债券投资组合为核心。1986 年，全美高校经营管理者协会发布了一项研究报告表明，在 272 只大学捐赠基金中，纽约大学捐赠基金的业绩排名是第 254 位。1987 年股市崩盘后，蒂施在做报告时表示，纽约大学捐赠基金是全美唯一一只拥有 300 多万美元资产，且当年完全没有投资于股票的捐赠基金，投资委员会当场起立为他鼓掌。但是好景不长，这一投资策略只获得了短期的成功，因为就在当年，标普 500 指数比年初上涨了 5.2% 。虽然 1985 年之后，纽约大学的年报就不再提供资产配置信息，但是可以看出，在整个 20 世纪 90 年代初，以债券为核心的配置策略都是纽约大学的重中之重。

那么，背负着如此沉重的债务负担，可投资回报却年复一年地令人失望，纽约大学为何还是留下这么多钱不愿投资到股票资产上呢？有可能是蒂施自己对宏观经济的看法，驱使他做出了上面那些决策。比如，在蒂施担任哥伦比亚广播公司首席执行官期间，公司养老基金也只有大约1%的资金投资于股票。后来，蒂施在洛伊斯集团，也继续秉持他的看跌观点：据报道，该公司在1996年至2000年之间，由于一系列做空股票市场的操作，损失了大约20亿美元。1987年担任纽约大学捐赠基金投资委员会主席，同时也是雷曼兄弟公司的咨询董事的小乔治·海曼（George Heyman Jr.）指出："当时没人站出来说我们应该投资于股票。"[4]

从1996年开始，纽约大学的管理层才开始慢慢意识到，需要采取措施来改善其捐赠基金的业绩了。然而，跟同期具有类似规模和学术地位的学校相比，这些措施的效果非常微弱。于是，纽约大学决定引入新的专业人才加入这项事业，而不是完全依靠受托人和投资委员会来管理捐赠基金。1998年，纽约大学设立了首席投资官的新职位，并聘请了福特汽车公司养老基金的前负责人莫里斯·梅尔滕斯（Maurice Maertens）来担任此职位。在梅尔滕斯的领导下，纽约大学捐赠基金对资产配置进行了大幅调整，并效仿其他大学，开始投资于另类资产。[5]

到2007年，纽约大学捐赠基金的投资组合也和其他捐赠基金一样，拥有了多样化的资产配置。股票占比为45%，也大量投资于股票对冲基金，只有15%的比例为债券资产，私募股权投资占比为5%，其余投资于房地产以及股市相关性较低的对冲基金。

如今的纽约大学已经是一所非常棒的学校了，不过人们总还是会想：它原本是有机会可以变得更加伟大的。《财富》杂志曾经试图用量化的方式统计纽约大学错失的那些投资机会。如果纽约大学的受托人投资于一个标准的投资组合，也就是60%的股票和40%的债券，并获得一个平均收益，那么纽约大学捐赠基金的资产，可以在1977年至1987年之间，再增加2亿到5亿美元。1977年，正是捐赠基金开始采取重点投资债券资产策略的时候。[6]毫无疑问，在接下来的10年里，这个收益的差距也是非常巨大的。更进一步，如果这些资金能够在随后的牛市中继续进行投资，本可以使得纽约大学获得更多的资金和更多的学术资源。

家族办公室，非流动基金的到来

虽然凯恩斯确立了股票在长期投资中的核心地位，但是他的投资组合流动性是非常高的。于是，有些人进一步提出了一条关于长期投资的重要观点：非流动性投资，会使长期投资蓬勃发展，而私募基金正是充分利用长期投资机会的理想途径。

从某种意义上来说，讨论20世纪到底是哪位投资者发现了非流动性投资，就像争论到底是火柴的发明者发明了火，还是之宝（Zippo）打火机的发明者发明了火一样。其实，投资于非流动性资产这种做法一直都存在。事实上，长期投资的历史可以追溯到公元前约1750年，当时编写的《汉谟拉比法典》（Code of Hammurabi）第46条明确记录了农业合伙制的做法。[7]

但是，如果我们回顾20世纪上半叶，被称为现代投资萌芽的时代，会发现当时的投资组合主要是债券、现金以及少量公开交易的股票。投资者持有的非流动性资产，主要是自己控制的公司、个人房地产（经常是投资者聘请CEO管理），以及对公司进行的天使投资等形式。如今，私募基金在很多机构投资者的非流动性投资组合中已经占据了主导地位，这在那个时代几乎闻所未闻。

当然，今天的情况大不相同。在这个转变过程中，没有任何机构比家族办公室更重要。

关于这种长期投资的风格，有几大富豪家族可以被视为早期先行者，其中一个典型的家族就是洛克菲勒家族。[8]我们将跳过约翰·D. 洛克菲勒如何通过给一家炼油厂投资4 000美元，从而成为标准石油公司（Standard Oil）控股股东的故事。标准石油公司最终被分拆，分拆之后的公司再度迎来蓬勃发展，成为雪佛龙公司（Chevron）、埃克森公司（Exxon）和美孚公司（Mobil）等的前身。

我们的故事真正始于1934年，当时约翰·D. 洛克菲勒唯一的儿子小约翰·D. 洛克菲勒为他的6个孩子建立了一系列复杂的信托。当时，家族的大部分投资形式是家族企业持股和房地产（比如石油公司、大通曼哈顿银行以及曼哈顿洛克菲勒中心），同时，持有一小部分传统的公开股票和债券。然而，随着时间的推移，洛克菲勒家族的投资组合发生了转变，在这个过程中，专业管理的基金发挥了更重要的作用。

这种转变在很大程度上要归功于劳伦斯·洛克菲勒（Laurance Rockefeller）。劳伦斯是小约翰·D. 洛克菲勒的第4个孩子，他的知名度始终无法与其他几个兄弟相媲美，尤其是政治家纳尔逊·洛克菲勒（Nelson Rockefeller）、温斯洛普·洛克菲勒（Winthrop Rockefeller）以及银行业巨头戴维·洛克菲勒（David Rockefeller）。但是，正如《独立报》（*Independent*）在劳伦斯的讣告中描述的："在有关美国最著名的商业王朝的数百本书中，大部分书都忽视了劳伦斯。然而，他留下的遗产可能比他那些名气更大的兄弟们的遗产都更重要。"[9]在这些遗产中，最重要的一项就是长期投资。

起初，劳伦斯的许多投资行为也是遵循前辈们传统的投资模式，最早的交易也都是基于个人关系进行的。不过，即便在这样的交易中，他展现出的远见卓识也超过大多数同辈。

例如，1938 年，在劳伦斯的主导下，通用汽车公司分拆出东部航空公司（Eastern Air Lines），而早在几年前，通用汽车公司就已经收购了一批当地航空公司。劳伦斯之所以做这个决定，是因为他和赛车手及第一次世界大战时的飞行员埃迪·瑞肯贝克（Eddie Rickenbacker）的私人友谊。这位战斗英雄从军队退役后，华丽转身成为一名企业家，他说服通用汽车收购了一系列航空公司，并将公司股份进行了合并。但是接下来，通用汽车对相关业务的管理却令瑞肯贝克感到失望。于是，他与通用汽车传奇领袖阿尔弗雷德·P. 斯隆（Alfred P. Sloan）谈判，以 350 万美元的价格买下了东部航空公司这家子公司。劳伦斯不仅为这笔交易提供了大部分资金，而且在接下来 50 年的大部分时间里，都担任公司的董事会成员。

同样，1939 年，劳伦斯给詹姆斯·麦克唐纳（James McDonnell）开出了一张 1 万美元的支票。当时詹姆斯是一位工程师，刚在圣路易斯创办了一家小公司，劳伦斯作为董事加入了这家公司。这家公司主要利用新发明的喷气式飞机引擎开发一种先进的战斗机。到第二次世界大战结束时，麦克唐纳飞机公司拥有5 000名员工。后来，该公司发展成为美国主要的军用和商用航空航天制造商，最后被并入波音公司。这两个成功的投资案例使劳伦斯确信，“长期过于保守的人，生活也是枯燥无味的”。

战争期间，劳伦斯担任海军航空局和西海岸飞机制造厂之间的联络官，在担任联络官这段时间，劳伦斯就意识到未来的两个趋势：第一，很多为战争而开发的技术或系统，比如导航技术、电力系统，可能在商业领域有更广泛的应用空间；第二，技术创新需要资本和管理，才能实现从军用到工业和民用的转型。因此，想要成功，他的投资策略必须更加系统化。

1946 年 1 月，劳伦斯从家族金库支取了 150 万美元，创立了洛克菲勒兄弟基金会。该基金会有 8 名合伙人——劳伦斯和他的 5 个兄弟，还有战时最高采购官员之一哈伯·伍德福德（Harper Woodford），以及曾在空军担任中校的麻省理工学院航空工程师泰德·沃尔科维奇（Ted Walkowicz）。基金会没有设定投资期限，而是以常青基金的形式来运作。劳伦斯预计这些投资将持续 10 年，然后再卖出或者上市。投资获得的收益，不会像今天的标准基金一样直接返还给投资者，而是会继续留在基金里，用于后续投资。

在之后的 23 年时间里，洛克菲勒兄弟基金会一共做了 56 次投资，投资对象包括皮亚塞基直升机公司（Piasecki Helicopter Corporation）和反应发动机公司（Reaction Motors），前者在直升机叶片方面具有开创性的设计，后来被卖给了波音公司；后者开发了液体推进剂发动机（包括第一架超音速飞机 Bell X-1），后来被齐奥科尔化学公司（Thiokol Chemical Corporation）收购。洛克菲勒兄弟基金会还投资了很多其他拥有先进技术的公司。例如依泰克公司（Itek Corporation），该公司从最初研发间谍卫星使用的相机，发展成为计算机辅助设计和光盘技术的先行者。基金会还投资了美国热电公司（Thermo Electron Corporation），该公司开发了一系列的能源和仪器技术。

在最初的 20 年里，洛克菲勒家族，尤其是劳伦斯，密切参与了这些投资决策的过程。虽然在之后的很多年，越来越多的管理人员参与到投资项目的评估和监督事宜中，但是洛克菲勒家族的意见依然十分关键。1960 年，彼得·克里斯普（Peter Crisp）从哈佛商学院毕业，加入洛克菲勒兄弟基金会，在之后的几十年一直负责管理这家基金会。他说："没有合伙人的意见和同意，我们不会采取任何行动。"

然而，1969 年，基金会走到了一个十字路口。科技股票市场蓬勃发展，创造了极佳的投资机会。与此同时，劳伦斯的投资方向开始转向环保，包括不断扩建众多的国家公园，开拓生态旅游行业，并不断拓展其他领域，例如 UFO 披露倡议。与此同时，他还投资了一些开拓性的风险投资基金，比如德雷珀 - 盖瑟 - 安德森公司（Draper Gather & Anderson），以及一些早期的房地产开发项目。

劳伦斯决定将洛克菲勒兄弟基金会改名为文洛克创投（Venrock），新名称是“venture”（风险）和“Rockefeller”（洛克菲勒）的合并。这个新集团的机构化程度更高，拥有 750 万美元的资金。这些资金的来源不仅包括洛克菲勒家族，还有几家跟洛克菲勒家族保持长期联系的非营利性组织。但是，这次转变更重要的地方在于，从家族办公室向机构化实体的转变，开始由专业投资者来决定何时开始买入或退出。

在新的公司架构下，文洛克创投在成立后的 10 年里做了很多引人注目的投资，包括对苹果和英特尔等公司的投资。在接下来的几年，这家风险投资集团仍在不断进行自身的变革，逐步转向持有 10 年长期基金的架构，并开始向更多有限合伙人敞开大门。带来这些变化的，正是 1969 年这次至关重要的转变。

洛克菲勒家族的投资策略，经历了从个人投资到基金投资的转变，这种转变也被其他家族所复制。越来越多的家族开始认识到，除了给它们带来巨大财富的家族企业，还有其他值得长期投资的机会。它们同时也意识到，自身无法单独管理这些复杂的投资。当劳伦斯考虑重组洛克菲勒兄弟公司时，为格雷洛克风险投资公司（Greylock）筹集初始资金的比尔·埃尔弗斯（Bill Elfers）说到，他所面临的困难之一，就是像康宁（Cornings）这样的富豪家族希望自己能成为新基金唯一的财务支持者。而他的解决方法，就是指出潜在的投资机会有多大，并说明相比于单一家族，“一群观念一致的有限合伙人，能通过建议和沟通使格雷洛克创造出更大的价值”。[10]

当然，这种向专业管理的私募基金的巨大转变，并不仅仅是由家族推动的。人寿保险公司也是直接投资于公司的重要先行者，它们经常给需要资金发展的公司提供高风险的债务（所谓的夹层贷款）或优先股。事实上，它们的投资过程也非常成功。于是，就像很多银行一样，很多保险公司也将私募股权部门单独拆分出来，成为独立实体。最终，大部分公司都采取了混合模式，既投资公司，也投资基金。20世纪七八十年代，耶鲁大学捐赠基金和哈佛大学捐赠基金（我们将在第4章和第8章深入探讨它们的方法和经验）也开始投资私募基金，很多首席投资官成了制定长期投资策略的领袖。

规模扩张，以基金投资为核心

第三个关键转变是私募资本中机构投资者的急剧扩张。耐心的资本模式，一开始是少数家族办公室、保险公司和捐赠基金使用的利基投资策略，但在20世纪80年代和随后的几十年里，规模开始呈现指数级增长。

这个过程中还有几个转折点。其中一个关键转折点是1979年，美国劳工部澄清了一项模糊的规定。这项行政行为改变了1974年《雇员退休收入保障法案》（Employment Retirement Income Security Act，缩写为ERISA）所规定的“谨慎人法则”。该法案颁布后的头几年里，按照规定，私人养老基金管理公司必须在“谨慎人”的监督下，谨慎、保守地管理。因此，很多养老基金都避免投资于私募基金，根本原因就在于私募基金会面临更大的亏损风险。

1979 年年初，美国劳工部规定，养老基金经理在确定投资的审慎性时，可以考虑投资组合的多样化。因此，这一裁决意味着，如果将投资组合中的一小部分配置到非流动性资产里，美国劳工部就不会认为这是不明智的，即使风险投资组合中的一些公司或开发商基金中的房地产项目有失败的风险。

这次政策上的转变几乎没有引起人们的注意，甚至连当时的商业记者都没有报道。但它的影响却是历史性的——这为企业养老基金投资私募基金打开了大门。在20 世纪80 年代，虽然这些机构投资私募基金的比例还很小，但即使只是庞大资金池中的一小部分，也迎来了高速的增长。

10 年之后，公共养老基金也进入了这一领域。最初，私人养老基金和公共养老基金的投资方式，都与之前的机构和家族办公室的投资方式是一样的。但由于它们规模很庞大，所以带来的影响也很重大。根据美联储的《美国金融账户》（Financial Accounts of the United States）所提供的数据，截至2017 年年底，美国私人养老基金和公共养老基金的资产规模接近20 万亿美元。其中，政府（联邦和州）与私人养老基金的资产，大约各占10 万亿美元左右。[11]相比之下，美国人寿保险公司的金融资产总额只有这一惊人数字的1/3，而2017 年全美高校经营管理者协会所包含的809 所学校的总资产，也就刚刚超过1.5 万亿美元。尽管养老基金中对私募股权的配置比例，远不如捐赠基金和家族办公室中私募股权的配置比例那么高，但养老基金本身有庞大的资产规模，也能使它们在全球最大私募股权和其他另类投资者排行榜上名列前茅。

第三波浪潮源于私募资本投资的全球化。虽然私募资本一开始只在美国本土开展，但投资者的全球化是必然的趋势。于是，私募资本投资从20世纪80年代开始的涓涓细流，变成了21世纪的澎湃浪潮。美国以外的投资者也在发生着变化。最初只有少量的英国养老基金、富豪家族办公室，以及成熟的主权财富基金，后来，更加多样化的投资群体也参与进来，比如中国的保险公司、哥伦比亚的养老基金等。

随着20世纪八九十年代投资规模的扩大，我们惊讶地发现，投资者一直都在坚持执行最初由劳伦斯·洛克菲勒及其同事为家族办公室制定的投资策略。也就是，把一定比例的资产配置到私募资本中，进行评估，获取收益。然后再次重复这个过程。虽然投资规模会增大，投资的种类也会增多，但这个基本过程是保持不变的。

与最初的策略有些差异的地方在于，投资者越来越倾向于通过基金的方式进入私募市场。从20世纪30年代到60年代，洛克菲勒家族在很多公司和项目中都持有股份，包括合伙制和直接投资。这种混合的投资方式在当时的家族办公室、保险公司和其他长期投资者之中是很常用的。但在随后的几十年里，投资者更普遍地投资于基金，它们认为这是配置非流动性资产并长期持有的更好的方式。至少，没有特别的“战略”目的的投资者是这样认为的。

为了说明这一点，我们来重点看一下新加坡的经验。新加坡创建了两只政府支持的基金：一只具有明确的经济发展使命，也就是淡马锡（Temasek）；另一只致力于长期财务回报，也就是新加坡政府投资公司（GIC）。这两只基金都属于主权财富基金。在20世纪末，主权财富基金也越来越受到人们的关注。

从2001年到2016年，全球的主权财富基金管理的资产增加了7倍多，达7.4万亿美元。同期，主权财富基金的数量也增加了2倍，2016年达到了78只。[12]这期间的大部分时间里，在商品价格飞涨、运输成本下降和全球化的推动下，很多国家的出口规模都有空前的增长。

对有些国家来说，新增的财富过于庞大，无法在国内进行投资，否则可能会破坏当地的经济稳定性。

比如，挪威的一只本土基金——政府全球养老基金（Government Pension Fund Global，缩写为 GPFG），截至 2018 年春季，该基金规模达 1 万亿美元，已经是全球同类基金中规模最大的了，然而，挪威的人口只有约 500 万，国内公司的总市值约为 2 000 亿美元。[13]

这些基金设立的目的各不相同。有时候是为了给当代人及后代子孙留存财富，尤其是当这个国家赖以生存的，是不可再生资源的情况时。基里巴斯就是一个成功的例子。基里巴斯是太平洋上的一个岛国，以前被称为吉尔伯特群岛，人口不足 10 万。[14]几十年来，该国主要出口海鸟粪，海鸟粪可以用来制作肥料。1956 年，基里巴斯的领导人建立了基里巴斯收入平衡储备基金（Kiribati Revenue Equalization Reserve Fund），并对外国公司的产品征税。上一次提取海鸟粪还是在 1979 年，但这只基金一直都是国家主要的经济来源。这只基金的规模是 7 亿美元，是国内生产总值的 10 倍，基金所产生的回报占该国财政收入的 30%。

在其他情况下，主权财富基金承担的使命，可能或多或少会有战略目的或政治目标。比如确保重要商品的供应、一些特定行业的发展等，而不是单纯地追求收益。比如，俄罗斯直接投资基金（Russian Direct Investment Fund）已经授权允许增加外资对俄罗斯的直接投资，以帮助俄罗斯经济的现代化发展，并吸引世界各地最优秀的技术人才到俄罗斯工作。[15]再比如，阿布扎比的穆巴达拉发展公司基金（Mubadala Fund），正是“阿布扎比经济多样化的主要代表”，为的是“加强酋长国的社会基础设施建设”。[16]

新加坡的经历，既表明了主权财富基金的本质，也展示了 20 世纪七八十年代长期投资者的重要变化。[17]在与马来西亚短暂的联盟失败后，新加坡于1965年宣布独立。由于缺乏自然资源，经济也不发达，于是，在李光耀总理富有远见的领导下（与后来担任副总理的吴庆瑞博士合作），政府积极采取措施，建立了一系列政府关联企业，以促进工业化和贸易发展。当时的新加坡经济极不发达（人均国内生产总值为500美元），与邻国的关系也很紧张，所以他们这么做也是必需的。

到1974年，这个战略开始发挥出作用，产生了不错的收益，于是政府开始与政府关联企业保持距离，以便能更清晰地专注于担任政策制定者和监管者的角色。为此也新创建了一只基金——淡马锡，以前由财政部直接持有的公司股权，也转让了一大部分给淡马锡。起初，淡马锡是这些公司里比较活跃的股东。比如，淡马锡投资委员会的主席在起初的十几年里，同时兼任新加坡航空公司（Singapore Airlines）的董事长。然而，从1985年开始，新加坡开始了私有化计划。这些计划使得淡马锡出售了许多股份，如电信供应商新加坡电信（SingTel）和三菱新加坡重工（Mitsubishi Singapore Heavy Industries）等。在接下来的10年里，随着这些交易的完成，淡马锡的现金储备也大幅增加。

"钱包鼓起来后"，淡马锡开始寻求新的投资。在2002年制定的章程中，正式确定了投资策略，强调了淡马锡将投资于"在地区和国际上具有发展潜力的新企业，以培育新的产业集群"。[18]可以看到，即使在当前这个新时代，人们还是非常看重直接投资那些有益于国家经济发展的公司，无论这些公司是在新加坡本地还是在其他地方。这些公司包括信息技术和制药等先进技术领域公司、电力和交通等基础设施投资领域的公司，以及亚洲其他国家的许多公司。

不过，新加坡政府投资公司（Government of Singapore Investment Corporation，缩写为GIC）采用的却是完全不同的投资策略。当时，在全球宏观经济环境不稳定的情况下，政府对外汇储备不断减少的状况感到忧心忡忡，并认为投资活动最好不要在中央银行进行，因为之前就在这里。基于这样的背景，新加坡政府投资公司于1981年作为一个独立的组织成立了，并且投资风格远不像淡马锡那样激进。

一直到2016财年末，新加坡政府投资公司的管理层才把这只新基金的投资重点从政府债券转向了股票，当时，基金持有45%的股票和39%的债券。[19]并且，基金的投资范围也扩展到了私募市场，2016年配置了16%的房地产和私募股权。另外，为了避开像淡马锡那种以经济发展为导向的投资策略，基金在成立后的最初几十年，采用的是合伙企业的方式来进行投资。[20]

在20世纪八九十年代和21世纪前10年的大部分时间里，长期投资者的主要关注点都在基金上。至少，像我们举例中的新加坡政府投资公司这样的机构，为了长期创造财富，就是这么做的。但无论是新加坡政府投资公司还是其他投资机构，在新的时代都将发生变化。这就是我们的下一个案例。

回到未来

正如我们前面重点介绍的，在20世纪的最后几十年里，大多数追求财富增长的长期投资者，都重点通过基金来开展私募市场的投资活动。它们通常与许多同行一起，以有限合伙人的身份来投资基金。

然而，在21世纪的前10年，这种“一切照旧”的投资方式发生了翻天覆地的变化。两个新趋势出现了：一是投资者想要自己独立运作的意愿越来越强烈；二是希望利用自己的规模从基金管理人那里争取更多的让步。我们将重点介绍两只代表这些情况的基金。

先来看第一个趋势。进入21世纪，除美国以外，在长期投资领域里担任重要角色的所有投资者中，最具影响力的，自然是距离美国北部边境也就几个小时车程的加拿大。许多大型的加拿大养老基金，包括安大略省教师养老基金（Ontario Teachers Pension Fund）和魁北克储蓄投资基金（Caisse de Dépôt et Placement du Québec），发明了一种私募股权投资的新方法。这个方法融合了家族办公室和捐赠基金所开发的模型，并加入了新的改进：着重于直接投资。

我们这里重点关注的，是这些先行者中最著名的一个：加拿大养老金计划投资委员会（Canada Pension Plan Investment Board，缩写为CPPIB）。[21]加拿大养老金计划（Canada Pension Plan，缩写为CPP）成立于1966年，最初是作为老年保障体系（类似于美国的社会保障）与个人储蓄之间的中间层。该计划要求企业和员工按规定缴款，并由之前几年缴纳的资金加上该计划的投资收益，向退休员工按照工资的一个固定比例来提供养老金。

在加拿大养老金计划成立的前30年，伴随着通货膨胀，各项费用支出水涨船高。基金投资于不可转让的加拿大政府固定收益债券，同时也向各省按次级市场利率提供贷款，用于修建学校和道路等项目。这些项目可能对加拿大社会有益，但毫无疑问，对加拿大养老金计划的盈利情况没有帮助。此外，人口变化也不利于加拿大养老金计划。在加拿大养老金计划成立之初，扶老比是6∶1，也就是说每6名在职员工对应1名退休员工。到了20世纪90年代初，随着婴儿潮①这一代

① 婴儿潮主要是指美国第二次世界大战后的生育高峰现象，即从1946年至1964年的18年间出生的人口，高达7 800万人。——译者注

人的退休，带来了人口压力，扶老比大幅下降。加拿大养老金计划面临要么大幅削减养老金，要么大幅提高缴款比例的困境。1995 年至 1997 年，加拿大联邦政府和省政府共同承担了养老金的责任，虽然意见很少达成一致，不过最终还是拟定了一个解决方案。

加拿大养老金计划投资委员会于 1997 年成立了，目的就是解决上面这些问题。该委员会的任务是，“考虑到可能影响加拿大养老金计划的各种因素，本着实现投资回报最大化，减少不必要的亏损风险的原则”，提高加拿大养老金计划的财务实力，并帮助维持 1 800 万名缴款人和受益人的养老金。[22]第一个措施，就是将规定缴款比例提高到工资的 9.9% 。

第二个措施，是调整投资策略。加拿大养老金计划投资委员会从成立到 2005 年，一直采用被动的投资策略，配置了 65% 的股票加 35% 的固定收益证券。[23]并且像加拿大所有的养老金计划一样，它也被要求投资组合里至少有 70% 投资于国内市场。[24]为了获得更好的收益，加拿大养老金计划投资委员会的新任首席执行官戴维·丹尼森（David Denison）聘请马克·怀斯曼（Mark Wiseman）来担任新的私募投资团队负责人。怀斯曼转变了基金投资策略，并且后来成为加拿大养老金计划的领头人。

加拿大养老金计划投资委员会投资新方法的其中一部分，与世界上其他家族办公室、捐赠基金和养老基金所采用的方法非常相似，即寻找并投资顶级的私募股权基金。一开始，团队主要关注北美和欧洲的大型及超大型收购集团，后来则逐步转向更多的全球和中型市场基金。评估基金的过程，也跟世界各地其他资深投资者的做法一致，使用的是类似的评估模板。不过，与许多投资者不同的地方在于，团队更积极地在次级市场进行投资，也就是说，寻找已经存在的，而其他投资者出于某种原因想要卖掉的基金份额。

与传统模式显著不同的地方在于，加拿大养老金计划投资委员会会重点关注“自有资金投资”（principal investing）。起初团队尝试和私募股权集团共同投资一些项目。这个方法在某些情况下带来了惊人的成果。比如，总部位于加州的私募股权公司银湖（Silver Lake）曾经联系加拿大养老金计划投资委员会，想要一起合作收购一家知名互联网电话服务提供商。Skype技术公司最初于2003年成立，于2005年被易贝收购，但后来，易贝认为Skype并不有助于其在线拍卖业务的发展。[25]加拿大养老金计划投资委员会曾经投资过银湖的好几只基金，并且也一直在寻求合作机会。自然而然，当银湖遇到一个大而复杂的交易要做时，就想到了加拿大养老金计划投资委员会。2009年11月，加拿大养老金计划投资委员会参与了由银湖牵头、风险指数公司（Index Ventures）和安德森·霍洛维茨基金（Andreessen Horowitz）也同时参与其中的一个联盟，向Skype投资3亿美元。这个联盟最终以19亿美元的价格从易贝手中收购了Skype技术公司65%的股份，这意味着Skype的估值达到了27.5亿美元。同时易贝还持有Skype剩余35%的股份。[26]18个月后，也就是2011年5月，微软以85亿美元的价格收购了Skype。这次投资，加拿大养老金计划投资委员会赚了9.39亿美元，同时它本身对银湖的投资还带来了5 000万美元的收益。[27]

在完善共同投资的交易流程后，加拿大养老金计划投资委员会很快开始以共同发起人的身份来进行投资。其间，加拿大养老金计划投资委员会团队和基金管理人会一起进行尽职调查和交易架构设计，并共享信息来提高效率。有时候，它们也会独自在加拿大进行投资，因为它们对当地的投资市场有足够的了解。举一个共同交易的例子。加拿大养老金计划投资委员会团队和私募基金安佰深（Apax Partners），及其加拿大的同僚公共部门养老金投资委员会（Public Sector Pension Investment Board）一起，收购了总部位于圣安东尼奥的医疗设备制造商动力概念公司（Kinetic Concepts）。这笔交易的金额高达61亿美元，是2011年金额第二大的私募股权交易。虽然2017年投资者出售了三家分公司中的其中一家，但目前这笔投资仍在继续。如今，动力概念公司也就是我们现在知道的Acelity公司。

加拿大养老金计划投资委员会还积极尝试新类型的私募股权投资，并且由团队自己来主导交易。虽然加拿大养老金计划投资委员会不是第一家这样做的，但是它的发展速度和发展规模都是其他机构无法比拟的。投资的其中一个类型就是基础设施。通过对电力、水、天然气设施，以及港口、机场、收费公路等交通设施的投资，加拿大养老金计划投资委员会希望充分发挥其雄厚财力和长远眼光的优势。另外一个投资领域则是私人借贷。加拿大养老金计划投资委员会正积极地在私募债券、高风险夹层贷款和其他形式的借贷中寻找投资机会。

第二个趋势，正如我们之前暗示的，投资者会利用经济学家所说的“规模经济”。比如第1章中列举的亚拉巴马州的例子，表明很多公共养老基金的大部分投资决策如果都是自己内部制定的，就会面临很大的挑战。所以也有很多养老基金认为，依靠外部投资管理机构效果会更好一些。对基金管理人来说，养老基金庞大的资金池是非常有吸引力的，但是养老基金也需要利用这一点，在跟基金管理人的谈判中，争取到更有利的条件。

最擅长使用这种方式的就是布里特·哈里斯（Britt Harris），他曾担任得克萨斯州教师退休系统（Teacher Retirement System of Texas，缩写为TRS）的首席投资官长达10多年。这个养老基金的规模在世界上排名第十八，在美国排名第五，代表该州140多万在职与退休教育工作者进行投资。哈里斯之前管理着通用电话电子公司（GTE）的养老基金，之后来到奥斯汀市，带领得克萨斯州教师退休系统走进了另类资产投资领域。不过，他采用的方法跟过去不同，这也反映了得克萨斯州教师退休系统的重要性。

几年前，当哈里斯还在GTE时，他就有了一个大胆的想法。这个想法的灵感来自曾经与摩托罗拉公司高管的一次谈话，当时对方建议他思考自己的“产品”是什么，并确定谁是他的“关键供应商”。这些词在很多行业里都比较常见，但在投资管理领域却鲜有人使用。哈里斯解释道：“不，它们（外部投资管理机构）并没有那么重要。实际上，我们之间的每次会议，基本上都会演变成一场辩论，它们试图向我们证明，它们非常聪明，而我们则试图向它们证明，它们并没有自己想象中那么聪明。”[28]

哈里斯使用了一套制造业公司的架构，来分析GTE的投资组合管理情况。于是，“产品”被定义为“经过很长时间并在一定风险系数下获取的定制化投资回报”，关键是，这里还包括了重复性：“投资本质上就是一个重复的过程，这虽然不是生产螺丝刀，但两者也有相同点。”接下来，则需要构建一个系统，通过确立一些关键联系，为GTE的供应商（也就是外部投资管理机构）匹配相对应的激励措施。

在哈里斯的努力下，新的战略伙伴计划建立了。GTE分配了10亿美元给4位大型公募股权管理人，让他们用专门为GTE开发的投资策略进行投资。这个计划取得了成功，并在接下来的10年里都取得了领先的业绩。发现了和投资管理人保持密切联系的好处之后，哈里斯在2006年担任得克萨斯州教师退休系统首席信息官（CIO）时，建议在得克萨斯州教师退休系统也建立类似的项目。

哈里斯开始在他的公开市场投资组合中实施这个计划。历经9个月的审批流程，哈里斯和团队邀请了4家机构参与进来，分别是黑石集团、雷曼兄弟、摩根士丹利和摩根大通。哈里斯给了每家机构10亿美元，让它们代表得克萨斯州教师退休系统进行投资。尽管还存在一些问题，但是得克萨斯州教师退休系统的公募股权战略伙伴关系网表现得非常不错。雷曼兄弟破产后，纽伯格投资管理公司（Neuberger Investment Management）接手了它在得克萨斯州教师退休系统的资产管理账户。随后，这个项目进一步扩大。

哈里斯接着把这套逻辑应用到私募基金中。因为他认为，投资者和基金管理人之间是不对等的。特别是当基金管理人的业绩不佳时，他们仍然能够拿到相当可观的薪酬。所以，投资者和基金管理人之间的利益是不一致的。他说："如果你想象一个钟摆，一边表示'100%支持投资者'，另一边表示'100%支持私募基金公司'，那么这个钟摆必然会摆向私募基金公司这一边。"

为了解决这个问题，他挑选了一些另类资产管理公司，给它们提供了数十亿美元的资金。这些公司可以灵活投资各种不同类别的资产，并且作为交换，它们向得克萨斯州教师退休系统收取更低的费用。这些公司还实施了"附带权益净额结算"（carry netting）。也就是说，如果某家公司在私募股权投资上收益不错，但在房地产投资上收益不佳，它就可能拿不到在私募股权投资上全部的利润分成。经过竞争之后，截至2018年年中，阿波罗全球管理公司（Apollo Global Management）和科尔伯格·克拉维斯·罗伯茨公司（Kohlberg Kravis Roberts & Co.，缩写为KKR），各获得了30亿美元的资金。

关于这两项创新到底如何，目前还没有定论，因为人们对它们的可行性提出了很大的质疑（哈里斯本人现在已经转而担任得克萨斯大学投资管理公司的首席投资官，该公司在2017年年底管理着

430 亿美元的资产）。比如，投资者能否建立并留住一流的内部投资团队？投资者能否说服顶级基金管理人，以能管理更多资金的条件，来换取接受低一些的报酬？我们将在后面的章节中深入探讨这些问题。

不过，至少我们能确定的是，过去 10 年，人们开始重新思考投资者与基金管理人之间的传统关系。丹尼森、哈里斯和怀斯曼的创新，已被世界各地的养老基金和主权财富基金广泛效仿。

结语

这些介绍大致勾勒出投资者对耐心资本的看法，是如何随着时间而发生转变的。尽管如此，我们希望据此传递一些明确的信息：

- 一种系统性的长期投资方法，还是一个相对较新的现象。
- 机构投资者已经逐渐研究出各种各样的方法，来克服长期投资中遇到的主要挑战。
- 这里没有一个正确的答案，但是有各种不同的替代方法。

在第 3 章中，我们将直接分析潜在的长期投资者，可能会面临的更广泛的挑战。

第3章 长期投资的两大难题

PATIENT CAPITAL

The Challenges and Promises of Long-Term Investing

对高收益的渴望，使得许多投资者都关注耐心的资本，比如家族办公室、保险公司、捐赠基金、养老基金和主权财富基金等。这些投资者财力雄厚，也具备广阔的视野，越来越相信长期投资将产生巨大的回报。事实上也确实如此，很多这样的长期投资已经获得了极具吸引力的回报。在第 2 章中，我们分析了一些案例，其中的机构即使经过反复探索和试错，最终还是成功地研究出了新方法，来提供耐心的资本。

这一切听起来棒极了！然而问题在于，还有一些试图进行长期投资的策略，并没有带来令人满意的结果。相反，它们变成了财务上的黑洞。虽然部分原因是这些私人投资集团的投资委员会和员工的投资决策能力很糟糕，但更多的是由于一些具有共性的基本问题，使得长期投资变得比较困难。我们在第 1 章中讲述的亚拉巴马州和肯塔基州养老基金的故事，并不是个例。

本章将重点关注这些难点。我们会直接围绕整个大环境，分析两个基本问题，这也是很多投资者在这个领域里面临的核心问题。第一个问题是，很难分析投资的真实预期收益能有多少；第二个问题是，很难找到能实现这个预期收益的基金管理人。

表象与现实

长期投资面临的第一个挑战就是，尽管说法不一，但近年来这个领域的投资回报并不是很好。如果用钓鱼来比喻，长期投资者可能想钓大鲈鱼，可是池塘里绝大多数都是蓝鳃鱼和孔雀鱼。

有一种说法可能让人很困惑。几乎在任何一个私募基金管理人聚集的论坛上，无论是大咖云集的达沃斯世界经济论坛，还是最不起眼的年度会议，基金管理人都认为自己一直是出色的投资者（私募基金通常被称为普通合伙人，缩写为 GP）。在这方面，长期投资与加里森·凯勒（Garrison Keillor）笔下的乌比冈湖（Lake Wobegon）有相似之处，在那里，“所有的小孩都聪明过人”。

这在一定程度上反映出基金业绩的评估是不准确的，对于如何计算收益，也没有清晰的指导原则。这种“模糊数学”导致的后果在私募基金领域尤为明显。比如，鲍勃·哈里斯（Bob Harris）和鲁迪·斯图克（Ruedi Stucke），利用三个常用的数据源发现，只需要在计算方法上做一些微调，就可以让半数的基金宣称自己的业绩是“顶尖的”。[1]

目前，私募基金展示其业绩最常用的方式有两种。一种是资金流出和流入的比例，也就是计算最终的资金总量，是最初所投入的资金量的多少倍；另一种则是使用内部收益率（internal rate of return，缩写为 IRR），来计算投资的平均年收益率情况。这两种方式都值得我们关注，一方面，它们都有其自身的局限性；另一方面，人们在使用它们的时候会有差别。正如风险投资先行者比尔·埃尔弗斯曾经说过的：“如果魔鬼也可以引用《圣经》的话，那他也可能在业余时间研究（私募基金）的收益计算方法。”[2]

比如，我们来看一下第一种方式，投入资金的倍数。知道你的本金赚了多少倍是不错，但这还不够。如果这笔资金不是在一年半的时间里翻倍的（年化收益率达到58%），而是在长达15年的时间里才翻倍（年化收益率只有5%），那么你可能并不会太高兴。

IRR是一个更糟糕的指标。本质上，它衡量的是基金管理人让钱生钱的速度有多快，而不管这笔钱具体增长了多少金额。假设一笔投资，在一天内让1美分变成了2美分，那IRR大约等于8 000……（8后面跟着109个0），但你的财富也就增加了1美分而已。毫无疑问，这种计算方式使人们倾向于追求在很短的时间内取得很高的收益，比如，一个房地产项目很快就卖给了另一个开发商，一家初创企业很快就被另一家大公司收购了。这比在长时间内有耐心地逐渐积累资产，看起来厉害多了。所以，当市场进入泡沫阶段时，短期投资者会比长期投资者更喜欢使用IRR。

可能有朋友会问："投资者最感兴趣的不正是追求高收益吗?"当然，IRR高，在短期投资领域是个好消息。但问题在于，这里存在一个"再投资风险"。比如，有人支持一只飞快的兔子跑完了100米，但当这只兔子跑完100米到达终点时，却不一定有另一只兔子已经准备好跑下一个100米。假如找不到下一只跑得很快的兔子，那可能找到的是一只速度很慢的兔子，懒惰地躺在草地上。因此，长期下来，整体业绩可能比第一只兔子展示出来的IRR要低得多。由于长期投资者募集资金、评估、监管的风险和成本都很高，这使得它们更倾向于选择那些在很长时间内都可以持续产生收益的基金，即使收益低一些也不要紧。然而，IRR实在太深入人心了，以至于有可能将投资者引向完全错误的方向。

进一步来看，人们也很容易通过一些手段来故意提升IRR，显得收益非常好，就像魔术师一样。比如，有一种很流行的叫作“时间零点”（time zero）的方法，会假设所有的基金投资者都是在基金成立的那一天开始投入的。这种方式比按照真实投资日期计算出来的 IRR 可能要低一些，也可能会高一些。毫无疑问，投资团队更喜欢在“计算结果更高”的情况下使用这个方法。

近年来认购信用额度非常火热，但这是一种更有害的形式。整个流程本质上是这样的：在传统方式中，基金从投资者那里募集资金后，紧接着就会把资金配置到投资品种上，通常还会包括从银行或其他机构借来的资金。但是近年来有了一种新的方法：用尚未兑现的承诺作为抵押，先从银行贷款，最后当投资者履行承诺提供资金时，再偿还信用贷款（及相关利息）并归还投资者的资金。相比起传统方式而言，投资者的钱在基金里进行投资的时间短很多，而投入和退出的金额却跟之前差不多（扣除付给银行的利息），所以 IRR 的值可能会高很多。

这种做法有两方面的问题。首先，这使得 IRR 变得没有意义（类似于上面说到的时间零点）。在极端情况下，基金可以在交易结束的前一天让投资者提供资金，这样 IRR 甚至可以达到无穷大。正如橡树资本（Oaktree Capital）的创始人霍华德·马克斯（Howard Marks）所指出的，这种贷款可能会加剧周期性私募市场的风险和由此产生的影响。[3]其次，当出现金融危机时，银行要收回这笔贷款，那么投资者将面临在流动性紧缺的情况下却需要拿出大量的资金，这些资金并不是拿去做了新的投资，而是为了归还银行几个季度前或者几年前的债务，其中很可能已经存在资不抵债的情况。在这种情况下，许多投资者可能没有能力或者不愿意兑现提供资金的承诺，从而导致大规模违约。

你可能会问，是否存在更好的业绩评估指标，没有这么多的问题呢？在一定程度上，答案是肯定的。金融研究人员和一些有思想的从业人员，比较倾向于使用“公开市场等价”（public market equivalent，缩写为 PME）这个指标。该指标计算的是，在同一时间买卖股票时，一只私募基金（或一篮子基金）的回报，与在公募市场上产生的回报之间的比值。如果这个比值大于 1，说明私募基金（或一篮子基金）的业绩比公募市场好；反过来，如果这个比值小于 1，则说明私募基金的业绩不如公募市场好。

我们可以举几个例子来说明。[4] 比如，2004 年 6 月一只并购基金募集了 1 亿美元，2007 年 4 月增值到了 2 亿美元。如果投资者在公募市场上投资，2004 年 6 月买入标普 500 指数，2007 年卖出，只能获得 1.3952 亿美元。那么 PME 的值就是 1.43（即 2 亿/1.3952 亿），这表明私募基金的投资收益更好。再举一个例子，1993 年 1 月投资一只风险基金 1 000 万美元，到 1999 年 12 月清算，可以获得 4 000 万美元。这看起来相当可观了，但是，如果在同一时间段投资于标普 500 指数，1999 年 12 月将获得 3 916 万美元，那么 PME 的值就是 1.03（即 4 000 万/3 916 万），说明私募基金的投资收益只略高一点点，这就不太令人满意了。因为在公募市场里，投资者的资金具有更大的流动性。

如今，PME 也产生了各种各样的变化形式。比如最早的时候，人们通常使用标普 500 指数或者其他更广泛的市场指标，作为衡量公募市场投资收益的标准；如今一些定制化的 PME 则使用具有类似规模、风险特征或产业结构的公司作为对标。

PME 有许多优点。它使人们清楚地了解到私募基金的业绩表现，并不仅仅是个单一的指标，而是跟公募市场联系起来，公募市场是非常重要的一个参考基准。PME 还避开了 IRR 的一些不合理的地方。

不过，这个指标也不是万能的。例如，当一个投资集团频繁认购信用额度时，PME 的计算就会遇到困难。类似地，有些基金“按指数规则来买入”并声称这能最好地反映其投资策略，但实际上只是为了让它们的业绩看起来更好。一个可能的解决方案是，让每个人都将自己的业绩与标普 500 指数挂钩，但这好比把孩子和洗澡水一同倒掉。毕竟，即使是刚刚入行的养老基金受托人也会意识到，从风险较低的基金中获得 15% 的年回报率更令人高兴，比如，从信贷基金中获取会比从股票基金中获取更令人高兴，从大盘股中获取会比从小盘股中获取更令人高兴，从在美国的交易中获取会比从在土耳其的交易中获取更令人高兴。

如果我们透过私募基金管理人表面华而不实的言论，探究其背后的真实情况，会发现大有不同。私募基金的业绩是最有据可查的。行业领导者也非常喜欢宣称自己的卓越业绩。比如，在 2017 年米尔肯研究所（Milken Institute）的专题讨论会上，坐满了行业巨头，都在宣扬私募基金的优越性。但越来越多的证据显示，总体上来看，私募基金的业绩已经下滑到很一般的程度了。

我们来看看鲍勃·哈里斯、蒂姆·詹金森（Tim Jenkinson）和史蒂夫·卡普兰（Steve Kaplan）发表的一篇颇具争议的分析文章。[5]他们利用 Burgiss 集团①提供的信息，研究了私募基金的业绩，其中包括养老基金和其他投资者的数据。乍一看，图 3.1 中不同种类基金的收益似乎是合理的。（数据按基金成立的年份或表现特别好的年份来划分。不过最近几年表现特别好的年份不包括在内，因为这些投资需要经历长达很多年的时间，其业绩数据才具有参考意义。）

但是，当哈里斯等人计算不同年份的 PME 时（见图 3.2），更清晰的结果出现了。在过去很长一段时间里，私募基金的业绩要优于公

① Burgiss 集团是一家为私募资本市场提供投资决策支持工具的全球供应商。——译者注

募基金，但在过去10年里，私募基金的业绩却不如公募基金。人们首先想到的是，可能是由于Burgiss集团的数据中某些特性造成的假象。但是，用同样的分析方法分析作为多家大型机构投资受托人的道富银行（State Street Bank）的数据后，发现结果也是类似的（见图3.2）。[6]

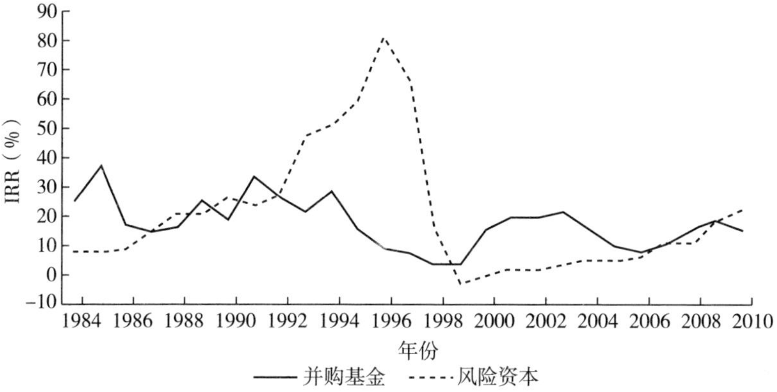

图3.1　并购基金和风险资本的加权平均IRR

资料来源：根据哈里斯、詹金森和卡普兰的研究数据整理。

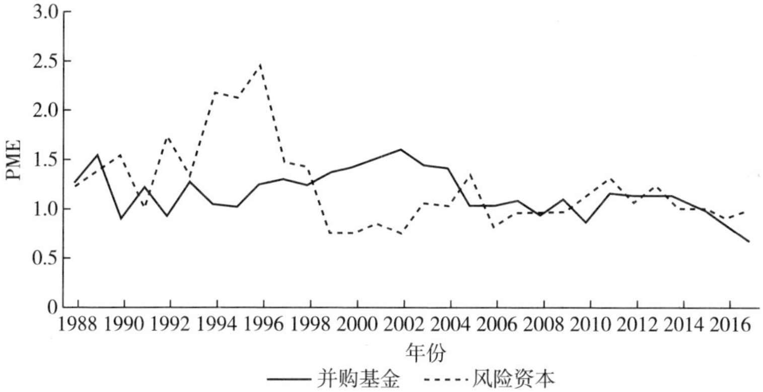

图3.2　并购基金和风险资本的加权平均PME

注：与标普500总回报指数的对照。

资料来源：根据道富银行数据整理。

当然，我们对这个发现的解读非常谨慎，原因如下：

- 第一，这些分析里包括了尚未清算的基金。大量的研究表明，私募基金的中期估值通常较为保守，因此，随着时间的推移，接下来几年，这些基金的业绩可能会有所增长。[7]
- 第二，几乎所有的业绩报告都仅限于美国市场，考虑到数据使用的方便性，这也情有可原。但是，欧洲的统计时间要短得多，所以 PME（基于欧洲股指）也要高得多，而且不一定表现出与美国相同的下降趋势。
- 第三，正如我们将在第 9 章中讨论的，业绩下降可能意味着一个成熟行业的永久性转变，也可能与后危机时期异常的投资环境有关。
- 第四，这些结果里并没有讨论私募基金创造丰厚回报的能力如何，它们只是简单地表明，扣除费用后，投资者获得的回报有所下降。这也是我们在第 6 章中将要讨论的主题。

私募基金的投资本质，是人们担心私募基金的业绩表现不够出色的主要原因。正如我们一再强调的，这些基金的一个主要特征是流动性不足。作为有限责任合伙人，意味着要对一只基金投资 10 年或更长时间。虽然投资者也可以在次级市场上出售其合伙权益，但总体而言，这是一个效率低下的市场。就像在机场从事美元和欧元交易的外汇交易商一样，合伙权益的买卖双方给出的价格，往往相差很大。尤其是当投资者出售的不是黑石集团或凯雷集团（Carlyle）的股权，而是规模较小、知名度较低的私募基金股权时，这种情况更加明显。

通常来说，持有非流动性资产的投资者，期望获得更高的回报作为补偿。卢博斯·帕斯特（Lubos Pastor）和罗伯特·斯坦博（Robert Stambaugh）在一篇颇有影响力的论文中指出，在最近几十年来，持有美股里流动性最差的10%股票的投资者，其年回报率要比持有流动性最好的10%股票的投资者高出7.5%。[8]论文作者以及许多追随他们的人，没有将这种流动性溢价解释为一种额外的奖金，而是作为对投资者承担了流动性不足这个风险的补偿，因为持有流动性证券是有价值的，一旦真的需要现金，是可以马上变现的。

关于非流动性的风险，有一个著名的例子：对冲基金长期资本管理公司（Long-Term Capital Management）专门购买流动性比较差的证券，同时做空流动性比较好的证券（也就是赌它们不会上涨）。[9]该公司进行的一项典型交易是购买剩余期限29年的美国国债（行话叫“旧券”），同时做空30年期限的美国国债（“新券”），而后者的市场要活跃得多。通过获取持有非流动性资产而产生的溢价，长期资本管理公司兴旺发展了很多年。然而1998年，俄罗斯债务危机导致市场陷入停滞，长期资本管理公司面临着另一种形式的“挤兑”。投资者开始要求赎回他们的资金，之前一直支持对冲基金大佬加超高杠杆投资的银行，也开始要求收回贷款。于是，对冲基金只能被迫贱卖其持有的非流动性资产，以换取流动资金。毫无疑问，很多交易都是在巨大亏损的情况下进行的。长期资本管理公司随后倒闭，还连带着差点儿拖垮了整个华尔街。

私募基金相对于公募市场的风险，是人们对业绩下滑担忧的第二个原因。基于哈里·马科维茨（Harry Markowitz）革命性见解，以及约翰·林特纳（John Lintner）、威廉·F. 夏普（William F. Sharpe）和杰克·特雷诺（Jack Treynor）进行的开创性工作，金融经济学的指导原则之一是，投资于风险更高的股权资产，应当获得更高的回报。同时，决定股权资产风险如何的关键因素，是看这家公司的负债情况。这些观点虽然来自数学模型，但也很直观：负债高的公司，破产的概率更大，很有可能让投资者血本无归。但如果公司本身发展前景都很好，那么投资高杠杆的公司所带来的回报会更好。

当然，私募基金的杠杆率，通常比标普 500 指数中的公司更高一些。2016 年，标普 500 指数中比较有代表性的非金融公司，债务与息税折旧及摊销前利润（EBITDA）之比是 2.3，也就是说，公司两年多的税前营业利润，就足够来偿还公司债务了。而同一年大型私募基金的债务与息税折旧及摊销前利润之比是 5.5。[10]所以，私募基金的风险比标普 500 指数的风险要更高，投资者也会由于承担了更高的风险，从而希望能获取更高的收益作为补偿。事实上，有很多学术文献（很多都晦涩难懂）都在试图寻找私募基金的贝塔系数是多少。虽然本书不打算对这些文献展开全面讨论（我们尤其希望读者会坚持多读几个章节），但是大家普遍认为私募基金的贝塔系数是远高于 1 的（贝塔系数等于 1，意味着私募基金与整个市场的风险保持一致）。加了高杠杆的私募基金，风险尤其大。

所以，如果把由于缺乏流动性和具有更大风险而带来更高预期收益考虑在内，那么近年来私募基金表面上看起来没有什么突出的业绩，就可以说是真正的业绩不佳了。此外，最近的许多报告也显示很多其他形式的私募基金的表现同样令人失望。例如，全球私募股权研究机构 Preqin 的报告显示，截至 2016 年 6 月的过去 10 年中，房地产私募基金的年化收益率仅为 5.0%，而同期投资一篮子股票的年化收益率是 7.4%，投资长期债券的年化收益率是 9.5%。[11]

最后一个关键问题是，为何私募基金的收益会不尽如人意。一种可能性是，这是一种反常现象。图 3.2 表明，在私募基金快速发展的里根政府时期，收益率也很低。不过，1987 年股市崩盘和垃圾债崩盘，之后股市回调，大量投资者退出市场，存活下来的私募基金的 PME 就开始稳步上升了。同样，最近 10 年也可能是一段比较反常的时期，因为这段时期太多的基金募集资金、估值过高，从而导致收益率比较低。

另一种可能性是，反而在 20 世纪 90 年代和 21 世纪头 10 年 PME 上升的经历才是反常的。私募基金可能越来越类似对冲基金遇到的情况。在对冲基金里，大量投资者在高度有效的市场中进行竞争，在扣除了大量管理费和业绩提成之后，无法取得好的收益，也就无法补偿他们所承担的高风险。所以在私募基金里，也可能是由于高度竞争的市场再加上高额的费用，导致私募基金收益比较差。我们将在第 9 章继续讨论这些问题。

狩猎瞪羚

如果私募基金整体的回报一般，那么想要取得高收益，就必须挑选优秀的管理人。如果把这些优秀的管理人比喻成跑得很快的瞪羚，那么想要找到他们，本身就是一项艰巨的任务。此外，近年来，挑选优秀管理人的难度似乎又大大增加了，我们来看一下是为什么。

可以肯定的是，长期投资者聚集的非流动性市场，其业绩表现也存在巨大差异。我们可以从图 3.3 中明显看出来。图中展示了一个业绩位于前 25% 的管理人的长期业绩，与一个业绩水平中等的管理人的长期业绩之间的差异。[12]换句话说，这张图展示了如果我们把资金委托给一个优秀管理人与一个普通管理人，那么在 10 年的时间（截至 2016 年 12 月）里，我们获得的年化收益率会有什么不同。对于债券管理人来

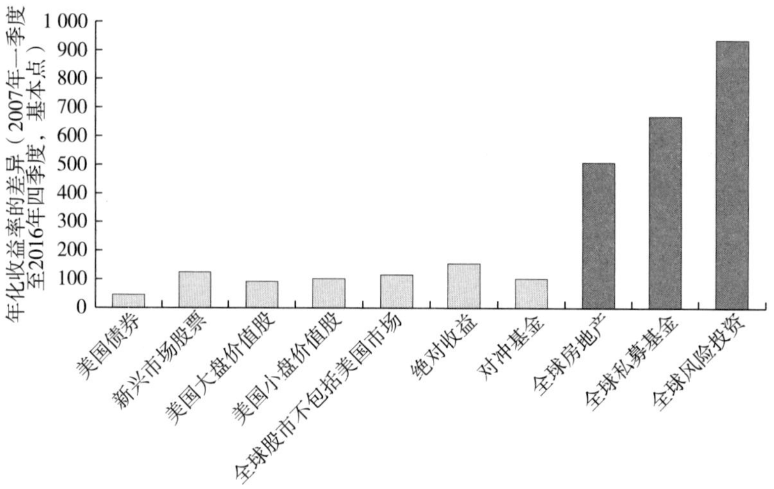

图 3.3 业绩位于前 25% 的管理人与业绩水平中等的管理人的年化收益率的差异

资料来源：根据康桥汇世投资咨询公司（Cambridge Associates）的数据整理。

说，这个差异非常小：每年相差不到 0.4 个百分点。这说明美国国债市场规模庞大，市场有效程度非常高。除非管理人想要押注于利率的走势，否则在债券市场上获得的收益提升是比较小的。

再来看看投资于股票的管理人。我们发现股票管理人之间取得的收益差距，要比债券管理人更大一些，这也很正常。股票的走势各不相同，具有优秀投资能力的管理人自然能获取更好的收益。类似地，投资于新兴市场股票的管理人和投资于美国大盘价值股的管理人相比，收益差异还要更大一些。

但令人出乎意料的是，虽然有差异，但是这个差异的具体数值却并不是特别大，分别为 0.9% 和 1.3% 。这个数值不大的原因在于，我们研究的是长达 10 年的投资回报。比如，2015 年业绩很不错的管理人可能擅长中国股市投资，而 2016 年业绩很不错的管理人则变成了擅长巴西股市投资，但把时间拉长来看，这些管理人之间的收益差距就很小了。再比如，擅长投资科技股的管理人和擅长投资金融股的管理人，擅长投资成长股的管理人和擅长投资价值股的管理人，等等，也是类似的现象。单个管理人擅长获取收益的方式是非常有限的。这些业绩情况表明，能在长期投资中保持领先地位的基金管理公司，都是擅长指数投资的公司，比如黑石和先锋领航（Vanguard）。指数投资收取的费用非常低，因此除了最优秀的主动基金管理人，指数投资可以超越绝大多数管理人的投资业绩。[13]

然而，当我们把目光转向私募证券基金时，情况就不一样了。前25%的管理人的业绩表现差距幅度很大，房地产杠杆收购基金的差距幅度为5.1%，私募股权基金的差距幅度为6.7%，风险投资基金的差距幅度达到9.4%。为什么在这些市场里，管理人的表现差距如此之大呢？这里至少有三个原因。

第一，提前预估一个私募基金管理人的业绩是很困难的，这也就意味着，即使是一个投资能力一般的私募基金管理人，也能募集到资金。一个房地产集团业绩好，有可能是由于投研团队精明能干，也有可能只是单纯地在某个大型交易中运气好。一位即将离职的高管，有可能是能力不佳（通常他的合伙人会这样说），但也有可能在基金成功运作中起到了关键作用。正如一家大型私募股权公司的高级合伙人对他的工商管理硕士（MBA）学员说的："私募股权基金这个行业的秘密在于，你不需要有很好的业绩记录，就可以成为公司合伙人。"阿瑟·柯特维格（Arthur Korteweg）、莫滕·索伦森（Morten Søorensen）曾正式表明，想要真正区分一家私募资本集团，到底是真的更加优秀，还是仅仅是运气好，分析师必须评估至少25只基金的业绩情况！[14]由于这些投资都具有长期性，这需要用一生来进行追踪，才能证明出来。潜在的投资者想在尽职调查过程中就弄清楚这些问题，是很难得到一个比较确定的结论的。因此不可避免，最有经验的投资者，也可能会把资金投入一只投资能力实际上很差的基金中。

第二，想要复制成功基金的经验，非常困难。通过仔细研究共同基金和对冲基金的交易，或许有人能够逆向梳理其决策过程。但是，想要复制顶级私募投资者的做法，难度要大得多。资深的风险投资家与企业家、投资银行家和资深企业高管，都有着密切的联系，这使得他们能够从很多方面来帮助被投资的公司。并且，这样的资深投资者通常拥有自己的“品牌”，企业家也非常愿意跟他们合作，这样可以作为企业实力的一个标志。无论对市场演变有多么敏锐的洞察力，这些能力都是一个局外人无法复制的。

第三，幸运女神也会“任性地”在私募投资业务中“插上一手”。许多曾经备受投资者追捧、受到同行羡慕的投资集团，当遇到业绩不佳的年份时，则会备受冷落。也许是对某个板块或某个企业的判断出了错，也许是对自身能力的增长过于乐观了。贝恩资本（Bain Capital）就是一个这样的例子。在20世纪八九十年代和21世纪初，贝恩资本推出了一系列业绩非常好的基金，然而2006年推出的基金业绩就下滑至排名在50%~75%的位置，也就是中下游；2008年推出的基金，业绩继续下滑至最后25%的位置，也就是下游。而这两只基金是贝恩资本有史以来资金规模最大的两只。不过，在经过调整之后，贝恩资本推出了第11只基金，并且再次取得了业绩位列前25%的好成绩。[15]

再来看图3.4，当我们接近这幅业绩图的极端情况时，业绩差异更加显著。基于上面的分析，我们使用汤森路透（Thomson Reuters）的业绩数据，图3.4展示了所有到期的基金从诞生到清盘（或直到2016年年底）的年化收益率情况。虽然业绩排在50%的基金和排在75%的基金业绩差距很大，不过，和排在90%、95%、99%的基金相比，就相形见绌了，这个差距分别是20%、31%、75%。所以，如果投资者

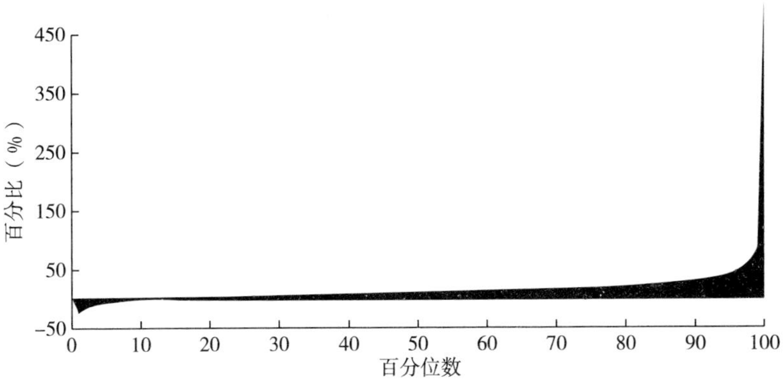

图 3.4　到期基金的年化收益率

资料来源：根据 Preqin 的数据整理。

选择了合适的管理人，即使在私募基金整体收益不太好的年份，也是能获得不错回报的。这也就是“实力派”和“冒牌货”之间的差距。

私募市场的第二个决定性特征是业绩的持续性。如果一只基金的表现很好，那么这个投资集团的下一只基金以及之后的基金，也有可能表现不错。表 3.1 的左栏显示了私募股权基金的历史情况，正如鲍勃·哈里斯、蒂姆·詹金森、史蒂夫·卡普兰和鲁迪·斯图克所指出的。[16]表中展示了同一家私募股权公司先后发行的两只基金，在不同的业绩区间转换的概率。每只基金都会归入一个业绩区间内，“1”表示业绩最好。每一行则表示，针对处于同一个业绩区间的上一只基金，下一只基金分别处于不同业绩区间时的情况。表 3.1 左栏只包括 2000 年及之前发行的基金。假设业绩是不能持续的，也就是说一只表现优秀的基金，它的下一只基金大概率不能继续表现很好的话，那么每个单元格中的数字应该是 25%（因为有 4 种可能的结果，而且每种结果出现的概率是一样的）。但实际上，之前表现很好的基金，下一只基金继续取得好成绩的概率是很大的：有 37.5% 的基金会继续取得良好业绩。同样，之前表现不好的基金，也更有可能继续表现不好。

表3.1　根据业绩的四分位数列举的并购基金业绩

2001年之前						2000年之后					
后续基金的业绩四分位数						后续基金的业绩四分位数					
		1	2	3	4			1	2	3	4
上一只基金的业绩四分位数	1	37.5%	25.0%	18.8%	18.8%	上一只基金的业绩四分位数	1	22.0%	28.8%	30.5%	18.6%
	2	30.4%	21.7%	30.4%	17.4%		2	24.5%	22.6%	32.1%	20.8%
	3	21.4%	25.0%	32.1%	21.4%		3	15.4%	28.2%	38.5%	17.9%
	4	17.4%	26.1%	30.4%	26.1%		4	21.4%	14.3%	32.1%	32.1%

资料来源：根据哈里斯、詹金森、卡普兰和斯图克发表的《私募股权基金的业绩能持续吗?》一文中的数据整理。

这种模式之所以引人注目，是因为它与公募市场不同。大量的文献研究了公募基金业绩是否具有持续性。金融经济学家最初认为，共同基金经理有一双“热手”，也就是说如果某年取得了不错业绩，那么在接下来的几年也会继续保持。但更加复杂的分析技术显示，这些都只是统计学上的侥幸现象。[17]即便是在对冲基金中，有专业分析工具来辅助，金融研究人员也没有找到证据来证明业绩能持续。[18]目前有一些证据表明，在一个季度的时间范围内，业绩是可以持续的，也就是说，一只对冲基金在某个季度业绩表现很优秀，那么在下一个季度也是有可能继续保持优秀的。但是，没有证据表明，在连续两个季度，或者一年之后，仍然能取得很好的业绩。实际上，对冲基金领域有一个词用来描述这种现象：阿尔法消失。

投资回报的巨大差异，以及优异业绩的可持续性，意味着成功挑选到一个优秀管理人所带来的回报是非常高的。从本质上来说，私募基金就像一个赛马场，如果有人能在一场比赛中选出一匹获胜的马，那么在下一场和之后的比赛中，获胜的可能性仍然很大。此外，私募基金还具有被称为“祖父权利”（grandfather rights）的传统特征：优先考虑基金的现有投资者，其次才是新的投资者。也就是说，当赛马比赛再次开始后，上一场获胜的押注者能优先回到押注窗口，使许多其他潜在的押注者失去下注的机会。这也表明了，其实私募基金也许是一场极不公平的游戏，但对于那些有深入研究的人来说，却是一场相当有利可图的游戏。

一直以来，有一类投资者从这种“内部博弈”中获益匪浅，那便是捐赠基金和基金会，尤其是在精英学校里。从历史上看，不同类别的有限合伙人，其回报存在着巨大差异。乔希·勒纳、安托瓦内特·斯考尔（Antoinette Schoar）和温王新伟（Wan Wongsunwai，音译）教授对20世纪八九十年代的私募基金进行了研究，捐赠基金所投资的私募基金的平均年化收益率，比样本中其他投资者的平均年化收益率高出近21%。[19]如果对一些影响业绩情况的关键因素进行筛选，比如基金成立的年份和类型等，这种业绩上的差异仍然存在。

人们自然会想，这究竟是由于捐赠基金在挑选基金方面确实更加有经验，还是仅仅由于捐赠基金从很早就开始投资私募基金了。下面这个说法也有道理：捐赠基金远比大多数养老基金更早意识到私募基金的潜力。毕竟，哈佛大学捐赠基金是克莱纳·珀金斯（Kleiner Perkins）的第一家机构投资者，当数千名投资者争相投资克莱纳·珀金斯后续的基金时，哈佛大学捐赠基金已经在里面占据一席之地了。

在勒纳、斯考尔和温王新伟的分析中，试图通过多种方式来寻求答案。比如，关注再投资决策。捐赠基金决定再投资的私募基金，要比那些捐赠基金决定不再投资的私募基金，业绩要好很多。这说明捐赠基金是很擅于预估后续基金的表现情况的。而其他投资者则没有展现出这种能力。事实上，对企业养老基金来说，它们不再投资的基金，反而比它们一直投资的基金，表现更好一些。也许，假如它们使用“神奇8号球”来帮它们做出再投资决策的话，效果可能更好一些。这些研究说明，捐赠基金能够积极利用它们作为早期投资机构所获得的信息来优化投资决策，而其他投资者则不太愿意，或者没有能力去运用这些信息。

类似地，该分析还考察了年轻的私募基金，以及募集资金规模没有达到最初预期的私募基金的投资情况。如果说捐赠基金业绩更好，主要是捐赠基金更容易进入一流的老牌投资集团的缘故，那么在这种情况下，业绩差异应该会消失。因为这些年轻的私募基金肯定会从一切可能的地方来募集资金。然而再一次，捐赠基金仍然比其他同行做得更好。相比其他投资者选择的私募基金，捐赠基金选择的私募基金，风险并不会更大，这也可以说是出现业绩差异的一个原因。

需要注意的是，这只是一个总体上的情况，并不是每一只捐赠基金都是如此。这项研究中记录的这些现象，主要集中在大型捐赠基金，特别是一些大型的学校，它们挑选投资对象的时候是比较严格的。[20]可以确定的是，这些年来，也有一些捐赠基金的管理人做出了很糟糕的决策，就像我们在第1章中介绍过的肯塔基州养老金的管理人那样糟糕。比如，罗切斯特大学在20世纪70年代初，曾是美国排名第3位的捐赠基金，但到1995年已降至第25位。原因就在于它的管理人决定大笔投资当地的公司，而他之所以这么做，显然是出于他自己作为当地居民的自豪感，但这种做法是不对的。[21]在科技变革的过程中，许多公司其实是完全没有能力去应对的，于是投资策略也就走偏了。典型案例就是柯达（Kodak）和施乐（Xerox）。

为什么其他机构投资者不复制捐赠基金的成功秘诀呢？在一定程度上，这反映了它们所面临的一些限制。许多公共养老基金和主权财富基金规模极其庞大，坐拥数千亿美元资产。它们常常被局限于只能跟少数的外部管理人建立合作关系，因为只有这样，它们才能真正了解每一个基金管理人是怎么做的。于是，这些机构投资者开出的支票金额即使是最低一档，通常都非常大。（值得思考的是，为什么这些机构投资者不雇用更多的投资员工或与一个外部管理人始终长期合作呢，这样它们就可以开出金额小一些的支票了。我们将在第4章中继续讨论这个问题。）

比如，加拿大的一家基金表示，正是与上面所述类似的原因，它将不会进行2.5亿美元以下的投资。此外，为了避免对任何基金产生过大的影响，它限制了所投资的每一只基金的比例不超过10%。在这些规则下，很多有望成功的投资类别，它都无法进行投资。例如，在风险投资领域，只有少数基金能达到或超过25亿美元的规模。

即便这些机构投资者能够进行规模较小的交易，它们也往往缺乏资源和动力，去仔细评估哪一个是有可能成功的。比如斯堪的纳维亚半岛的并购基金就有15只，所以直接给某个知名的投资集团开一张大额支票通常就是首选了。“从来没有人因为收购IBM而被解雇”，这句话在投资界流传至今。这句话有时被认为是吉恩·阿姆达尔（Gene Amdahl）说的，他在1970年离开IBM，创办了自己的公司，并与IBM展开竞争。

遗憾的是，在许多投资类别中，规模大未必就是好事。图3.5显示了交易的规模与回报之间的关系，这也是我们认为迄今为止对这两者进行的最细致的研究。图中对美国和欧洲的大型交易和中型交易，使用不同的方法计算得出了总收益（也就是扣除费用之前的收益）。很显然，中型交易的收益率非常好，每项指标的收益率都要高出几个点。这种差异也并不奇怪，规模最大的交易基本上都是在老牌投资集团之间进行的。每笔交易的情况都被多方仔细分析过，讨价还价的余地很小。而到了中型市场里，投资集团能够抓住一颗未经加工的钻石的能力就大多了。在另一份类似的研究报告中，研究人员则重点指出，

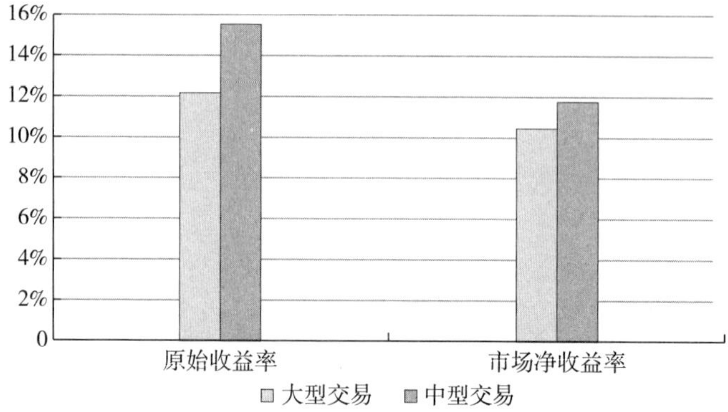

图 3.5　私募基金的总收益率

资料来源：乌尔夫·阿克赛尔森（Ulf Axelson）、莫滕·索伦森和派尔·斯特罗姆博格（Per Strömberg），《收购交易的阿尔法和贝塔》，伦敦经济学院，2014。

新机构设立运作的第一只私募基金首期基金（first-time fund），虽然很多投资者会觉得风险太大而不选择，但其业绩实际上要远高于机构后面发行的基金。[22]

资源限制也是一个现实存在的问题。尽管这些机构投资者坐拥巨额资本，但它们在内部对资金的使用往往控制得很严。我们认识的一位主权财富基金的管理者说，若是他愿意，他可以买下曼哈顿第五大道的通用汽车大厦（General Motors Building），但无法为自己的办公室添置一把新椅子。这种现象在美国许多公共养老基金中更加严重。比如有的机构投资者一年可以投资数十亿美元到私募基金里，但是想要花 2 万美元订阅 Preqin 之类的基础数据资料，或者每年多出国旅行一次，却无法获批。不用说，如果购买数据或出国旅行能帮助投资团队做出使养老基金的收益率，哪怕提高 0.001% 的投资决策，那这笔支出所带来的回报都是其本身的好几倍！说到这些机构投资者的时候，我们不免会想到印度航空的飞行员。《纽约时报》称，他们更喜欢驾驶窗户上蒙着报纸的飞机飞行。[23]也许这样做能在短时间内看不到灾难，但"盲目飞行"实在不是一个明智的决定。

这种斤斤计较的心态也体现在薪酬政策上。许多公共养老基金的管理者每年单独处理数亿美元的投资业务，其年收入却不到10万美元。在极端情况下，这可能导致来自专业投资人员的直接贿赂，比如加州公务员退休系统发生的臭名昭著的丑闻。一个投资代理商，阿尔弗雷德·维拉勒波斯（Alfred Villalobos），向加州公务员退休系统的高管提供私人飞机旅行、豪华酒店套房、礼物，甚至支付了一场婚礼的开支，维拉勒波斯反过来又向他代理的公司［如阿波罗全球管理公司、阿瑞斯资产管理公司（Ares）、极光资本（Aurora Capital）、CIM公司以及Relational投资公司］收取了数千万美元的费用。[24]

但是，这些惊人的丑闻，掩盖了低薪酬可能造成的更普遍的问题。那就是，即使机构想要给员工提供非常少量的奖励，也可能会受到审查，这一点，得克萨斯州教师退休系统的布里特·哈里斯（我们在第2章中介绍过他）深有体会。当时因为州议会在财政上非常保守，不愿意提高薪酬，于是哈里斯向员工发放了奖金。[25]具体情况是这样的，在2010财政年度，得克萨斯州教师退休系统是全美国业绩最好的大型公共投资基金。哈里斯依据具体的规则，向54名业绩超过了既定标准的员工发放了900万美元的奖金。以其管理资产的年化份额来表示，大约是0.002%，这一数字其实很小。（相比之下，得克萨斯州教师退休系统支付给它的外部基金经理每年的管理费许多高达1.5%或2%，更不用说业绩提成了。）

尽管如此，《达拉斯晨报》（*Dallas Morning News*）还是围绕这笔奖金刊登出一篇调查文章，该文章的标题是《分析显示，得克萨斯州教师退休系统发放的奖金超过了其他所有州的总和》。[26]文章指出，得克萨斯州一边削减教育和医疗预算，一边发放数百万美元的奖金。该文章及其后续报道强调，2007年至2011年期间发放的900万美元奖金，占了这些年来发给得克萨斯州员工的1 300万美元奖金中的最大部分。

相关人士很快加入了讨论。得克萨斯州退休教师协会执行理事蒂姆·李（Tim Lee）表示，奖金“甚至让他感到厌恶”。[27]得克萨斯州的政治家也团结起来，在此问题上罕见地达成了两个党派的一致。例如，休斯敦民主党众议员西尔维斯特·特纳（Sylvester Turner）指出：“我不在乎他们的投资组合业绩有多好。在这个特殊的时刻，在这个特殊的州，任何人都很难证明这类奖金的发放是合理的。”[28]

这些限制的结果，往往使得养老金成为一个“旋转门”①，一些年轻人来到这里后，积累几年经验和人脉，然后离开。理论上，“旋转门”这种现象可能并不坏，也许使公共机构能够招聘到高素质的员工，而如果换成别的方式，或许无法吸引这些人。例如，美国检察官办公室有着聘请优秀法学院毕业生的传统，因为他们知道，绝大多数人会在磨砺几年的诉讼技能后，转而开始私人执业。

但令人担忧的是，频繁的人员变动可能会影响到投资决策。实际上，通常来说，离开大型养老金的个人会跳槽到大型投资集团（拥有大型内部团队的集团）的投资者关系部门，或者是与大型公司合作（或为大型公司工作）的中介机构。在这样的背景下，他们在做投资决策时会更倾向于不去“找麻烦”，而是积极考虑大型集团的投资请求。更普遍的是，考虑到一只基金可能需要很长时间才能显示出最终成功与否，基金经理更愿意推荐某只“名牌”基金，而不是一只风险可能更高的新基金。等新基金证明自己成功之时，投资主管可能早就不在那里了，而其他人就会把功劳揽在自己身上。与此同时，如果新基金早期运行

---

① “旋转门”现象指投资人才进出频繁，在基金的投资团队中工作时间不长的现象。——译者注

时出现了困难，那么冒险推荐这只基金的专家，可能就会受到指责。

值得注意的是，近年来，即使是捐赠基金也发现，私募投资的过程越来越艰难。最近，伯克·森索伊（Berk Sensoy）、王英迪（Yingdi Wang，音译）和迈克·韦斯巴赫（Mike Weisbach），更新了一项对有限合伙人业绩的研究，发现在21世纪的头几年里选择的基金，呈现出一种不同的模式。在1999年至2006年期间进行的投资中，捐赠基金在对私募基金的投资上似乎不再有明显的业绩优势。一方面，对于严格限制准入的私募基金来说，捐赠基金不再有优先权；另一方面，相比其他机构，捐赠基金也没有做出更好的投资选择决策。[29]

人们自然会想，捐赠基金优势减弱的背后原因是什么。在很大程度上可能是由于原本有利于这一领域的长期投资取得成功的环境，如今恶化了。首先，如图3.6所示，近年来，基金收益率的分散程度似乎越来越小了，可以看到业绩水平处于75%和25%的基金，它们之间的收益差距越来越小了。因此，有能力挑选出优秀管理人的优势，也不如从前了。

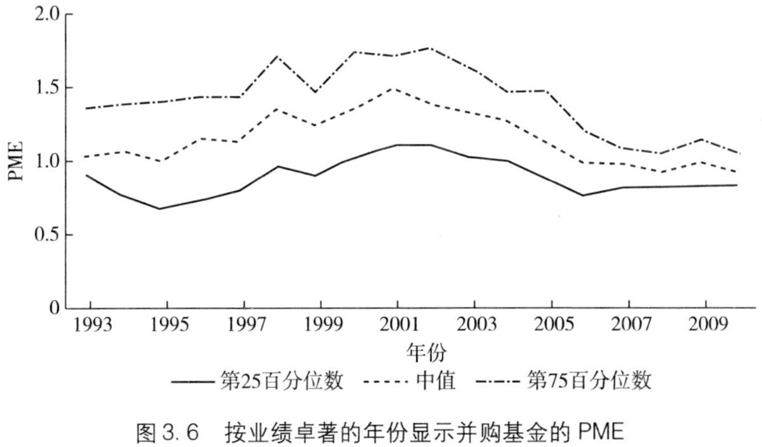

图3.6　按业绩卓著的年份显示并购基金的PME

资料来源：根据蒂姆·詹金森2015年未公开发表的论文《私募股权基金的业绩仍然好于公募市场吗?》整理。

其次，从表3.1的右栏可以看出，私募基金的业绩表现似乎变得不那么持久了，至少在私募股权基金领域是这样。[30]所有业绩高于平均值的基金，在它们的下一只基金里，只有50.8%的基金，其业绩仍然能保持高于平均值。这跟我们的假设是基本一致的。我们假设业绩在没有持续性的情况下，下一只基金的业绩在每个区间的概率是均等的，那么业绩高于平均值的概率就是50%。这些结果并非没有争议。其他学者使用了不同的数据集进行研究，得出的结论认为，业绩持续性下滑的情况，在并购基金中其实并不多，但在风险投资中却很显著。不过研究也的确表明，即使是经验最丰富的私募资本投资者，挑选优秀的集团也可能越来越困难。

在某种程度上，可以认为是如今投资的透明性以及随之而来的快速模仿，造成了这种现象。过去，当捐赠基金开始投资于某一类资产时，要经过很长一段时间之后，其他机构才开始效仿。比如，许多常青藤盟校的捐赠基金和它们的同行，在20世纪70年代初就开始投资于风险资本。大多数企业和公共部门养老金，分别是到了20世纪八九十年代，才开始进行这类投资。然而放在当今社会，这种时间差已经非常小了。比如，仅仅在哈佛大学开始投资林地的几年之后，许多其他机构就纷纷进行了类似的投资。在单只基金的层面，同样的情况也会发生：当一家优秀的捐赠基金投资了某只基金后，可能会引发其他大量的资金都希望能投入这只基金中。比较讽刺的是，在许多顶尖大学里，学生中的激进分子要求最大限度地披露学校捐赠基金的持股情况。这可能会加剧模仿投资所引发的问题，从而导致收益率进一步降低，未来几代学生能得到的资源将会更少。

我们将在第6章中探讨投资合伙企业的基金管理人所面临的挑战，届时再更深入地研究业绩下滑背后的原因。

结语

本章重点介绍了长期投资者在实施长期投资项目时，所面临的基本挑战。结果可能有点令人沮丧，但理解这些问题很重要。

第 4 章要乐观得多，因为我们将着重介绍世界各地的机构和家族克服这些困难的方法。

第4章
实现长期投资的四大要素

正如我们在前面章节中指出的，提供解决方案，要比诊断问题困难得多。有很多文章、报告和书籍，试图分析投资者和管理资金的管理人投资失败的原因，并提供补救措施。

回顾这一领域的开创性作品，比如《一路管理到经济衰退》(Managing Our Way to Economic Decline，发表于1980年)[1]和《美国疾病》(*The American Disease*，出版于1984年)[2]，不难发现，早在很久以前，人们就提出了许多相似的分析和解决方法。随着时间的推移，这类文献在某些方面发生了变化，例如，不再热衷于鼓励美国人效仿日本投资者和欧洲管理人。但是，还有许多问题，是被人们反反复复提及的。

这里最具有挑战性的是，无法精确地评估一个解决方案效果如何，顶多也只能是在有限的程度上进行评估。通常，经济学家和其他社会科学家，会通过实验来评估一个新方法，比如新的课堂策略，或者医疗报销计划的效果。在实验里，会随机挑选出一组成员来应用新的方法，其他的条件则保持不变。然而遗憾的是，我们没能找到大量的养老基金和主权财富基金，愿意配合我们做管理和薪酬方案的实验。因此，我们在这里讨论的不是期刊出版物要求的95%的确定性，而是更接近于60%或70%的确定性。正因为这样，我们几乎可以肯定，有一些方法将经受不住时间的考验。尽管如此，我们仍然希望从案例研究、与从业人员的对话以及学术论文框架中得出来的这些见解，能够有所帮助。

批评机构投资者的大量早期文献，摞起来可能高达900多米，这些文献广泛告诫人们："要像所有者一样思考！"尽管这些宽泛的告诫可能十分鼓舞人心，但我们建议，可以更集中在细节上。在这里，我们指出了投资者可以重点改进的四个领域：管理、评估、激励和沟通。在每一个领域里，投资者要克服传统方法的局限性，还有很长的路要走。但在深入讨论之前，我们先介绍两个长期投资者的例子，看看它们正在采取的创造性投资方式。

介绍伟大的长期投资者的故事，可能会没什么吸引力，因为关于谁是最厉害的投资者，大家都能达成共识。假如一位体育谈话节目主持人坚持说，尤塞恩·博尔特（Usain Bolt）是最优秀的短跑运动员，塞雷娜·威廉姆斯（Serena Williams）是最优秀的网球运动员，不太可能引起观众的愤怒或激动。同样，把耶鲁大学捐赠基金列入顶级长期投资机构的名单，也不会引发什么争论。

当然，这种一致的认知，反映了耶鲁大学捐赠基金在过去30年里的良好业绩。自1985以来，在大卫·史文森（David Swensen）和迪安·高桥（Dean Takahashi）的领导下，经通货膨胀调整后的耶鲁大学捐赠基金的价值增加了10倍。[3]回顾1996年7月至2016年6月的20年，耶鲁大学捐赠基金在各种各样的资产类别上都取得了非凡的成功，从风险投资（年化收益率77%）到自然资源（年化收益率16.2%），再到国外公募股权（年化收益率14%）。即便在许多捐赠基金都处于困难时期的过去10年里，耶鲁大学捐赠基金在所有资产类别上的业绩都超过了基准。超过基准的这部分，让耶鲁大学捐赠基金多赚了60亿美元。

愤世嫉俗的人可能会把耶鲁大学捐赠基金的成功比作数学家埃米尔·博雷尔（Émile Borel）提出的“无限猴子定理”（infinite monkey theorem）。博雷尔设想，如果让一只猴子在打字机上随机按键，给它无限时间，最终几乎可以肯定它能复制出莎士比亚的十四行诗。意思是说，鉴于所有机构都在尝试各种各样的方式来寻求击败市场，那么总有几个是可以做到的。

或许能让人们改变这种想法的是，耶鲁大学捐赠基金的成功并不是随机的，而是基于清晰的投资理念取得的。[4]

- 第一，重视股票资产的投资，包括公募市场和私募市场。耶鲁大学捐赠基金认为股票资产有两个优势。一是从历史上看，股票资产的业绩远远好于债券资产；二是债券工具通常会随着通货膨胀而贬值，而股票资产则应该在此期间表现得更好，这给捐赠基金带来了很大的压力。
- 第二，实现投资多样化。总的来讲，耶鲁大学捐赠基金认为，通过对任何单一资产类别的风险敞口进行限制，而不是试图预测市场涨跌，可以更有效地降低风险。这种方法的背后，是不认为团队有能力预测波动。
- 第三，史文森坚信，除了最常规的投资或指数化投资，所有投资都应当聘请外部管理人。耶鲁大学捐赠基金赋予这些外部投资顾问相当大的自主权，当他们觉得投资策略合适的时候就可以去执行，捐赠基金不做过多干预。在挑选管理人的时候，耶鲁大学捐赠基金会对管理人的能力、有竞争力的优势、业绩记录和声誉等进行长时间的深入分析。

- 第四，在非有效性市场中寻找投资机会。正如我们在第 3 章中所讨论的，在有效性低的资产类别中，不同的管理人之间的收益差异要大得多。因此，在这些市场中，选择更优秀的管理人所带来的收益，也会高得多。因此，在 2017 财年结束时，耶鲁大学捐赠基金中只有不到 1/4 是上市公司股票、债券和现金。
- 第五，耶鲁大学捐赠基金的理念是极度关注外部管理人面临的显性和隐性激励。在史文森看来，大多数资产管理业务都缺乏一致的激励机制来构建典型的客户—管理人关系。例如，当管理人管理的资产规模变大时，他们就会拿到高收入，而不用管他们是否为客户取得了好业绩。投资办公室正努力与外部管理人建立创新的关系和费用结构，以使得外部管理人的利益尽可能地与耶鲁大学捐赠基金保持一致。

正所谓“人怕出名猪怕壮”，尽管取得了如此优异的业绩，耶鲁大学捐赠基金还是引来了一些批评。诸如马尔科姆·格拉德威尔（Malcolm Gladwell）和沃伦·巴菲特这些形形色色的大人物都批评过，[5] 这种投资策略支付了太多费用。比如，巴菲特曾指出，如果耶鲁大学捐赠基金配置的是股票和债券指数基金，那么支付给管理人的费用将会少得多。尽管这位“奥马哈先知”的说法无疑是正确的，但他忽视了一个事实，那就是耶鲁大学捐赠基金的收益要远远好于被动投资策略。事实上，耶鲁大学捐赠基金估算过，如果在 1986 年到 2016 年之间采用了被动投资策略（比如 60% 指数基金和 40% 债券），将比现在要少赚250亿美元![6]尽管许多投资委员会成员可能一时无法接受，但高费用并不一定百分百会带来低收益。此外，戴维·罗宾逊（David Robinson）和伯克·森索伊（Berk Sensoy）在对超过800家私募基金和风险投资基金所做的研究中发现，费用与收益之间并没有正相关的关系。费用高的管理人能够提供足够高的业绩，从而抵消薪酬造成的拖累。[7]

另一种批评则是将耶鲁大学捐赠基金和其他取得巨大成功的投资者进行比较。通常，批评人士会选择某个持有高度单一投资组合的小型捐赠基金，并强调该机构的成功。例如，《纽约时报》专栏作家詹姆斯·斯图尔特（James Stewart）将耶鲁大学捐赠基金在2015财年的业绩，与南弗吉尼亚大学捐赠基金相提并论。南弗吉尼亚大学是一所规模较小的摩门教大学，当时其捐赠基金规模约为100万美元。该捐赠基金负责人当时重点关注了少数几只美国股票，并且最后投资了苹果公司和一家热门的生物科技公司的股票。斯图尔特总结道："也许有一天我们会读到关于南弗吉尼亚大学捐赠基金模式的文章。"[8]不过后来，2016财年南弗吉尼亚大学捐赠基金的价值下降了4.8%，使得它在超小规模大学捐赠基金（2016年年底资产低于2 000万美元）排名中，位列最后面的25%，再看斯图尔特这个说法，批评力度就有所减弱了。[9]与此同时，2016财年，在美国8只最大的捐赠基金（资产超过100亿美元）中，只有一只基金的业绩比南弗吉尼亚大学捐赠基金差。我们可以说这是"假新闻"了吧?

不过，有一种说法很难反驳。这种说法认为，过去30年的市场环境正好有利于耶鲁大学捐赠基金的投资策略。按照耶鲁大学捐赠基金目前的资产配置目标，90%以上的资产都有望获取类似股票资产的收益水平。过去30年是股市的黄金时期。假如在1986年年初投资1美元到美国大盘股，到了 2016 年年末，这 1 美元会变成大约 17 美元；如果投资的是美国小盘股，这 1 美元会变成大约 27 美元；不过，如果把这 1 美元投资到美国国债，只能获得不到 3 美元。[10]在此期间，另类投资也正在兴起。比如风险投资，在 2000 年之前不断涌现出各种各样的创新，也形成了比较健全的交易市场，有利于新项目的开展。再比如并购基金和对冲基金，至少在近年来，都受益于大量的"价值"投资机会和随时可用的债务优惠条款。未来 10 年，这些因素是否能持续，目前还未可知。

但是，如果认为对长期投资的创新探索始于耶鲁大学捐赠基金，也止于耶鲁大学捐赠基金，则是不对的。在过去 10 年中，我们看到在全球范围内出现了很多富有创造性的方法，涵盖了各种各样的投资机构。比如，丹麦养老基金（PensionDanmark）关于基础设施的投资计划，就是一个很好的例子。[11]由于这个项目还在初始阶段，我们预计它会成功，更多是一种设想，不过它的设计和执行目前来看都很有希望。

丹麦是一个国土面积不大但环境宜人的地方，至少自维京时代开始，人们对丹麦的印象，主要是乐高积木、童话作家安徒生的故乡、信息透明度非常高等。但它还有很著名的一点，就是它的养老金系统，在澳大利亚金融研究中心（Australian Centre for Financial Studies）编制的《墨尔本美世全球养老金指数》（Melbourne Mercer Global Pension Index）中，常年被评为全球最佳。评语中写道，这是一个"一流的、健全的退休收入系统，能给人们带来很好的福利，并且可持续、高度诚信"。[12]

丹麦养老基金是该国最大的职业养老金计划，也是丹麦第四大养老金提供者。它为 2.75 万家公司的 66 万多名员工提供养老金和保险，管理资金大约 250 亿美元。在 2010 年投资组合的改革中，丹麦养老基金将 20% 的资金配置到了"稳定的另类投资"中，即房地产和直接基础设施的投资。我们在这里着重介绍其直接基础设施的投资项目。

正如我们在第1章中指出的，尽管发达国家和发展中国家的市场对基础设施投资有着巨大的需求，但很少有投资机构的投资组合里，基础设施能占到比较大的比例。[13]这是因为这类投资的历史记录一直很糟糕。这也是多方因素导致的，比如对项目的政治干预，基金不合理的激励机制，这类项目的长期投资属性与基金短期的投资期限不匹配，等等。[14]尽管一些养老基金和主权财富基金成立了项目组来进行直接投资，但只有那些最大的项目组才会选择基础设施这一领域。此外，各投资机构一直在设法解决直接投资中遇到的更普遍的问题，关于这些问题我们将在第8章中探讨。

2010年，经过评估，丹麦养老基金决定投资10%的资产到基础设施中。再考虑到基金的潜在风险，丹麦养老基金决定采用直接投资的方式。也就是说，对未上市的基础设施项目，直接做股权投资。因为它认为，在基础设施市场里，比较新的，还没有广受关注的细分领域会存在投资机会。

丹麦养老基金投资团队确定了几条选取投资对象的标准：

- 第一，投资对象要具备比较低的需求和价格风险。也就是说，项目的需求与商业周期相关性不高，或是项目的价格可以长期锁定，如配电网、有固定价格协议的受管制的公用事业等。
- 第二，投资对象要具备比较低的监管风险或政治风险。所以，丹麦养老基金把投资范围限制在欧洲和北美市场，这里私人基础设施投资的监管框架更为健全，也更易于理解。但这种做法也并非万无一失。例如，在金融危机的压力下，西班牙在2008年至2013年期间，不但取消了对太阳能行业的各种补贴，还增加了税收，一改之前大力支持太阳能行业发展的做法。[15]于是，包括丹麦养老基金在内的许多投资者，都因此遭受了损失。

- 第三，丹麦养老基金的规模比较小（至少相对于许多主权财富基金而言是比较小的），使得它更加灵活，能够追求那些“不被同行注意到”的较小投资机会。很多其他基础设施投资者尽量避开的项目早期投资机会，丹麦养老基金是愿意参与的，比如仍在建设中的绿地基础设施项目。
- 第四，根据法律规定，丹麦养老基金在直接投资中，最多只能占50%的股份，所以还需要寻找合伙人来一起投资。它重点关注的是有丰富经验、有资深技术专长和相同风险偏好的工业企业，如丹麦东能源公司（DONG Energy）、德国意昂集团（E.ON）和法国天然气苏伊士集团（GDF Suez）。并且，由于合伙人是一起来管理投资项目，那么在整个投资的生命周期中，双方的利益要保持一致，这一点很重要。于是，丹麦养老基金建立了一个交易结构，其中合伙人在项目中持有大量的股份。这样合作双方的利益就绑定在了一起，共同为项目的失败和成功负责。

由7人组成的丹麦养老基金投资团队，采取了一种渐进的投资方式，逐渐提升自身能力，让投资委员会放心。我们来看看他们对风力发电的投资经历。2010年，他们直接投资了丹麦的Nysted海上风电场（已经建成）。2011年，他们又重点投资了Anholt海上风电场，这是丹麦最大的海上风电场，也是全球第三大海上风电场。这次投资的金额是以往的5倍。虽然这项投资是在项目开始建设之前就进行的，但丹麦养老基金团队也对投资中的风险进行了控制：涡轮机制造商西门子（Siemens），同意为风力涡轮机的产出提供5年担保。在约定里还注明了，一旦 Anholt 开始运作，生产的电力将以政府担保价格出售，期限为 12 年。2012 年，丹麦养老基金投资了由德国意昂集团运营的 3 家美国陆上风电场，生产的 90% 电力都将以一个约定好的长达 15 年的固定价格来出售。

丹麦养老基金投资团队还尝试通过创业的方式，解决现有基础设施基金中存在的局限性。他们为哥本哈根基础设施合伙企业（Copenhagen Infrastructure Partners，缩写为 CIP）提供了种子资金，这是一家基础设施基金管理公司，由丹麦东能源公司的 5 位成功投资者创立。2012 年，CIP 发行首只基金，丹麦养老基金作为 CIP 首只基金当时唯一的投资者，承诺在之后长达 20 年的投资期限内，将投资 8 亿欧元（当时约合 10 亿美元）。作为 CIP 的种子投资者，丹麦养老基金能有权了解 CIP 的投资策略和未来的投资基金，并享有远低于市场平均水平的基金管理费用。

与 CIP 这样的合作伙伴密切合作，使得丹麦养老基金受益于第三方管理机构的专业技能，避免了一些典型的缺点。合作大大加快了丹麦养老基金的基础设施投资进程，也使其能够投资于那些在投资团队能力圈之外，且公司合伙人不感兴趣的复杂项目。当然，合作是互惠互利的，CIP 也找到了一个长期、忠诚的合作伙伴来支持其首只基金。2015 年，丹麦养老基金又承诺将向 CIP 的第二只基金投资 5 亿欧元（约合 5.55 亿美元）。

这个项目最终能否成功，可能要经过很长一段时间才能揭晓，比如要到 2030 年。但丹麦养老基金向我们展示了一个很有趣的投资过程：一个中等规模的基金，没有耶鲁大学捐赠基金那样的背景和投资业绩，却能够找到一个不被人们重视的细分市场，逐渐往前推进，并获得所需的合作伙伴。并且，通过逐步建立一支具有清晰愿景和使命的团队，着眼于有明显差异化的市场，精心安排交易。丹麦养老基金跟我们经常在投资界看到的冲动投资和趋势交易，形成了鲜明的对比。[16]

管理

现在我们来看看，长期投资项目成功的关键因素是什么。[17]在我们讨论的管理、评估、激励和沟通四个方面里，有效管理，是其中最重要的。我们一直在强调，长期投资的结果，可能在相当长的一段时间内都难以评估，这自然会导致人们质疑当初的投资决策是否正确。所以，好的管理，是保证正确的决策被执行，并保持良好耐心的第一道防线。

一个积极又专业的董事会或投资委员会，在设计和执行长期投资策略的时候，能产生巨大的影响。我们观察了一些最有成效的机构发现，它们不会对投资人员的决策做细节上的管理，而是会制定一个总的策略方向，当投资人员遇到难题的时候帮助他们。一个坚定的有长期投资信念的委员会，能够忽略市场短期波动的噪音，专注于未来的长期增长和投资机会。对投资的有效管理，有助于形成一个好环境，来培养人才和鼓励人们用长远眼光看问题。

那么，一个机构如何构建出这样具有远见卓识的管理团队呢？通常存在的情况是，投资委员会成员由公司员工来担任。但是，即使一只基金就是代表员工来进行投资的，让员工来主导投资委员会也是不恰当的，不管这些员工是教师还是将军。我们的这个提议，可能会让人误以为说，长期投资应该由精英来主导，而非普通民众。我们也知道这在美国是一个不受欢迎的主张，比如威廉·F. 巴克利（William F. Buckley）在1963年就宣称："我宁愿生活在一个由波士顿电话簿上的前2 000个名字统治的社会里，也不愿生活在一个由哈佛大学的2 000名教师统治的社会里。"[18]当然，我们在投资委员会上遇到的巴士司机、护士和教师，他们都是非常敬业的人，在繁重且薪酬不高的本职工作之余，还要履行委员会成员的职责。

此外，拥有"精英"的投资委员会，也并非万全之策。引用体育数据专家保罗·德波德斯塔（Paul DePodesta）的话："你的目标不应该是购买球员，你的目标应该是赢得胜利。"[19]在我们之前举的一些例子中，也表明了精英成员可能会引发的异常状况，比如在政治家的推动下想要投资某位重要捐赠人的基金，或者追求利益的企业家在不合适的市场时机鲁莽行事，以及私募基金投资者向捐赠基金施压，想要捐赠基金投资于他的基金。

精英投资委员会也有很多失败，不是一眼就能看出来的。虽然公共养老金面临的很多限制，在私立大学捐赠基金里可能不太会遇到，但在很多情况下，事与愿违。比如学校原本采取了最终可能会带来成功的策略，但即使方向对了，在面临最初的亏损时，媒体的追问和校友的抱怨，却使得投资委员会放弃了正确的策略。

举个例子，20世纪60年代末，福特基金会（Ford Foundation）曾建议大学加大对小盘股的投资。福特基金会主席麦克乔治·邦迪（McGeorge Bundy，曾任肯尼迪总统和约翰逊总统的国家安全顾问）和多位杰出的学术专家，回测了历史收益数据后，得出了结论。他们认为："许多捐赠基金管理人，以前过于担心再次出现市场崩盘，投资决策也随之受到影响。虽然没人能预测未来，但这种基于过度担心而做出的长期投资决策，是没法经得起冷静分析的。"[20]于是，他们建议侧重于股票投资，尤其是侧重于对小盘股的投资。

如果捐赠基金在随后的几十年里都能坚持遵循这条建议，投资回报将是巨大的。但事实上，它们没有做到。在20世纪60年代的牛市达到顶峰时，捐赠基金增加了对小盘股的配置，但这个投资的时机没有选对，在70年代的大部分时间里，股票的总体回报率普遍很低，尤其是小盘股。这导致捐赠基金遭到了媒体、校友和投资委员会的严厉批评。面对无情的批评，许多学校的投资委员会，又在错误的时间抛弃了这个投资策略。

另一个类似的例子是，在20世纪90年代末，捐赠基金管理人试图为他们的风险投资找一些对冲的方法。在最初的几个季度中，对冲方式都没有效果，反而损失了不少资金，于是，很多基金经理迫于投资委员会的压力（投资委员会通常由风险投资者主导！），就放弃了对冲策略。然而，随后2000年科技股崩盘，互联网泡沫破裂，这些基金经理在没有对冲策略的情况下，只能遭遇巨大的亏损。

那么，到底什么样的管理方针，能让一部分投资者脱颖而出，找到非常规并且能获得成功的投资策略呢？研究人员认为，一个好的投资委员会，应该包括以下几点：成员里有金融专家，成员任职期限适当且期限比较长，信息披露充分，会议比较少，等等。[21]正如一名从业人员所说的："投资委员会的成员，应该是合群的、乐于助人的、谦虚谨慎的、思想开放的人，拥有相关的经验，并愿意尽心尽力投入团队的工作中。"[22]

然而，尽管有这些明确的特征，但研究发现，许多投资委员会成员并没有做好承担这项工作的准备。一项针对英国养老金投资委员会的研究发现，不仅"许多受托人并不是特别擅长投资"，更让人不安的是，他们也并没有利用机构所提供的机会，来提升自己的知识储备。

并且，很多人看起来也不会提前为会议做好准备。[23]不过，投资委员会毕竟还是代表着基金受益人的利益，因此随后的一项研究做出了比较温和的评价："这不是投资委员会成员是否应当成为这一领域［投资］专家的问题，因为这不太现实。而是说，投资委员会成员必须具备战略思维能力。"[24]2009 年 11 月，英国《养老金法案》（Pensions Act）确立了"受托人知识与理解"的准则，帮助确保受托人"对与养老金和信托有关的法律……以及这些计划的资产投资，具备适当的知识和理解"。[25]

对公共部门养老金来说，组建一个专家委员会可能尤其困难，因为它们服务于多个选区。[26]很多时候还要权衡政治家的要求，比如，州长为了能成为出资人的广泛代表而任命一些成员，以及某些官员由于职权而成为委员会的成员。以加州公务员退休系统为例，在投资委员会的 13 位成员中，有 6 人由成员选举产生，任期 4 年（可连任），有 3 人是政治任命的（2 人由州长任命，1 人由参议院任命），还有 4 人是由职权决定的，比如州财政部部长。委员会每月召开一次会议，每年确定一次委员会主席职位由谁担任。[27]在所有可能存在的问题中，很重要的一点是委员会的成员可能会经常变化，这不利于创建一个充满活力的团队。

我们认为，业绩出色的养老金投资委员会，其成员应该是具备出色财务头脑的人。但这里涉及两种观点：选举成员的观点和受益人的观点。有一篇研究论文针对一小部分美国基金做了分析，认为受益人太少或太多，都会降低基金业绩。[28]论文作者认为，"刚刚好"的状态，才能既对选民负责，又能在委员会里更广泛地传播信息。代表的人们过多，尤其是代表退休人员过多，会导致短期主义、风险厌恶和羊群效应。[29]亚历山大·安多诺夫（Aleksandar Andonov）、雅艾尔·霍克伯格（Yael Hochberg）和乔希·劳进行了更为严谨的研究，认为在养老金投资委员会里，州政府官员作为直接或间接代表，跟私募股权投资的业绩是负相关的。更进一步，他们还发现委员会成员缺少财务经验，会导致基金业绩比较差。[30]

委员会成员的构成会造成基金业绩不佳。为了解决这个问题，有人提出有必要进行一些控制以减少利益冲突。[31]比较常见的冲突是各种公共基金面对的政治压力。正如我们在第2章中讨论的，加拿大养老金计划在成立之初的几十年里，基于压力要做一些政治上有利的投资。加拿大政府的改革措施中关键的一步就是，当养老金有了新的投资委员会时，对养老金的管理进行重大重组。[32]加拿大养老金计划采用了前首席执行官马克·怀斯曼所称的“火鸭鸡”（turducken）结构，特征就是“在养老金计划内，建立一种国有企业内的合作模式”。[33]为了减少受到政治影响，加拿大养老金计划投资委员会的12名成员，都由加拿大联邦政府和省级政府基于成员的商业头脑和能力来任命，而不是基于政治关系来任命。委员会反过来任命首席执行官，政府没有任何否决权。委员会的使命是“完全为了加拿大养老金计划成员的利益”进行投资，为计划的受益人实现最佳的基于风险权重的长期回报，而不是为了政府的政治目的。为了进一步使加拿大养老金计划投资委员会免受政治影响，对其章程的任何修改，都需要经过一个修改流程，这个流程甚至比修改加拿大宪法还要严格。

值得注意的是，委员会的两个因素会使长期投资对业绩产生影响，一个是会议频率，一个是成员的任期。频繁的会议不利于长期投资策略。[34]由于这些频繁的会议，过于精细地持续传达投资组合的短期变化情况，也会对投资组合进行过于频繁的评估，于是投资委员会就会总想“做点什么”，这种对投资太精细的管理很有可能导致投资策略上的改变，从而违背长期投资的初衷。

缺乏经验的投资委员会，往往很难从整体上看清投资组合和投资策略的全貌。比如，它们不是对投资组合的整体风险水平进行评估，而是将注意力集中在某只特定的基金或某次交易上。因为后者做起来更容易一些。尤其是一些刚接触投资的人，更是如此。这些太注重细节的管理，偏离了长期投资的目标，使得投资者没有足够的精力来探索策略、评估基金经理、与最好的基金保持长期关系，以及与市场建立长期信任关系。

即使没到这么极端的程度，在每月的会议上，如果委员会成员意识到每次都要为自己的策略做辩护，他们就会更倾向于使用传统方法来使短期业绩更接近市场情况。因为在长期投资中，短期业绩可能会偏离市场基准，为此他们往往需要花费大量精力来解释为什么。这可能会产生“紧跟指数者”（closet indexer）的现象，即从表面上看是长期投资者，但实际上采用的是一种紧跟短期指数的投资策略。[35]

成员的任期，也跟投资委员会的业绩表现有关联。尽管许多大学捐赠基金的投资委员会任期很长，但还有一些投资委员会的任期是比较短的，尤其是公共养老金的投资委员会，有时法定任期是 2～4 年。于是矛盾就很明显了：一个任期仅有 2～4 年的人却监管着一个长达许多年的长期投资项目。领导者希望能在有限的时间里就做出一些成绩，而长期投资策略往往需要很长的时间才能展露出成果，特别是一些新的策略，可能短期还会遭遇比较大的亏损。这种不一致，就可能会导致一些冲突。

如果养老金计划的首席投资官或其他工作人员的工作任期也很短的话，组织的风险厌恶程度就会提高，不可避免地把工作重点放在短期业绩上。想要进一步晋升和发展的首席执行官或首席投资官，以及法律规定任期较短的委员会成员，都会考虑到这种投资策略的执行与结果之间的时间差，从而更加看重短期业绩。[36]另外，一起共事许多年、有丰富经验的领导和成员，也是有利于长期投资的一个优势。长期投资本质上是一个非常主观的过程，共同的经历造就了相同的背景，帮助他们在看似没有正确答案的情况下，做出复杂的投资决策。

评估

尽管“无从评估，就无从管理”这句话的起源和普适性一直饱受争议，但它对长期投资的适用性是不可否认的。对投资回报有真实需求，但实现的路径却不清晰。在这种情况下，评估指标对投资委员会的吸引力，就像救生圈对一个掉落到冰冷大海里的人的吸引力一样强烈。正如我们在第3章中描述的，常见的追踪长期投资业绩的指标既有明显的好处，也有很大的缺点。为了评估业绩，投资委员会经常选择不适当的指标，而且还过于频繁地去查看这些指标。组织如何清晰地阐明业绩，决定了其能否成功致力于长期投资策略。因此，组织要考虑到这些指标的局限性，并仔细思考如何将这些指标置于长期投资的背景中，是很重要的。

过于看重业绩评估，无疑将导致低效的决策。一位业内人士指出：“在私募投资领域，人们总想抽出自己的底牌看一看，以了解投资是否正确。而最客观的业绩评估标准就是退出。因此，投资者鼓励管理人——有时是管理人自己——通过变现，来验证他们的策略。”[37]很多时候都是基金公司过早地要求退出，如果能晚一些退出，其实原本能让公司积累出更多的资产。事实上，我们的同事保罗·冈珀斯（Paul Gompers）已经证明，退出并为下一只基金募集资金的压力，会让年轻的风险投资家过早地将企业推向市场，从而“把大量的钱留在桌子上”。[38]当然，私募基金采用的薪酬计划，也进一步加剧了这种压力。正如一位投资者说：“我们投资的资产本应该持有 5 ~ 7 年以上，基金的期限则是 7 ~ 10 年，但投资公司却希望能尽快拿到业绩提成，于是我们只能在长期投资的资产上，短期投资后就退出了。”[39]

这些观察结果使我们面临两难的选择。过去 10 年，会计政策制定者的重心是，确保财务报表反映了真实的情况。2006 年，美国财务会计准则委员会（Financial Accounting Standards Board）发布了《第 157 号标准会计准则》（Standard 157），首次强调了这点。这一准则定义了“公允价值”（fair value）这个概念，意思是在评估日，市场参与者之间进行有序交易时，出售资产或转移负债时达成的价格。其实类似的评估标准，国际会计准则委员会（International Accounting Standards Board）早在几年前就开始使用了，欧洲则在 2004 年就开始使用。

一方面，透明度，毫无疑问听起来是件好事。如果私募基金能够公平公正地评估其投资的公司，并且所有人也都相信它们的评估结果，那我们之前讨论的评估的不准确性，就会消失。比如，私募基金不会后悔过早地将投资的公司推向了市场，因为推向市场后，公司的估值还能跟之前一样高。如果一家按成本计算估值的公司，在首次公开募股或被收购后，价值大幅提升，那么出现意外情况的可能性将会减少。估值将更接近于实际情况，使得机构投资者能更好地规划预算、做好投资配置，以及评估未来对流动性的需求。此外，由于能更及时地得到价格变化情况，投资者将会更好地识别每类资产的风险。

另一方面，10 多年来，按市值计价的做法在私募基金中似乎并不奏效。尽管会计领域已经采用了这个标准，但是财务报表高度透明的理想世界还没有到来。这在一定程度上反映了一个事实：对最具风险的创业企业进行估值，是一项复杂的工作，存在大量未知因素。不同的机构可能会采取不同的方法来评估公司的价值。不过也反映了另一个事实，那就是这些基金都是由人来进行管理的，所以结果自然会有差异。例如，格雷格·布朗（Greg Brown）、奥列格·格雷迪尔（Oleg Gredil）和史蒂夫·卡普兰发现，在评估未退出的投资时，领先的投资集团往往更为保守。[40]

我们来看个有趣的例子。《华尔街日报》曾在一篇文章中指出，安德森·霍洛维茨基金的回报率似乎比较差。[41]于是这家投资机构发布了一份题为“什么时候一个‘记价’并不是记价?”的备忘录来作为回应。文中说明了它采用的按市值计价的方法与其他基金有什么不同。[42]文中特别指出，许多其他风险投资公司的估值都相当激进。

举个例子，像斯莱克（Slack）这样的热门“独角兽”，打算以4亿美元的价格将其10%的股份出售给一个集团。在这种情况下，许多人会相应地将公司估值为40亿美元。如果新投资者购买的是普通股，这种估值方法可能是正确的。但事实上，在大多数情况下，这种类型的交易通常是使用优先股的方式来完成的。优先股享有各种特殊权利和优先权，比如在公司倒闭时，有权优先获得补偿。因此，即使新投资者可以将这10%的份额转换成普通股，他们实际上也拿到了更多可能会有的回报。安德森·霍洛维茨基金指出，考虑到这一事实，它对斯莱克的估值更为保守（我们认为这个评估是更准确的），从而导致它的基金回报率看起来比较低。[43]

还有一个问题，更频繁地估值可能对长期投资产生不利影响，因为报告里的中期价格变化，其实对投资最终想要实现的价值基本上没有参考意义。即使基金的表现好于市场，也可能会带来有害的后果。

至少在私下里，首席投资官经常会说，对长期投资项目做频繁地估值，结果可能适得其反。他们认为，过于频繁地评估，会导致人们陷入短期投资导向，从而偏离长期投资的目标。例如，公开市场大规模的下跌，会导致按市值计价的投资组合的价值下降。但如果投资者打算持有这些资产数十年呢？他们反而可能希望在此阶段进行买入。对机构投资者而言，却可能在监管和人性的双重压力下采取相反的措施，也就是卖出资产。这种行为最终会破坏整个长期投资的目标：一个有能力做到的组织能够制定投资策略，并在不确定的时间内长期持有。特别是对于备受瞩目的基金而言，比如公共部门养老金，在一个季度里的投资亏损情况，通常会受到媒体和政治家的强烈批评。要求长期投资者采用短期评估方法，就会导致它们拥有短期投资倾向。这种短视主义会使整个社会无法获得原本长期投资能带来的重要利益。

那么，投资者如何才能有效地评估其业绩表现呢？我们重点介绍四种方法：

- 承诺使用长期评估指标。接受并定义一种长期的视角能够帮助设定期望值。举个例子，澳大利亚的主权财富基金——未来基金（Future Fund），决定以10年为周期来评估业绩（尽管基金管理人是按季度来报告业绩）。[44]较长的投资期限，加上跨越6个广泛资产类别的投资策略，使这只基金具有更大的灵活性。该基金报告称，截至2017年3月31日，自基金成立以来的年回报率为7.7%，超过基准回报率目标6.9%。[45]虽然该基金实际上也会报告季度业绩，但通常是放在报告末尾的表格底部里。许多首席投资官也采用了类似的框架，以便让投资委员会关注长期业绩指标。
- 关注数量有限但多样化的一系列评估标准。在我们的采访中，一些专家提到他们会把重点关注的指标限定在一定数量内。并且每个指标都是不同的，因此很难制定一份包含关键评估指标的明确清单。不过最关键的一点是，在每种情况下，投资者决定采用的指标，都要能够提供做决策所必要的信息。不能指导行动的数据带来的不是信息，而是不便。正如一位专家借用爱因斯坦的话指出的，“（风险指标）应该尽可能简单，但不能太简单”。[46]

- 在大方向上正确。如果没有“大体上正确”，那么“精确地犯错”就是一种浪费精力的危险行为。例如，许多投资者在2008年和2009年经历过，尽管风险很难计算，但如果忽视了风险，就会让自己处于危险之中。持续且透明地追踪一个大概值，比忽视它，或是花费过多的精力得到一个精确但有效期短的值，都要更加合适。
- 定期停下来，从整体上看问题。这一点强调了批判性、学术性观点的重要性。许多极其成功的长期投资机构及其管理层，通常会定期进行自我评估，停下来思考，是什么情况让它们做出了那些特别成功或失败的投资。例如，这些思考可能包括回顾5个曾经拒绝的最佳投资项目，或者想一想那些最终业绩非常差的基金，当初决定投资它们的理由是什么。不再使用传统指标来评估业绩，从而使得投资者可以对其投资行为有更正确的认识。

激励

如果投资委员会和成员要在没有确定评估指标的环境下长期一起工作，就必须建立起高度的信任。那么一个关键的问题就是员工的任职时间有多长。在长期投资中，大量的人力资产是随时间逐渐积累起来的。在一家基金公司里，如果员工和投资经理之间能建立良好的关系并相互理解，就能产生很好的想法，彼此分享信息。如果一个组织没有稳定的团队，或者缺乏做出可信判断的经验，就不太可能被认为是可信的投资者。同时，互相分享经验也使大家具备了相同的背景，帮助大家进行复杂和主观的投资决策。

这个观点说起来容易，做起来难。近年来，许多知名捐赠基金机构和养老基金的“旋转门”现象突出表明，对投资人才的需求可能比以往任何时候都要大。人们对另类投资的兴趣不断增加，越来越多的基金也需要人才，以便于在全球范围内采用复杂的投资策略，这都增加了基金经理跳槽的可能性。

这就引出了薪酬的话题。想要为长期投资设立正确的激励机制是很困难的。首先，这些机构中有许多是政府主导的组织或非营利组织，哪怕只是暗示想要采用与市场水平相当的薪酬体系，都可能激起众怒，不论该体系是否合理。

但是，即使我们生活在一个没有媒体，也没有观众的世界里，想要设计一个理想的薪酬体系，依然很难。因为正如行为金融学研究人员所证明的，人类说到底还是一种特殊的动物：喜欢短视。普通人非常厌恶短期的损失，甚至宁愿放弃将来可观的回报来避免眼前的损失。[47]因此，对任何长期投资者来说，面临的挑战在于，如何“量身定制”一套评估方案，使短期奖励与组织的长期目标保持平衡。

更为复杂的是，许多激励措施反而会导致基金经理的行为，和投资人（比如主权财富基金和养老基金的出资人）的意图完全不一致。一个典型的“委托－代理”问题就是，个人基金经理（无论是内部员工还是聘用的外部顾问，如投资把关人）倾向于做使他们的回报最大化的事情，即便这些事情违背了投资总监或投资人的最大利益。比如，尽管捐赠基金的投资人希望获得长期收益，但如果捐赠基金的员工是根据每年的业绩来获得薪酬的，就会促使他们采用短期高增长的策略。这个矛盾通过精心挑选和深思熟虑的激励机制，可以部分被解决。虽然没有灵丹妙药，但有大量的研究成果可以指导我们解决这些与薪酬相关的问题。

许多投资者使用的薪酬结构，已经被证明是存在问题的，所以除了薪酬水平，我们还必须重新审视薪酬结构。人们青睐的方式一直是工资和奖金，但这种方式必然会导致人们更关注当前的业绩，与想要的结果适得其反。通过与各类投资者的对谈可以发现，人们似乎一致认为，如果有一种方式能类似于私募资本集团里采用的薪酬结构，是最理想的。这样，工资结合某种形式的附带权益（或者能够与基金一起投资的能力），就能将短期策略和长期业绩很好地联系起来。不过目前采用这种薪酬结构的相对较少。

与此同时，一些创新方案也如雨后春笋般出现，家族办公室就是其中的佼佼者。在很多情况下，业绩要用 3 ~ 5 年的时间来进行衡量。如果长达 10 年，考虑到员工的流动性，不太现实。一个时间太长的薪酬方案不利于留住员工，因为在回报到来之前，员工可能就离职了。有的组织还增加了一个条款，规定当一项有前景的投资出现问题时会进行调整。例如，一些薪酬可能会先存入一个第三方托管账户，或是当情况恶化时从团队成员那里“收回”。

可以肯定的是，这里没有正确答案。不同的投资集团在以下几个方面的制定上各不相同：

- 业绩表现，是与整个组织挂钩，还是仅仅与所在小组挂钩。强大的团队导向的好处很容易理解，但与此同时，业绩最优异的人也不应该由于他人的业绩差而受惩罚。

- 一个好的决策，即使最终结果是“不走运”的，却仍然能够得到回报。例如，即便预料到可能出现一些“新手错误”，但投资者可能还是决定投资于非洲的私募基金。一些组织试图建立奖励机制，来鼓励创造性的策略探索。
- 奖金的发放，是纯粹基于数量因素，还是基于更主观的因素。虽然人们往往会选择前者，因为它看起来是“公平”的，但一个更广泛的衡量标准，却能捕捉到一个人身上那些很难被具体评估而又非常重要的方面的贡献。
- 如果整个基金组织的名义回报率为负，可能导致奖金停止发放或大幅减少，即便其收益已经超出基准水平。我们不太赞成这种短期业绩不佳就要大幅削减薪酬的观点。这种做法可以理解是为了避免争议，但它再次传递了一个信息：最终真正重要的，还是短期业绩。

另外还有其他一些问题，很难用正式的方案来解决。比如在第3章中讨论过的：员工会做一些事情来为他们的下一份工作做好准备。此外，很多对执行长期投资策略至关重要的资源（比如，开会的差旅费，或者购买研究工具和参加培训的资金），在预算紧缩时会首先被削减。同时，员工可能会由于业绩下滑受到责备。他们为了避免难堪并保住工作，可能会比在正常状态下更加厌恶风险。正如在前面讨论过的，对于公共和非营利性投资组织来说，薪酬还带来了额外的挑战。基于政治动态和公众压力，这些组织通常无法提供丰厚的薪酬。即使是以实现高回报为条件来给团队丰厚奖励，也是不太可能的。

这将我们的讨论引向了心理学家早就理解的内在动机和外在动机之间的区别。内在动机是人们出于对活动本身的乐趣来从事这项活动，而不是因为有正式的奖励或压力。外在动机则恰恰相反。很明显，内在动机对投资者来说，是一种强大的激励：在长期投资集团中，许多才华出众的投资经理的薪酬远低于市场水平。但他们依然留了下来，大概是因为他们获得的很多回报是非金钱的。作为人类，我们对能实现更广泛使命的工作，都有着强烈的愿望。

因此，许多最善于招聘优秀人才的组织，都会非常强调组织的使命。比如，2006 年毕业于耶鲁大学的董事亚历山大·赫瑟林顿（Alexander Hetherington）指出："如果你对在耶鲁大学投资办公室工作感兴趣，感受到自己和耶鲁之间有真正的联系，并且想为学校做点儿好事，这将会对你很有帮助。"[48]同样地，一些大型加拿大养老基金凭借"加拿大移民"的方式，也取得了巨大的成功。养老基金为这些原本在海外主要金融机构工作的人，提供来到加拿大生活的机会，提供追求全球事业的机会，提供使数百万加拿大人的生活和退休发生改变的机会，同时，也提供有竞争力的薪酬水平。[49]这一观察结果与我们的同事特蕾莎·阿马比尔（Teresa Amabile）的研究结果相似，她发现，在创造性的活动中（长期投资当然属于其中之一），过分强调外在动机可能产生有害影响。[50]

因此，薪酬体系里一个重要却常常被忽视的方面就是，如何让团队与更广泛的使命联系在一起。无论使命是教育还是提供退休保障，共同的目标，都能鼓励人们对一个组织的工作感到自豪并做出承诺。让团队有机会看到自己的工作结果，并感受到与其他从事不同工作的人之间的联系，是很有帮助的。一份能够成功留住优秀人才的工作，还具备其他一些特征，包括清晰的晋升路径、激发工作热情的环境，以及学习和成长的机会。

在组建团队时，招募年轻人才也可能有所帮助。一些捐赠基金的负责人告诉我们，他们通过招募年轻的毕业生，而不是在华尔街的资深人士面前摆出高额的薪酬，取得了更大的成功。这些年轻人还没有尝过华尔街的“禁果”，因此愿意拿着适当的薪酬长期工作。

遗憾的是，许多因素妨碍了人们利用自己的内在动机。为了防止丑闻的发生，公共部门养老金在很多情况下，对员工的酌情决定权和角色进行了限制，以至于他们失去了兴奋感和使命感。一些文理学院已经不再让投资团队给本科生授课了，因为被校园激进分子指责后，团队士气低落。激进分子认为，投资于与石油和天然气、木材采伐、非有机农业有关的公司，或者其他一系列的公司，都是有过错的。（他们却丝毫不提由同一家捐赠基金所提供的慷慨奖学金。）

简而言之，激励机制可能会曲解投资管理者的良好意愿。除非薪酬体系有方法避免出现曲解，否则激励机制所传递出的信息，可能与投资委员会和首席投资官认可的“愿景声明”大相径庭。人性就是这样，激励方案可能成为影响团队行为的最深刻的因素。

沟通

我们今天生活在一个鱼缸般透明的时代。尽管许多长期投资者尽最大努力不引人注目，但对很多投资者来说，公众监督已经是生活的一部分。如果公众看不到事实真相，就会开始猜测。在许多情况下，投资者面临的挑战已不再是如何避开公众的视线，而是如何有效沟通。

为了说明世界是如何变化的，让我们看看 1973 年危机期间，哈佛大学捐赠基金的经历。那一年，阿拉伯国家对美国实施石油禁运，而当时作为哈佛大学捐赠基金投资组合主要组成部分的美股小盘股下跌了 31%。[51] 和许多其他机构一样，哈佛大学捐赠基金的投资组合受到了不利影响，需要对资产进行一些痛苦的重组。然而，除了《波士顿环球报》（*Boston Globe*）的几篇简短报道外，哈佛大学捐赠基金的困难基本上没有引起公众的注意，这主要是归功于哈佛大学捐赠基金的信息管理做得好。不用说，哈佛大学捐赠基金肯定没有接到来自彭博电视台（Bloomberg Television）或美国全国广播公司财经频道（CNBC）记者关于其财务状况的电话，因为当时这两家媒体都还没有诞生！相比之下，在 2008 年 9 月中旬雷曼兄弟公司倒闭后的金融危机中，哈佛大学捐赠基金蒙受了巨额损失。10 周后，哈佛大学捐赠基金不得不发布一份声明，详细说明其损失情况。[52]

在很多情况下，家族办公室仍然可以避免遭受这种审查，因为它们往往是以一个个普通的名字登记的。但捐赠基金、养老基金和主权财富基金却享受不到这种优待。于是，成功的关键因素之一就是沟通，至少体现在两个重要方面。

沟通的第一个挑战，是如何让一个组织被外界认为是比较理想的投资者。我们在第 2 章中强调过，人们渴望长期投资。因此，一只历史业绩优秀的私募基金会在募集资金时比较挑剔，并不是任何投资者的资金都会被接受。即便是新成立的首只风险投资基金，如果是由经验丰富的企业家和风险投资专家创办的，也有大量投资者想要挤进门来。这里面最令人不悦的情况是，私募基金要求过高的经济回报，它们相信，即使有许多投资者对这种贪婪感到不满而离去，也仍然会有其他投资者涌进来。

因此，许多投资者常常面临的一个反常现象是，要去说服基金管理人接受它们的资金。但其实投资者更希望的是，基金管理人来主动邀请它们进行投资，这样它们会被认为是有吸引力的合作者，而不是市场上那些只能接受过分的不公平条款的“傻钱”。在金融危机爆发之前，捐赠基金和基金会通常被认为是这种优质的投资者，但即使是它们，有些时候也要进行竞争，才能成为某只私募基金的投资者。但在金融危机时，这在很大程度上导致许多捐赠基金面临了流动性压力，于是使得很多私募基金后来更加注重投资者来源的多样化。

那么，如何才能成为有吸引力的投资者呢？第一步是“走出去”。许多大型私募资本集团可能拥有很多专家，对世界上每一笔资金都非常了解，但还有很多小型的私募公司是不了解的，它们也有很多非常好的投资机会等待着投资者。不过投资者的数量太多了，只有不断努力出席一些会议并发表演讲，坚持拜访私募基金团队，让外界认识到自己对行业有深刻的认识，这样的投资者才能脱颖而出。所以，除了那些公认的最优秀的投资者，其他普通投资者面临的很大挑战就是，如何让自己被外界认为是质量很好的资金来源，愿意接受自己的投资。

一个有吸引力的投资者，需要具备哪些要素呢？通常包括管理团队的稳定性、不错的流动性和资源，以及对长期投资的承诺。这些要素衡量的标准，更像是找结婚对象，而不是简单的交友。

还有一个要素是，合作条款不要太苛刻。当然，近年来也有些对于一般合伙人的经济改革措施，效果并不明显，我们将在第 6 章中进行探讨。但很重要的一点是要记住，我们在第 3 章中也介绍过，投资回报率的差异是很大的。一个投资业绩很优秀但“贪婪”的团队，至少要比一个“慷慨”但业绩很差的团队过得更好。

沟通的第二个挑战涉及多方人员，比如退休人员、家族成员、教师、学生以及校友等。在理想情况下，投资委员会和首席投资官应当愿意向这些成员解释他们的投资策略是什么。

这种沟通在任何时候都很重要，尤其是当市场低迷、投资业绩表现不好时，尤为重要。当基金净值下降了，养老金投资者、校友、家族成员等自然会感到担心，这是可以理解的。业绩的波动会造成巨大的公共和政治压力，有时还会有被迫离职的压力，使得基金经理需要花费大量的时间来向人们进行解释。

通常可能会出现的情况是，基金经理恐慌抛售，并立刻改变投资策略。恐慌抛售，指的是基金经理和投资委员会，由于改变了投资策略，而在市场底部大量卖出其持有的投资品种。在金融危机时，这一点尤为明显，当时甚至很多坚持做长期投资多年的投资委员会都放弃了，让成员在次级市场上卖出私募资产。这种做法在接下来的10年里对业绩产生了很大影响，对一些投资者声誉上的负面影响，持续的时间则更长。

有长期投资信念的人会说："它的价值是X，但现在它的价格只有X的一半。"一位真正的长期投资者则会回应说："那我们多买一些吧。"但想要真的执行好这一点，需要有强大的承受力，以及投资委员会的支持，因为此时记者和政治家会对养老基金暂时的亏损非常不满。投资委员会和基金的高级管理层之间良好的管理和有效的沟通，在这种时刻至关重要。

大量社会心理学和行为经济学的研究都表明，人类有从众心理，并且会过分看重短期信息。[53]这两种特征都会加剧金融泡沫形成，也会加剧泡沫破裂。于是，也很难说服投资委员会：在市场底部，从那些已经放弃了长期投资的人手里买入资产是正确的时机。如果没有清晰且目标坚定的沟通，下跌带来的影响可能十分糟糕。

当然，这里并不主张仅在危机来临时才进行信息披露。在很多情况下，市场低迷时期业绩表现不好，也有来自基金投资策略方面不清晰的原因：比如，可能内部有一只尚未对外公布的对冲基金，有隐藏的杠杆，或者其他类似的因素，等等。有时候，投资委员会的一些成员甚至都不太了解自己的持仓情况。糟糕的业绩，加上对之前隐藏信息的披露，通常会严重打击人们的信心。我们并不是建议投资者要把自己全部的持仓情况对外公布，但对于投资策略和战术的清晰沟通，是很重要的。

结语

这一章我们以耶鲁大学捐赠基金的黄金标准开始。这只基金成功的关键要素已经不是什么秘密，但它的成功难以复制。如果一定要说耶鲁大学捐赠基金有什么“秘密武器”的话，其实并不在于对各类资产的精确组合，而是在于它清晰的投资理念，以及为了实现目标所采用的严谨而系统的方法。

这也正是我们举的第二个例子——丹麦养老基金，最引人注目的地方。丹麦养老基金没有耶鲁大学捐赠基金的先发优势，也没有优秀的校友可以借鉴经验或监督项目。但它仍然成功了，依靠的是清晰的投资策略，并着重抓住自己有优势的地方，采用系统化的方式来执行投资计划。

我们在这里也强调，长期投资之所以能成功，更重要的是有一个强大的组织，而不是如魔法一般的选股能力。这里描述的几个要素：管理、评估、激励和沟通，尽管看起来可能很普通，但它们确实是成功的关键。

下一章，我们会将视角转向另一方：神秘莫测的私募基金。在这些基金里，无论是员工自身的特性，还是工作中的激励问题，都跟之前非常不同。不过，随着我们研究的深入，发现有很多基础的具有挑战的问题，其实是类似的。

第5章
私募资本的起源

PATIENT CAPITAL

The Challenges and Promises of Long-Term Investing

在接下来的3章中，我们将探讨的重点从长期投资者转移到他们合作的基金上。我们在第3章中曾讨论过，尽管这些投资者希望在他们的投资组合中进行非流动性的长期投资，但为此在内部提供激励和环境，来长期持续地做这样的投资，是很困难的。除了极少数例外情况，这个领域的大部分重担，似乎都落在了外部投资者身上。

私募资本集团为高风险、高回报的公司和项目提供资金。在投资之前，它们会做尽职调查，投资之后也会保留强有力的监督权力，从而保护其所持股份的价值。它们投资的领域各不相同，可能包括需要大量资本才能成长的初创公司、陷入困境需要转型或重组的公司，以及基础设施建设、自然资源和房地产开发等项目。在每一种情况下，投资项目面临的风险都非常大（通常需要密集的外部监督），需要的资金也非常大，仅仅通过银行贷款或其他债务融资，已经不能满足项目的资金需求了。

如今，由专门基金管理的私募资本，在美国经济中发挥着关键作用，并且在全球其他地区的作用也日益重要起来。这种影响在公司融资方面表现得最为明显。2018年一季度末，世界上最有价值的5家公司——苹果、Alphabet（谷歌母公司）、微软、亚马逊和腾讯——无一例外都得到了风险投资机构的支持。

更普遍的是，在1999年至2009年美国所有首次公开募股的公司中，超过60%的创业企业获得了风险投资机构的支持。[1]这个比例非常高，因为在所有的公司中，只有0.16%左右的公司能获得风险投资机构的支持。21世纪以来（2009年除外），每年都有25%到75%的美国私营企业员工参与并购交易。[2]这些交易积累起来，在许多方面都对经济产生了深远的影响，有好的影响也有不好的影响。

在这一章，我们试图了解这些投资者的起源，以及他们所产生的影响。这是一项艰巨的任务，如果要详尽描述，可以另写一本比本书厚几倍的书。因此，我们在这里简要介绍5家具有代表性的公司，捕捉从第二次世界大战到今天，私募资本行业发展过程中的一些动态。

专业长期投资的先行者

私募资本行业在发展之初的几十年里，主要在美国开始兴起。它起源于19世纪最后几十年和20世纪开头几十年的家族办公室，这些家族办公室主要为高净值人群进行财富管理。像菲普斯（Phipps）家族、洛克菲勒家族、范德比尔特（Vanderbilt）家族和惠特尼（Whitney）家族等富豪家族，会投资于各种各样的商业企业，并为企业提供咨询服务。这些企业包括美国电话电报公司（AT&T）的前身、东方航空、麦道公司和W. R. 格雷斯（W. R. Grace）等。渐渐地，这些家族开始让外人参与这些投资项目的挑选和监督。

第一家正式的私募资本公司是第二次世界大战后成立的美国研究与发展公司（American Research and Development，缩写为 ARD）。[3] 当时，没有机构愿意投资它，所以该公司被设计成了一个可以公开交易的封闭式基金（即基金发行的股份数是固定的），主要面向个人投资者。美国研究与发展公司成立后的 10 年里，其他几家风险投资机构也采用了封闭式基金这种结构。

乔治斯·多里奥特（Georges Doriot）1899 年出生，在第一次世界大战期间曾在法国军队服役，之后前往美国哈佛商学院攻读工商管理硕士。在哈佛大学学习一年后，多里奥特辍学去了华尔街工作。1925 年，他回到哈佛，担任哈佛副院长。在哈佛大学工作期间，多里奥特教过一门名为“制造业”的课程，在这门课程中，他讨论了风险资本投资背后的优势和策略。

在第二次世界大战期间，多里奥特为美国陆军的后勤管理做出了杰出的贡献。之后他回到校园，决心将自己的想法付诸实践。1946 年，他创立了美国研究与发展公司，目标是让新英格兰大学和研究实验室的成果得到充分的使用，产生价值，否则如果没有足够的资金，新英格兰大学和研究实验室可能会日渐衰落下去。在这次创业中，佛蒙特州参议员拉尔夫·弗兰德斯（Ralph Flanders）与麻省理工学院院长卡尔·康普顿（Karl Compton）也加入了进来，在创业初期给予了支持。

早在美国研究与发展公司做出第一笔投资之前，多里奥特就已经制定了一些模板，这些模板中有很大一部分直到今天仍在被风险投资者所使用。首先，他优先投资于有远见的科学与工程公司。多里奥特解释说：“美国研究与发展公司不做普通意义上的投资。相反，入选的公司都是经过风险计算、相信可以不断增长的公司。”[4] “入选”这个词很关键，每收到 25 份投资提案，美国研究与发展公司只会对其中一家进行投资。

其次，多里奥特强调了基金结构的重要性。他没有根据每笔交易来一笔笔募集资金，而是试图创建一个资金池，当投资机会出现时，他可以从资金池中提取资金。通过这种方式，他可以迅速做出决定，不用去猜测自己看到的这个机会是否值得募集资金。

值得一提的是，大多数人其实无法理解，多里奥特关于设立股票基金来资助和管理公司的想法。就在第二次世界大战爆发前，由当地商界领袖组成的新英格兰理事会任命了一个委员会，探索如何为刚刚成立不久的公司提供融资，以抵消制鞋和纺织行业向南方转移所造成的失业。他们的建议是设立一个与风险投资截然不同的循环基金：

> 有一小部分案例，领导认为有必要为进一步研究提供资金，用于试生产、专利起诉，以及通过销售或许可最终实现商业化，在极少数的情况下，也许组织起一家公司，也是有必要的……如果能设立这样一只基金，就可以通过受托人的管理，将资金用于已经批准的项目。那么这些项目就可以经过一系列的研究、试生产，最终实现商业化。应当认为，这只基金提供了永久性的资金来源，因为通过许可证费用、产品销售、现有制造商直销等方式创造的收益，都可以为基金补充资金。[5]

然而，尽管多里奥特的愿景敏锐又清晰，美国研究与发展公司在诞生后的10年里，却举步维艰。公司从最初的支持者那里募集了50万美元之后，就很少有新增资金了。因为很多机构认为它不会派发股息，在可预见的未来将不断亏损，所以不考虑投资它。

此外，经常有文章报道称，美国研究与发展公司希望能促进经济发展和创业精神，这也引起了投资者的担忧，他们担心这家公司认为投资回报是次要的。许多看似应该投资的投资者，比如哈佛大学捐赠基金、道富银行和波士顿地区的许多保险公司，都拒绝了投资，所以多里奥特很早就决定通过公司上市来募集资金。

但即便如此，也没有一家投资银行愿意承销此次股票发行，于是在“尽最大努力”下，公司的大部分股票都以小份额的方式卖给了散户投资者。在首次公开募股中，美国研究与发展公司只募集到了350万美元，低于原本设定的500万美元的目标。这还是在公司聘请的经纪人对此次发行进行了大力宣传的情况下。

现实情况与多里奥特原本的设想完全不同，这也是自然的。美国研究与发展公司投资的许多公司都破产了，比如名为艾兰德－帕克尔斯（Island Packers）的金枪鱼包装公司。其他公司，比如生产辐射探测器的追踪物实验室（Tracerlab），最终被证明是成功的，但迟迟难以实现盈利。麻省理工学院等大股东也清算了它们的股份，退出了。

随着时间的推移，美国研究与发展公司对哪些行业更有利于风险投资活动，有了更好的认识，于是将投资目光转向了处于发展初期的公司，以及更依赖于新技术的公司。然而，尽管团队改进了投资模式，但早期没有投资成功的事实，还是与最初销售股票时的承诺并不相符。

在20世纪50年代，当投资组合里的公司遭遇经营困难和市场动荡时，多里奥特花了大量时间来应对失望的投资者。更概括地说，随着战后对风险资本的第一波热情的降温，人们逐渐失去了对美国研究与发展公司的兴趣。

多里奥特将自己的困境归结为投资者的短视本性：“简而言之，银行家、投资者、经纪人……他们得出的结论是，创造性的风险投资只是过去的一种幻想，基本上应该马上放弃，因为它不可能很快就得到回报。”[6]然而，多里奥特多次发表声明，说财务回报并不是最重要的，这对他的事业并没有帮助。

举个例子，他在1967年发表声明说：“在这里，我们真的就是儿科医生。当银行家或经纪人告诉我，我应该卖掉一家境况不佳的公司时，我会反问他们，‘你们会卖掉一个正发着高烧的孩子吗？’”[7]但这样不佳的公司可能会变成“僵尸”公司，比如爱尼克斯（Ionics）就是如此，人们开始思考：美国研究与发展公司的基金所采用的结构是否合适？

在这种结构下，一旦募集到资金，美国研究与发展公司就没有义务返还资金，它可以继续投资，直到资金耗尽或者被收购。斯潘塞·安特（Spencer Ante）简明地解释道：“华尔街的很多人仍将美国研究与发展公司视为一项古怪的慈善事业，认为它是由一群奇怪的哈佛教授和华尔街金融家共同构想出来的。”[8]

事实证明，美国研究与发展公司使用的封闭式基金结构确实存在问题。首先是来自投资者的压力，投资者想要获得稳定的现金流，但这与投资标的的属性是不一致的，其次还有一些其他的问题。在美国研究与发展公司生命周期的大部分时间里，都是折价交易的，也就是其交易价格低于其净资产价值（在公开交易的封闭式基金中并不罕见），这对管理层造成了干扰。

尽管存在这些不足，美国研究与发展公司仍然被证明是一家精明的投资机构。公司从1946年到1971年的平均年复合收益率为14.7%，远高于同期道琼斯工业股票平均价格指数12.8%的年复合收益率。[9]

自那时开始，风险投资时成时败的本质一直没有改变，美国研究与发展公司大部分回报来自1957年对数字设备公司（Digital Equipment Corporation，缩写为DEC）的投资，当时花了7万美元，换取了数字设备公司70%的股权。在接下来的几年里，这家小型计算机制造商经历了爆炸式增长，仅仅这一笔投资，造就了美国研究与发展公司的传奇。到 1971 年公司向投资者分红时，这笔投资已经为投资者创造了 3.55 亿美元的收益。

然而，美国研究与发展公司成功验证了风险投资的同时，也埋下了自身毁灭的种子。它的成功引来了众多竞争者，其中包括 1958 年成立的、政府支持的小企业投资公司，这些公司的投资团队，很多都经验不足，但资金充裕。并且厉害的是，这些公司还能很快就建立起早期的投资合伙关系。

随着这些新公司的激增，作为一个上市交易实体，美国研究与发展公司在其他方面的劣势也开始显露出来。1940 年的《证券法》（The Securities Act）禁止公开交易基金的基金经理，在其所任职的投资公司或其投资组合里的公司持有股权或期权。这些对激励型薪酬方案的限制，导致了员工的流失。随着数字设备公司这笔投资带来的财富在团队中变得越来越亮眼，这些问题也变得尤为尖锐起来。

竞争者不但抢走了许多最有前途的团队成员，还拥有更高的投资灵活性。美国研究与发展公司不得不频繁地使用债务或类似债务的工具，来获取稳定的现金流，以满足投资者的需求。随着市场上其他可供选择的融资渠道大量涌现，美国研究与发展公司的交易结构也遭到了很多企业家的反对，他们（合理地）认为，他们所有的现金流都应当用于推动业务增长。

一直以来，美国研究与发展公司都没能克服其结构所带来的局限。员工的流失、投资竞争的加剧，以及自身无力进行重组，所有这些因素叠加在一起，使其难以承受。

最终，多里奥特于 1972 年把美国研究与发展公司卖给了制造集团德事隆（Textron），而他自己也很快就不再是风险投资行业的玩家之一了。

基金结构的制定

1958 年，第一家风险投资有限合伙公司德雷珀 - 盖瑟 - 安德森成立。此后效仿者很快跟进，但在 20 世纪六七十年代，在风险投资领域中，有限合伙公司还不多见。大多数风险投资机构募集资金的方式有两种：一种是通过封闭的公共资金池（如美国研究与发展公司）；另一种是通过政府担保的小企业投资公司，这类公司在 60 年代数量激增。尽管小企业投资公司的市场在 60 年代末和 70 年代初十分强劲，但激励问题最终导致了该领域的崩溃。

因此，在私募资本发展的最初 30 年里，每年流入的资金从未超过几亿美元，而且通常远远小于这个数字。在这些年中，有少量基金在并购、房地产和危困企业方面进行了大量投资，因此人们通常把私募资本机构看作风险资本基金。

威廉·德雷珀（William Draper）是一名长期服役的军官，偶尔也当了一回实业家。1958 年与兰德公司创始人罗文·盖瑟（Rowan Gaither）、空军上将弗雷德里克·安德森（Frederick Anderson）一同创办了德雷珀 - 盖瑟 - 安德森公司。[10]该公司因其地理位置而闻名（它是硅谷的先行者之一），但它所采用的基金结构更出名。

在德雷珀 - 盖瑟 - 安德森公司 600 万美元的基金中，私人投资者为数不多，其中传奇的拉扎德投资银行（Lazard Frères）贡献了 150 万美元，洛克菲勒家族和另外两个主要家族也贡献了几乎同样多的资金。该公司并没有采用之前其他基金使用的公开交易结构，而是采用了一种后来成为行业标准的模式，也就是有限合伙制。

为什么会做出这个决定？是因为公司合伙人看到了美国研究与发

展公司曾经面临的困境：在美国研究与发展公司成立之后的前 15 年里，大部分时候多里奥特都难以募集到资金。虽然导致陷入这种困境的原因，很大程度上可以归咎于投资者缺乏经验，但即使是投资经验丰富的投资者，也会批评美国研究与发展公司在陷入困境的公司上所花的时间太长了。

德雷珀 - 盖瑟 - 安德森公司在风险投资行业引入了有限合伙制结构，解决了不少问题。通过预先募集资金，这家风险投资公司获得了基金运营所需的全部资金。这样就不必像多里奥特所做的那样，每一两年就“回到井边”再筹集一笔资金。（确切地说，风险投资有限合伙公司通常不要求投资者预先向该基金投入全部资金。而是投资者先承诺会提供资金，然后普通合伙人再根据需要来提取资金。）

此外，德雷珀 - 盖瑟 - 安德森公司的创始人认为，正是美国研究与发展公司的结构，导致其思想过于保守。正如德雷珀 - 盖瑟 - 安德森公司的初级投资人员皮特·班克罗夫特（Pete Bancroft）在谈到前辈时所指出的：“他们没有勇气做大或做好。”[11]这和这家在波士顿的公司所使用的薪酬方案有很大关系：包括多里奥特在内的所有人，拿到的薪酬都跟业绩表现不怎么相关。

相反，在德雷珀 - 盖瑟 - 安德森公司，公司合伙人不仅是主要投资者（带来 70 万美元，或基金规模 10% 以上的增长），还获得了可观的利润分成。具体来说，除了按相应比例分配给有限合伙人的收益，公司合伙人还能获得 40% 的资本收益（远高于目前行业 20%~30% 的标准）。

与此同时，新的结构对有限合伙人也有好处。风险资本家只募集有固定期限的基金，通常是 7 到 10 年，有可能再稍长一些。这一规定对风险资本家的投资期限有了明确的时间限制：不可能无限期地扶持病入膏肓的公司。

此外，这种结构能确保投资者最终一定能拿回所有剩余的资金。像美国研究与发展公司这样的常青基金，往往需要付出高昂代价去争夺董事会的控制权，才能将基金管理人赶下台，把钱拿回来。但有限合伙人可以很简单地退出投资。如果风险投资公司无法说服投资者把资金投资到一个新的基金中，这项业务就终止了。

通过合伙制结构，有限合伙人和普通合伙人之间有了明确的界限，这也解决了投资者的担忧。有限合伙人的有限责任，指的是根据投资金额来限制其承担的责任。举个例子，假设一只基金投资了一家生物技术公司，该公司的药物在一次临床试验中，不幸导致数人死亡，那么管理该基金的普通合伙人可能面临数百万美元的人身伤害赔偿，[12]但作为有限合伙人的投资者不会。这一点对许多投资者来说很重要，因为他们不想有这样的担心：投入了几百万美元到风险基金后，一旦某个高风险投资出了问题，有可能在投资金额的基础上再损失更多的资金。

然而，普通合伙人需要向有限合伙人返还剩余资金，也意味着提供资金的机构投资者和个人投资者可以拥有很大的权力。德雷珀将军的儿子比尔·德雷珀（Bill Draper）是萨特·希尔（Sutter Hill）集团和其他一些风投集团的创始人。他讲述了自己在德雷珀-盖瑟-安德森公司为父亲工作期间，是如何试图投资夏威夷首个公寓开发项目的。[13]

当时，这项投资看起来似乎前途无量。但在尽职调查进行到一半时，德雷珀被人叫到洛克菲勒中心，家族办公室的一位合伙人将他训斥了一顿，原因是认为他的这项投资已经超出了之前承诺的授权和专业领域范畴。那位合伙人明确地说，洛克菲勒家族可以通过更加专业、更专注于房地产的中介机构进行此类投资。结果，他们被迫拒绝了这笔投资。而这笔投资最终的回报率，比德雷珀－盖瑟－安德森公司投资组合中的任何一笔交易都要高。

最终，德雷珀和他的同事只取得了有限的成功，该基金最后一次向其有限合伙人进行利润分配是在1966年。但是，从德雷珀－盖瑟－安德森公司成立到解散的这些年里，有限合伙制已被证明是一种有效的风险投资方式。

这些年中，有两个最成功的集团分别是格雷洛克风险投资公司（我们将在第7章中讨论）和戴维斯 & 洛克公司（Davis & Rock，洛克随后投资了苹果、英特尔和科学数据系统等公司，这是第一个以10亿美元价格退出的风险资本，戴维斯则随后创建了梅菲尔德基金，该基金至今仍是一家领先的风险投资集团）。

毫无疑问，风险资本有限合伙公司的创立，是德雷珀－盖瑟－安德森公司这只基金最重要的遗产，它解决了美国研究与发展公司等公开交易封闭式基金的许多缺陷。但是有限合伙制也有其自身的问题，因为后来的基金管理人发现，这些合伙企业也可能受到投资潮流变幻莫测的影响。

私募资本开疆拓土

20世纪70年代末和80年代初，私募资本行业的投资活动急剧增加。业内观察人士将这种转变主要归因于美国劳工部在1979年对《雇员退休收入保障法案》中“谨慎人规则”的澄清。

在此之前，该法案似乎不允许养老基金向风险资本或其他高风险资产类别投入大量资金，因此养老基金管理人必然会回避这些领域。劳工部对该“谨慎人规则”的澄清，明确允许养老基金管理人投资于高风险资产，包括私募资本在内。在法案澄清后的几年里，大量的专门基金纷纷涌现，集中在杠杆收购、夹层交易和风险租赁等混合领域。

接下来的几年，私募资本投资者既经历了非常好的时期，也经历了艰难时期。由于基金和投资者数量有限，所以供需状况决定了这些交易的结构。20 世纪 80 年代初期，市场对私募资本投资服务的需求突然增加，这使得基金管理人的议价能力随之提升。他们能够以更大的自由度和更高的收费水平达成合作协议。毫无疑问，此时的基金管理人掌握着主动权。

尽管如此，在 20 世纪 80 年代，风险资本家投资了许多最成功的高科技公司，包括思科系统、基因泰克、微软公司和太阳微系统公司。那段时期，许多成功的并购吸引了公众的广泛关注，如阿维斯（Avis）、比阿特丽斯（Beatrice）、胡椒博士（Dr Pepper）、吉布森贺卡公司（Gibson Greetings）和麦考尔模式（McCall Pattern）等。

与此同时，这 10 年中对私募资本行业的投入极不平衡。80 年代前半期，每年流入风险资本基金的资金，以 10 倍的速度增加，但从 1987 年到 1991 年却稳步下降。对于并购基金来说，整个 80 年代的增长更加惊人，但在随后的 80 年代末却急剧下降。

出现这样的情况，是由于这些投资的回报在不断变化。早期风险资本基金的投资回报是非常有吸引力的，但是在 20 世纪 80 年代中期，回报大幅下滑。很明显，在一些行业里的过度投资，比如“温彻斯特”电脑磁盘驱动器，以及很多缺乏经验的风险资本家进入这个领域，导致了这种下滑。80 年代末，并购基金也经历了类似的回报下滑，这在很大程度上是由于投资集团之间的交易竞争加剧所导致的。由于投资者对回报感到失望，于是减少了对私募资本行业的投资。

这一时期，最能体现私募资本业务动态变化的例子，是 KKR 公司。该公司抓住了私募资本模式的力量，这是以往任何投资集团都没有做到的，同时也发现了行业里潜在的缺陷。[14]尽管“杠杆收购”这个词在当时是个新术语，但 KKR 公司倡导的交易类型并不是新诞生的。

有人认为，20 世纪早期，摩根大通组建了国际商业海运公司（International Mercantile Marine Company），开了收购业务的先河，不过在第一次世界大战期间，由于债务和世界贸易衰退，这次尝试陷入了困境。[15]还有人则特别指出亨利·福特在 20 世纪前 10 年，以债务为动力将福特汽车制造商“私有化”的做法。[16]

无论如何，到了 20 世纪 60 年代，利用上市控股公司进行杠杆收购，已经是很常见的事情。这些交易的先行者，尽管有一些在今天仍然活跃［例如，伯克希尔－哈撒韦公司和奥乃克斯公司（Onex Corporation）］，但更多的已经被人们遗忘，比如维克多·波斯纳（Victor Posner）的 DWG 公司和马尔科姆·麦克利恩（Malcolm McLean）的麦克利恩工业公司。

在 KKR 公司成立之前的几年里，进行收购交易的，通常是经历世代传承的小型家族企业，这些交易绝大多数都远没有福特或摩根大通的交易那么引人注目。这些小型投资集团，通常是用自己的一小部分股权，以及来自银行和保险公司的借款，来收购企业。当未来以溢价出售企业时，起初的高杠杆能让股东的利润翻个好几倍。

KKR 公司的诞生，起源于杰里·科尔伯格（Jerry Kohlberg）在美国投资银行贝尔斯登（Bear Stearns）的投资活动，第一笔交易是 1965 年对斯特恩金属公司（Stern Metals）的杠杆收购。1969 年，乔治·罗伯茨（George Roberts）加入银行，此后不久，亨利·克拉维斯（Henry Kravis）也加入其中，他们三人利用投资银行的资金进行交易。

在投资银行进行杠杆收购并不是一件容易的事情，许多后来者也都认同这一点。这类交易，不仅在时间期限上跟通常在交易大厅里进行的交易有很大不同，还要求银行投入越来越多的资金。1973 年股市暴跌，这些因素成为银行和收购公司之间关系紧张的根源。再加上性格上的冲突，导致他们三人在 1976 年离开银行，成立了自己的公司 KKR。

KKR 公司的第一笔收购是以 2 600 万美元收购了 A. J. 工业公司（A. J. Industries），此后，三位合伙人就开始致力于此类投资。不久之后，公司就开始涉足更大规模的项目。1979 年，KKR 公司以 3.8 亿美元收购了霍代勒工业公司（Houdaille Industries），所需资金仅来自价值 2 500 万美元的股本（考虑到 1976 年基金的规模较小，所以其中大部分股本来自共同投资者和管理层）。[17]这次交易让 KKR 公司在接下来的 10 年里开始进行更大规模、更大胆的交易。

KKR 公司的一项重要创新，是将收购业务与有限合伙制的结构结合起来。有限合伙制最初是风险基金开始使用并沿用至今的结构。KKR 公司从 1976 年的 3 100 万美元基金开始，逐步扩大资金池，屡次创下迄今最大的资金池纪录，包括 1980 年的 3.57 亿美元基金、1984 年的 10 亿美元基金和 1986 年的 61 亿美元基金。这使得 KKR 公司与前人有了明显的不同。前人通常需要通过一笔一笔的交易来逐步积累股本，或是依赖于所任职的金融公司的心情。（之所以如此，是由于 20 世纪 80 年代的交易杠杆率极高，人们将大量注意力放在了与银行的关系上。）这也让 KKR 公司能以清晰明确的企业文化和世界观来投资并建立一个真正的机构。

像许多金融企业家一样，科尔伯格、克拉维斯和罗伯茨三个人的成功，在一定程度上要归功于团队的技能，但也要归功于在正确的时间、出现在正确的地点——因为在那几年，刚好赶上了美国商界的两次重要觉醒。

第一次觉醒是20世纪60年代，人们认识到蓬勃发展的企业集团模式存在严重缺陷。通常，这些公司都是由一些松散的实体组成的联盟，它们的业务范围太广，以至于无法得到有效的监管。公司管理层通常在这些实体中拥有的股权很少，所以他们似乎更关心自己的薪酬和福利，而不是投资者的回报。

与此同时，董事会常常是“没有牙齿的老虎”：公司的成功一般不会给董事们带来太多的个人经济利益，董事们更在意的是，不要提出太多探究性的问题，以免危及自己这份闲职。因此，私募股权投资者可以通过剥离业绩不佳的部门来创造价值。让业务更易于管理、更集中，让能主导董事会的股东加强监督，并且慷慨地向管理层提供期权，这样可能会带来重大的变革。

第二次觉醒是认识到了杠杆的力量。受大萧条的影响，长期以来，许多美国企业一直避免大规模举债。但KKR公司及其同行认为，这种保守的做法是有问题的。债务融资，不仅由于利息可以抵税而比股权融资便宜，而且还有额外的好处。

其中最重要的一点是，杠杆能够给董事会带来变革的压力，这是在董事会议上靠拍桌子做不到的。特别是，由于需要偿还利息和本金，所以就要动用所有金融经济学家所称的“现金流”去偿还，否则现金流可能会被投入青睐的项目或公司专机中。此外，债务还放大了私募股权投资者的回报（尽管也放大了风险）。

当然，如果企业失去了价值，股权持有者（或许还有部分债权持有者）的收益也将被清空。事实也是如此。尽管 KKR 公司的首批基金产生了非常吸引人的回报——前 6 只基金在扣除费用和附带权益后的回报率为 24%——但其中也有一些基金，在一笔交易中损失了全部股权。这些失败的交易也给利益相关者带来了痛苦的影响。（已经有大量文献深入讨论了私募股权对其支持的公司的影响，尽管这可能让我们偏离主题太远，但我们已经就这些问题在其他地方写了大量文章。[18]）

与美国研究与发展公司一样，KKR 公司以及其他私募资本的先行者也是自身成功的受害者：它们在 20 世纪 70 年代末和 80 年代初的出色业绩，吸引了更多资本进入该行业，并引来了很多模仿者。结果，投资者不仅为交易支付的费用越来越高，而且激烈的竞争导致资产负债表负债累累，几乎没有犯错的余地。

这其中没有哪个例子比雷诺兹－纳贝斯克公司（RJR Nabisco）更能说明这一点了。很显然，这家公司有很多“肥肉”需要削去，尤其是高管的乡村俱乐部会员、公司的飞机机队，以及一支（可能）要花掉六到七位数费用的运动员队伍。但是争夺公司控制权，演变成了当时所有主要收购集团和雷诺兹管理层之间的混战。这与各收购集团喜欢吹嘘的“专有交易”相去甚远。

即使不去讨论当时这笔 314 亿美元的交易是否合理，也能明显看到，这笔交易很快就遇到了困难。这在一定程度上可以归因于垃圾债券市场的崩溃。这次崩溃由德崇证券（Drexel Burnham Lambert）的问题引发，导致利率上调，并大大加剧了公司的债务压力。除了雷诺兹承担的巨额债务，债权人的数量以及他们相互争斗的议程也引发了严重的问题。

最终，KKR 公司实施了一系列复杂的重组，卖出了公司股权，挽救了自己的这笔交易，还赚了一点点。于是，KKR 公司得以继续生存下去，继续募集到了更多的资金，还做了许多其他的交易和创新。

KKR公司最初15年的经历说明了几个关键点。它们展示了德雷珀将军、阿瑟·洛克及其同行所采用的有限合伙制模式是如何适用于截然不同的投资类型的。同时也凸显出合伙制模式可以进行扩展，以适应更大、更复杂的交易。不过，它那些年的经历也特别富有戏剧性，让私募市场看起来似乎特别容易出现繁荣，再紧接着出现破坏性的萧条。这不是第一次，也不是最后一次。

早期的盲目扩张

20世纪80年代的繁荣和萧条，在进入90年代后，继续以前所未有的规模重演。在这10年的大部分时间里，私募资本行业几乎在所有领域都出现了迅猛的增长和丰厚的回报。这次复苏是由几个因素引起的。

首先，在20世纪90年代初期，随着许多缺乏经验的投资者退出，私募资本行业趋于稳定，这确保了留下来的私募集团在交易中面对的竞争对手减少。在这个10年的大部分时间里，首次公开募股市场健康运行，意味着所有私募交易投资者的退出更加容易了。其次，技术的不断创新为风险投资者创造了非常好的投资机会，尤其是信息技术相关产业里的创新。基于这些变化情况，越来越多的资金投入风险基金和并购基金中，到20世纪90年代末和2000年达到顶峰。

但通常情况下，私募资本的这种高速增长是无法长期持续的。受到风险基金超高回报的吸引，机构投资者和个人投资者将大量资金投入了这个行业。大多数时候，基金的规模迅速扩大。但也有一些时候，原本不应该筹集资金的风险投资集团，却成功筹集到了可观的资金。这种过度的增长，导致公司合伙人不堪重负，对投资对象的尽职调查做得不够充分，以及做出了很多错误的投资决策。

一个明显的例子就是3i集团的经历。3i集团是欧洲历史最悠久的私募股权集团，在很多方面都出类拔萃。[19]它于1945年由英国政府创立，资金来源于一个银行财团，旨在为第二次世界大战后重建的中小企业提供资金。最初，3i集团利用债券和股权来履行其使命，后来扩展了产品线，范围很广，比如咨询、证券承销和船舶融资。

随着时间的推移，3i集团变成了一个更传统的私募股权集团，专注于并购和成长型资本，并剥离了许多附属业务。3i集团还将其足迹扩展到欧洲大陆和其他地方。这些努力取得了一些真正的成功，包括对邦德直升机公司（Bond Helicopters）、喀里多尼亚航空公司（Caledonian Airways，即后来的英国金狮航空公司）和磁共振成像的先行者牛津仪器公司（Oxford Instruments）的投资。

1994年7月，3i集团进行了一次在当时的欧洲几乎闻所未闻的转变：在伦敦证券交易所上市。上市后，银行可以卖出它们持有的股票，3i集团也可以吸引新的投资者群体。到1994年9月，3i集团的市值大幅上涨，并且被纳入英国富时100指数中，成为英国最主要的公司之一。所以起初，3i集团的上市被认为是成功的。

然而，时光飞逝，在接下来的10年里，3i集团管理层对其在市场上的前景和估值越来越失望。用一位观察人士的话说，市场认为3i集团更像是“少见的倒退，而不是一个积极进取的投资机构”。[20]随着技术市场的飞速发展，3i集团似乎落在了后面：1996年年初到1999年间，它的股价只上涨了39%，而以科技股为主的纳斯达克指数却上涨了一倍多，甚至连保守的富时 100 指数也上涨了近 50%。[21]

1997 年，布莱恩·拉坎布（Brian Larcombe）出任 3i 集团首席执行官，试图带领 3i 集团改变落后的局面。从 1999 年开始，3i 集团开始对初创公司进行大量早期投资。启动投资的速度，在 3 年内提高了 10 倍，并将大部分原本对成熟公司传统交易的后期投资，转为对科技公司的追加投资。与此同时，1999 年，3i 集团在硅谷和波士顿开设了办事处，来寻求更多的早期投资机会。结果毫无疑问，十分成功——但只是在短期内。从 1999 年 1 月 1 日到 2000 年的年中，它的股价几乎涨了 3 倍，并于 2000 年 8 月突破了 1 000 便士的大关。《波士顿环球报》甚至称其为“前所未有的最大风险投资公司”。[22]

但是，正所谓“山雨欲来风满楼”。2000 年 3 月，科技行业上市公司的公开交易市场，以及上市公司的估值开始崩溃。许多经验丰富的风险投资家以前经历过这样的市场周期，不再进行新的投资，而是专注于现有投资组合里已有的公司。但此时，3i 集团仍确信自己的投资就是市场的需求，继续勇往直前。

2000 年 4 月中旬，3i 集团在伦敦证券交易所推出了一只欧洲科技基金，价值 4 亿英镑（当时约合 6 亿美元）。在截至 2001 年 3 月 31 日的财政年度中，3i 集团对初创企业的投资达到了顶峰，但实际上在这一财政年中，科技股（以及风险投资回报）一直处于持续下滑的状态。甚至到了 2001 年 5 月，3i 集团仍表示，希望将至少一半的新资本继续投资于技术领域。拉坎布宣称：“现在不是羞于进行新投资的时候——我毫不怀疑，增长最快的企业仍将是科技公司。”[23]

不过，到 2001 年年底，3i 集团的这种乐观基调已不复存在。显而易见，公司的投资策略达到了愚蠢的地步。由于其科技公司投资组合业绩不佳，在截至 2002 年 3 月 31 日的财政年度中，该集团报出近 10

亿英镑（当时约合15亿美元）的损失。不用说，公司的股票价格也大幅下跌，从2000年9月接近18英镑的高峰，跌至2003年一季度的不到3英镑：公司已经将1999年和2000年那些令人眼花缭乱的所有收益都亏掉了，并且此时的股价比1996年年初时还要低。公司开始大幅削减对新科技公司的投资，裁员17%，并且进入了“分流”程序，以挽救其投资组合。

在互联网泡沫最膨胀的时候，风险投资小组曾占到整个公司投资价值的一半，然而自从2001年崩盘之后，一直到了2004年都还没有恢复过来。拉坎布从首席执行官的位置上退下来，由叶博笙（Phillip Yea）接任。叶博笙的首要任务之一，是更加严格地挑选风险投资项目，并降低投资组合的规模。执行事务合伙人罗德·佩里（Rod Perry）削减了风险投资，关闭了许多办事处和部门团队。集团还将投资组合里的公司从400家削减至100家，并裁减了75%的员工。叶博笙解释道：“对初创企业进行早期投资并不容易。这是一种自然演化，因为对我们来说，在国际上处于后期阶段的公司更有投资价值，这也是我们越来越多在做的事情。”[24]

但对3i集团来说，最大的损失可能是接下来几年里，这个问题投资组合所造成的对收益的拖累。事实证明，处理投资组合里那些注定要失败的科技公司，是一个曲折的过程：直到2008—2009年，3i集团才关闭其硅谷办事处，并将剩余的股份出售给一个由二级基金组成的财团。

在2005年前后，当集团管理层一直在努力解决上述这些问题的时候，3i集团的传统市场却充满了机会：也就是对欧洲中型企业的股权投资。在这一时期，3i集团的后期投资基金表现出了诱人的回报。不过更年轻的竞争对手像蒙塔古（Montagu）和珀米拉（Permira）等，创造了更高的回报，增长也更快。不难理解，3i集团为了取悦公开市场，耗费了大量的精力来处理出现问题的科技公司投资组合，所以无法在核心市场条件最好的时候充分利用投资机会。

尽管3i集团是走向公开市场的先行者之一，并走了极长的弯路，但像它这样的集团还有很多。此后数年，比如20世纪90年代末，以及21世纪头10年的中期，许多其他集团都开始寻求从公开市场募集资金，更普遍的情况是，各投资集团都在努力进行扩张，包括资产类别的扩张、地域的扩张和交易规模的扩张等。

其中，3i集团的扩张是最大胆的，也是最无效的。这些努力里面有成功的案例，也有许多令人失望的案例，以及不好不坏的案例。许多出现问题的案例，原因都跟3i集团很相似，比如希望向投资者提供所谓的“时代的宠儿”等热门交易（不管它们是否与集团的投资技能相匹配），也缺乏谨慎的战略规划，而这正是想要获得成功所必须具备的。

尽管风险投资热潮引发了一些问题，但20世纪90年代，也见证了各种私募资本类型的创新。其中最重要的是房地产私募资本的兴起。[25]虽然机构投资者和富豪家族长期以来一直投资于房地产，但其中的许多交易是通过直接交易或上市的房地产投资信托基金（REITs）完成的。

很多人认为，山姆·泽尔（Sam Zell）创立了第一家房地产私募股权基金——泽尔-美林I（Zell-Merrill I），该基金于1988年成立。当时的交易普遍有个特点，过度杠杆化，泽尔受此启发，以风险基金和并购基金为模型，创立了这只基金。他正确地预见到，一旦市场崩溃，“机会主义”基金将有大量的机会乘虚而入，收购陷入困境的房产。

俗话说，成功孕育模仿。很快，许多投资机构就开始效仿泽尔。先是高盛公司和白厅基金（Whitehall Funds），然后是大量其他投资机构，包括专门的集团［例如，AEW 公司、柯罗尼（Colony）、孤星（Lone Star）和喜达屋（Starwood）］、投资银行关联基金（瑞士信贷第一波士顿和雷曼兄弟很快加入高盛的赞助基金行列），以及跨界提供产品的收购集团［安杰洛·戈登·阿波罗（Angelo Gordon Apollo）、黑石集团和瑟伯勒斯（Cerberus）等］。

私募资本的投资领域

在 21 世纪的头几年，面向机构投资者的“金融超市”开始出现，提供各种另类投资产品。在各种基金创新业务中，私募基金自 20 世纪 60 年代中期以来，一直非常稳定地保持着自身的结构。然而，近年来，随着私募公司试图解决基金结构与规模的问题，私募行业开展了一系列实验性的探索，包括在不同地区设立附属办事处和新基金，以及扩大公司的投资范围，把房地产、夹层融资、不良债务和债券基金等都涵盖了进来。

不同类型的基金纷纷成立，种类日益多样化，这本身也是一种创新。比如之前提过的房地产私募股权领域就是很好的例子。这个领域在 20 世纪 90 年代，成立了大量的机会主义基金，寻求购买陷入困境或大幅折价的房地产。

在 21 世纪头 10 年里，大量的基金开始投资于安全但上涨空间有限的核心资产、承担开发项目的增值基金，以及风险和回报介于前两者之间的“核心＋”型基金。

这种现象在其他领域也出现了。例如，私募基金的二级权益交易（即优质基金的已有份额），原本还只是一潭死水，但随着已有公司和新进入者大量募集资金，交易激增。同样，专门投资于农田和木材等自然资源的基金，数量也大幅增加。

此外，21 世纪头 10 年，还出现了新的投资类别。最引人瞩目的例子可能是澳大利亚麦格理银行（Macquarie）在新千年的头几天里，所推出的专门投资基础设施领域的基金，这个基金采用了标准的私募资本结构（也做了一些修改）。这个投资类别很快又吸引了其他投资者，比如阿琳达资本合伙公司（Alinda Capital Partners）和全球基础设施合伙公司（Global Infrastructure Partners）。

随着公司投资范围的扩大，私募资本的数量和类型也越来越多。最引人注目的是收购行业，从 2004 年到 2007 年，经历了一次高度的繁荣。当时，机构投资者对另类投资的兴趣日益浓厚，董事会和经理人也非常愿意将公司出售给私募资本集团，再加上最重要的一点，当时出现一波条款宽松、几乎没有保护性约定的债务浪潮，于是，让收购行业产生了爆炸式的增长。

与许多早期繁荣时期一样，随着资本的持续流入，估值开始上升，而进行交易的标准开始下降。因此，对于业内观察人士来说，2007—2008 年的金融危机引发了市场的严重低迷，也就不足为奇了。而更令人惊讶的是之后市场复苏的速度：到 21 世纪的前 10 年初期，许多陷入困境的投资已经重组，大量的收购交易通过二次收购或首次公开募股的方式，成功退出。贷款抵押债券（collateralized loan obligations，缩写为 CLO）和低门槛贷款卷土重来。

然而，21 世纪私募资本集团的结构却发生了突变，这该如何解释呢？我们认为，这说明该行业发生了更为根本的转变，因为投资市场的效率在不断提高，而各投资集团却难以应对。竞争日益激烈，使得投资集团需要寻求新的方式来突出自己的特征。市场效率的提高反映在方方面面。在最初几十年，私募资本还带有家庭手工业的味道，很多规模相对较小的公司相互合作，但如今，这个市场的竞争要激烈得多。

竞争环境的变化，使得龙头公司越来越多地寻求自身的独特性。它们使用各种工具来建立自己的“品牌”，想要将自己与竞争对手区分开来。这些步骤包括构建战略伙伴关系、开展国际运营、提供额外服务，以及积极融资等，以扩大它们在国际上的知名度。（当然，这些措施本身并不能取代建设更好的公司和产生更高投资回报的能力！）

可以肯定的是，在这场转型中，私募资本并不是唯一的。例如，作为企业“金融超市”的投资银行业，几年前就经历了类似的转变，这个过程中领先的“大型投行”公司巩固了它们的龙头地位。20 世纪 70 年代，随着各大银行扩大业务范围，并增加了人员招聘，大银行与其他银行之间的差距进一步拉大。同样，这些年来，各大银行的管理也发生了转变，程序更系统化，管理结构更正规化。

毫无疑问，黑石集团就是这一趋势的缩影。[26] 1985 年，苏世民（Stephen Schwarzman）和彼得·彼得森（Peter Peterson）在离开雷曼兄弟后，创立了黑石集团。J. 托米尔森·希尔（J. Tomilson Hill）于 1993 年加入该集团，担任副董事长、总裁兼首席执行官，负责管理价值约 680 亿美元的对冲基金业务。在他看来，“黑石的故事，实际上是雷曼兄弟破产的故事”。[27]之所以这么说，是因为创始人之一彼得森曾担任雷曼兄弟的董事长兼联合首席执行官、贝尔和豪威尔公司（Bell and-Howell Corporation）董事长兼首席执行官，以及尼克松政府的商务部长。另一位创始人苏世民曾担任雷曼兄弟并购业务的全球主管。

关于如何起步和创收，两位创始人希望建立一家比雷曼兄弟更具创业精神，且有着不同企业文化的并购咨询公司。1985 年秋，两人各出资 20 万美元，在纽约市的公园大道开设了黑石集团的第一间办公室。1987 年，苏世民决定通过募集 10 亿美元的杠杆收购基金来扩大黑石的并购业务。

但是苏世民和彼得森都没有并购业务方面的经验。最初开展的几次营销活动均以失败告终，包括对麻省理工学院捐赠基金董事会和达美航空养老基金的推销。

最后，彼得森与保诚保险（Prudential Insurance）的首席投资官进行了一次会面，他们之前一直保持着良好的关系。保诚保险承诺向黑石的基金投资 1 亿美元，成为主要投资者。之后三菱工业集团、通用电气、通用汽车等，也纷纷进行了投资。很快，黑石集团就募集了 6.35 亿美元，在 1987 年股市崩盘的前一天结束了这一轮募资。到 1988 年，这只基金的规模已增至 8.5 亿美元，成为当时最大的首只基金。

1989 年，黑石集团完成了第一笔交易，以 6.4 亿美元的价格收购了 USX 旗下的运输子公司（即后来的 Transtar），USX 是美国钢铁的控股公司。黑石集团投资了 1 340 万美元的自有资本，拥有了被收购公司 51% 的股份，改善了运营，并在之后长达 15 年的投资过程中，经受住了经济周期的考验。

2003 年黑石集团退出时，这笔交易为投资者带来了 25 倍的投资回报。“这是集团有史以来做得最好的单笔交易，”希尔在回忆时不无自豪地说，“这证明了一点，如果你建立了良好的人际关系，而且聪明的话，就可以把酸柠檬变成酸酸甜甜的柠檬汁。”[28] 黑石集团早期的其他交易还包括：1989 年以 16 亿美元收购芝加哥和西北铁路公司（Chicago and Northwestern，缩写为 CNW）；1991 年以 1.77 亿美元收购大湖疏浚和码头公司（Great Lakes Dredge and Dock Company）；1994 年以 12 亿美元收购美国联合碳化物公司（Union Carbide）和三菱的合资企业 UCAR，在 1997 年退出时，这笔收购交易为投资者带来了 3.6 倍的投资回报。

当然，并不是所有的早期交易都成功了。1989 年，黑石集团对柯林－艾克曼（Collins & Aikman）公司的 1.22 亿美元投资，以及对埃奇库姆金属公司（Edgcomb Metals Company）的 3.3 亿美元的杠杆收购，都出现了问题。不过，尽管有一些交易不尽如人意，但集团总体上还是获得了稳定的回报。

黑石集团是第一批着力实现产品多样化的公司之一。1990 年，黑石集团开始探索私募股权和咨询服务之外的领域，首先推出了“对冲基金的基金”（fund of hedge funds），作为一种高风险调整回报的工具，同时也满足流动性的需求，供公司合伙人打理自有资金。

1992 年，黑石推出机会主义房地产基金，该基金在乔恩·格雷（Jon Gray）的领导下蓬勃发展；1999 年推出另类的信贷业务；2000 年开设欧洲办事处；2002 年推出优先债务基金；2005 年推出自营对冲基金；2006 年开设亚洲办事处；2008 年收购捷世欧（GSO）——这是一家专注信贷产品的另类资产管理公司。这样的例子不胜枚举。

30 年前，黑石集团还只是一家仅有两名员工的小型并购公司，如今已发展为最多元化的私募股权公司，2018 年年初，其管理的资产规模达 4 340 亿美元，几乎是其最大竞争对手的两倍。

21 世纪的另一个重要转变是公司所有权结构的变化，几家大型私募股权公司都纷纷上市。黑石集团也是其中较早上市的公司之一。

2006 年，苏世民和黑石集团总裁托尼·詹姆斯（Tony James）开始讨论首次公开募股，这可能会为黑石带来大量资本流入，为并购业务提供流动性保障，还能构建以股票为基础的薪酬方案。此外，随着彼得森退出公司，这将促进一种有序的代际传承，苏世民对此是这样说的："（这能让他）在不出售公司股权的情况下，继续分享自己在黑石集团创造的价值"。[29]

首次公开募股，让更多人认识到黑石集团，也有助于巩固黑石集团在业内的高端品牌。不过，上市意味着要服从监管部门对更高透明度和申报的要求，需要扩充集团的法务和合规部门，还必须经受股市的波动与考验。

苏世民和詹姆斯认为，上市的一个关键特征是公开交易合伙制（publicly traded partnership，缩写为 PTP）结构，这种结构保留了黑石集团现有的大部分治理结构，并最大限度地减少了对公司传统运营方式的干扰。

除了精心设计公开交易合伙制，以保持公司文化和苏世民自己在运营上的权威，他还提醒公众投资者他的终极目标是什么："在我们的招股说明书中，有一节的标题是'我们打算成为一家与众不同的上市公司'。我希望我们新的公众投资者明白，我们把投资基金的利益放在首位，即使这会对我们的短期股价产生不利影响。"[30]

正如黑石集团所暗示的，这种结构下可能会存在一种冲突（我们将在第 6 章详细讨论）：有限合伙人自然希望获得高回报，而股东可能希望获得更多的资产和费用，哪怕为此会在一定程度上影响回报。尽管如此，2007 年 6 月，黑石集团还是出售了普通合伙企业 14% 的股份，筹集了 50 亿美元，这是当时 5 年以来美国规模最大的首次公开募股。

当然，我们并不能保证黑石集团将来也一定能成功。我们看到过许多这样的例子，很多投资集团往往在经历了长期的成功之后，“偏离正轨”并遇到了困难。特别是，代际传承，许多另类投资领域中常出现的未投资资本过剩，希望“单干”的机构的竞争压力，都可能成为挑战。不过目前为止，黑石集团的变革进展顺利，2018 年 2 月，乔恩·格雷接替詹姆斯出任集团总裁兼首席运营官，也反映出黑石集团拥有强大的企业文化和共同经营的方式。

结语

我们一开始就指出，仅就私募资本的历史这个话题，就可以写出很多本书来。这 5 家特定公司的情况既不能公正地反映这个行业，甚至也不能公正地反映公司本身。可以认可的是，本章介绍的这些案例，强调了为私募资本投资寻找一个合适的结构是一件很有挑战的事情，也展示了有限合伙模式的诸多优势，说明了该模式能以怎样的方式包含更多类型的公司和项目，以及投资集团本身日益增加的复杂性。

在下一章，我们将更加系统地研究有限责任合伙模式目前面临的挑战。

第6章
基金管理人面临的挑战

PATIENT CAPITAL

The Challenges and Promises of Long-Term Investing

正如我们在第 5 章中所强调的，创建私募资本合伙制，是为了解决长期投资缺乏流动性和不确定性大等因素所带来的问题。而将大部分与业绩挂钩的薪酬推迟到投资变现之后再发放，则有助于缓解长期投资中信息不透明的问题。

但在许多情况下，这些合伙企业并不像资本投资先行者设想的那样有效。比如，当基金管理人做出的决策反映的是它们自己的利益而不是投资者的利益时，一系列有害的行为就会悄然而至。而在某些情况下，基金管理人则像是故意利用各方之间掌握的信息差，做出明显错误的决策，导致合伙制失效了。

以迈克·罗森伯格（Mike Rothenberg）为例。[1]罗森伯格还在哈佛商学院读书（于 2013 年毕业）时就创办了一家以自己名字命名的风险投资公司。他的想法是采用另一种风险投资方式，也就是利用他的人脉来产生源源不断的交易，这些人脉是他在斯坦福大学和哈佛商学院读书时，以及环游世界时所积累起来的。

起初，这种做法似乎是有效的。早期罗森伯格投资了 Revel、Robinhood 和 SpaceX 等公司。罗森伯格的投资风格是快速决策，有时候谈话还不到一个小时，罗森伯格就建立了该基金的投资组合。此外，罗森伯格无疑“掌握了硅谷的未来”。例如，他将自己的基金定位为“结合了安德森·霍洛维茨（Andreessen Horowitz）基金的服务模式、首轮资本公司（First Round Capital）在线上和线下建立创始人社区的方法、硅谷天使公司（Silicon Valley Angels）的处理能力和影响力、水闸基金（Floodgate）的灵活性，以及红杉资本的判断力等”。[2]

在罗森伯格风险投资公司的大肆宣传中，罗森伯格本人扮演了一个相当重要的角色，那就是大手大脚地花钱，挥霍的程度只有说唱明星才能企及，这让他赢得了“（硅谷）派对动物”的称号。这家公司的员工多达60名（包括3名私人助理和1名司机），是同等规模风险投资公司的好几倍。不只如此，旧金山体育赛事的豪华包厢、一年一度租用巨人体育场来举办派对、给环球跨界拉力赛赞助赛车、私人飞机俱乐部的会员资格，以及超级碗套房，等等，都被视为募资的必要条件而花销掉了。

不出所料，这家公司很快被流言所包围。有人说，罗森伯格的过度挥霍到了无可救药的地步，他更喜欢和好莱坞的名流待在一起，而不是热衷于寻找新的投资机会。员工开始抱怨拖欠工资和费用，并提起诉讼。媒体的报道也引发了人们的质疑，一个募资不到5 000万美元的公司，如何负担得起如此奢侈的支出。

接下来，联邦调查人员开始介入。[3]围绕罗森伯格的诸多指控都与挪用投资者的资金有关，包括将投资资金秘密转移到创始人的个人银行账户。但最严重的指控可能涉及罗森伯格在2015年创立的名为“里弗工作室”（River Studios）的公司，这家公司的主要成就似乎是为比约克（Björk）和酷玩乐队（Coldplay）拍摄虚拟现实视频。罗森伯格风险投资公司为“里弗工作室”注入了500万美元的资金，远远超过风险投资公司常规的10万美元投资，但很明显，从来没有告诉投资者这笔交易的情况。

根据美国证券交易委员会2018年年底的指控，“在3年时间里，罗森伯格和他的公司从基金中挪用了数百万美元，其中包括大约700万美元的额外费用”。不过，罗森伯格风险投资公司在既没有承认也没有否认的情况下，解决了这些指控。[4]

还有很多不光彩的案例，都表明合伙制出现了问题。在很多情况下，问题的根源似乎来自企业自身成长的过程，或者说随着企业成长没能及时做好调整。错误的判断、过度的自信，以及不愿让出公司的控制权，都会对公司产生毁灭性影响。比如，福斯特曼－利特尔公司（Forstmann Little）的故事。

福斯特曼－利特尔公司是真正的私募股权先行者之一，[5]成立于1978年，正值现代收购时代的黎明时分，创始人是西奥多·福斯特曼（Theodore Forstmann）和他的弟弟尼克·福斯特曼（Nick Forstmann），以及布赖恩·利特尔（Brian Little），并在早期完成了许多非常成功的交易。

例如，在1984年收购胡椒博士的交易中，据说福斯特曼－利特尔公司的有限合伙人在不到3年的时间里，赚到了原始资金8.5倍的收益。这惊人的收益是通过一系列举措来实现的，比如削减开支、加强营销、出售不相关的子公司（比如一家纺织公司和一家电视台），以及分拆装瓶工厂和加拿大姜汁碳酸饮料（Canada Dry）子公司等。

西奥多·福斯特曼还是一位通过募集夹层基金来为交易提供资金的先行者，这使得他们能够用更少的费用和更少的福斯特曼－利特尔公司股权，来更快地完成交易。[6]尽管有时候交易会遭遇挫折，比如由于不愿意使用高收益的债券，导致了露华浓（Revlon）、金霸王（Duracell）和雷诺兹－纳贝斯克等公司的交易出现损失（不过还好，最后这笔交易的损失也许是最小的），但公司在成立之初的前20年里都蓬勃发展：

截至20世纪90年代末，福斯特曼－利特尔公司的年回报率据说接近60%。投资者纷纷涌入基金，使得基金规模从最初的40万美元扩大到1983年的3亿美元，到1987年，更是创下了27亿美元的纪录。

福斯特曼－利特尔公司的三位合伙人的性格截然不同：西奥多是一个控制欲很强的远见卓识者，利特尔是一个事无巨细的金融家，尼克负责管理公共关系，包括管理与投资者之间的关系，以及与他粗鲁的兄弟之间的关系。西奥多想要控制交易的所有方面，甚至到了排除公司其他人员参与的地步。一位记者在对西奥多的评价中写道："他需要掌控一切，似乎也不太欣赏他的合伙人。当涉及交易时，他喜欢说他是毕加索，其他人都在扶着梯子。"[7]

但在20世纪90年代末，福斯特曼－利特尔公司改变了策略。随着利特尔的退休，合伙关系也发生了改变。一位名叫厄斯金·鲍尔斯（Erskine Bowles）的新合伙人取代了利特尔。当时，该公司已成功退出对湾流公司（Gulfstream）的投资，并且仍有超过36亿美元的资金可供投资。

那个时候，电信和软件行业受到媒体的高度关注，福斯特曼－利特尔公司投资了20亿美元到美国麦克劳公司（McLeod USA）和XO通信公司（XO Communications）。但这两项风险投资都是福斯特曼－利特尔公司之前几乎没有涉足过的领域。

2001年年初，尼克·福斯特曼去世，鲍尔斯离开了公司，并且电信泡沫破裂，使得麦克劳公司和XO通信公司处在了破产的边缘。第二年，康涅狄格州起诉福斯特曼－利特尔公司在对两家公司的投资中违反了合同。经过长时间的审判，福斯特曼－利特尔公司最终被判违反了合作协议的细节，但并不需要赔偿经济损失。福斯特曼－利特尔公司决定不再募集新基金了，而是管理好投资组合里剩余的公司。

人们说导致迈克·罗森伯格失败的是道德问题，不过从本质上讲，我们认为福斯特曼－利特尔公司的困境不能归咎于这样的道德问题。相反，这家公司面临的困难，是公司快速增长却在组织结构和投资能力建设方面投入不足，这也是很多私募资本集团所面临的困难。

或许是没有能力配置好在传统交易中募集的资金，所以福斯特曼－利特尔公司突然改变了投资重心。但是公司人手不足，没有像黑石集团和 KKR 公司等竞争对手那样，对专业投资人员进行培育和储备，没有在行业实践领域打下深厚的基础，以致在进入经验很少或根本没有经验的领域时，遇到电信泡沫破裂这样的冲击，就特别容易遭受损失。

暂且不讨论这家公司原本可以采取哪些具体措施来避免倒闭，但很明显的一点是，由于西奥多·福斯特曼的个性太强，以至于公司没有一位强有力的“二把手”来帮助做决策或者反对那些可能不明智的决策。

在第 3 章和第 4 章中，我们看到了许多家族办公室、养老基金和主权财富基金，在追求成功的长期投资的道路上遇到的障碍。这两个发人深省的故事表明，私募资本集团也面临着挑战，我们将在本章对此进行探讨。我们着重强调三个方面的问题：激励机制的设计、企业规模增长的影响，以及围绕领导者代际传承的问题。在下一章我们将讨论如何解决这些问题。

激励机制的设计

私募资本集团面临的第一个挑战与私募基金提供激励的性质有关。几乎所有的私募基金，无论是专注于农田、房地产、基础设施方面的投资，还是进行新的风险投资，采用的都是类似的激励方案。也就是向专业投资人员支付年度费用以及利润分成。奖金的水平和性质，通常都是投资者比较关心的。

私募资本使用的激励方案到底是怎么来的，在历史的迷雾中已经无从知晓了。有些人说是来自殖民地马萨诸塞州的捕鲸船队与其赞助者签订的合同。另一些人则追溯到 14 世纪热那亚人和威尼斯商贾家族签订的合约，甚至更早期的拜占庭切科伊诺尼亚（cheokoinonia）或伊斯兰的借贷股份制（muqarada）。[8]在这些早期的协议中，许多都确立了这样的原则：资本的提供者除了分享利润，还要向提供劳动力的合伙人支付一定的费用或薪水。大量的案例都表明，资本与劳动之间的利润分配比例通常是 80∶20。

且不论这种利润分配方案起源于哪里，现有的分配方案通常被称为“2 和 20”。年度费用通常设定为募集资金总额的 2% 。不过当基金运营到最后几年时，这个百分比通常会下降（或者计算费用的基数会缩小）。较大的集团，以及那些专门投资某一领域（比如基础设施等）的集团，可能会收取较少的费用。

利润分成或附带权益可以用无数种不同的方式计算，但通常是当投资者拿回自己的投资资金时，需要向专业投资人员提供收益的 20% ，或是在每笔交易退出时提供收益的 20% 。后一种方案允许投资集团更早地分享利润，但如果最后一些公司的价值低于最初的预期，则有可能产生问题。

在这种情况下，投资集团可能已经获得了超过 20% 的利润，就必须把多得的部分偿还给投资者，被称为“收回”（clawback）。但若是钱已经花出去了，或者还在酒窖和艺术品收藏里，那么这个过程也许有点尴尬！所以，在许多并购基金，以及那些专门从事实物资产投资的基金中，需要在资本提供者收回了他们的初始资本，并且获得了一定收益（通常为每年8%）的基础上，才开始进行利润分成。

到目前为止，这一切似乎都是合理的。确实，对许多规模较小的基金而言，这种“2和20”的方案看起来似乎是一种完美的方式，可以将专业投资人员的注意力集中在手头的任务上。公司运营的费用——房租、差旅、管理者的工资，以及专业投资人员的微薄薪水——会快速消耗掉管理费。事实上，对于规模最小的基金来说，往往很难通过管理费来维持收支平衡。如果说要给合伙人任何大量的报酬，应该都是通过附带权益的方式来实现。而且，只有在投资者拿到他们的回报时（甚至是拿到回报之后），才会支付附带权益。因此，附带权益的方案实现了激励的一致性。

在规模较大的基金中，情况则迥然不同。管理费收入不只是维持公司的正常运转，而是成了公司收入的主要构成部分。这种变化反映了私募股权的规模经济程度。虽然开具一张10亿美元的支票，比开具一张100万美元的支票要贵，但肯定不会复杂1 000倍。规模较大的情况下，可能要对交易进行更详尽的尽职调查，法务谈判可能会更加艰难，等等，但在本质上，投资过程是非常相似的。正如我们在第5章中强调的，一个曾经由2 000万美元基金主导的行业，即使目前是由200亿美元的基金来主导（即年费在3亿~4亿美元之间的基金），也是正常的现象。

安德鲁·梅特里克（Andrew Metrick）和安田绫子（Ayako Yasuda）与一家大型投资咨询公司合作开展了一项分析。[9]他们研究了238家在金融危机前建立的合伙公司，分析报告强调，新的薪酬方案在很大程度上改变了游戏规则。

在他们研究期间，最大的风险资本和杠杆收购合伙企业，其基金的平均规模分别超过3亿美元和12亿美元。两位研究者收集了这些合同的经济条款的详细信息，然后根据历史数据，对基金的投资速度、持有投资的出售速度，以及由此产生的退出吸引力做出了一系列假设。

利用这个模型，梅特里克和安田绫子计算了专业投资人员的最终回报。在他们最具争议性的分析中，计算了每一位合伙人的薪酬，反映了这样一个事实（我们将在下文中讨论）：这些基金中绝大多数的经济收益都流向了合伙人。他们将该数额表示为每一位合伙人在每只基金上的净现值：可以理解为，在基金成立的当天，每位合伙人的邮箱里就会收到一张支票。（当然实际上，这些资金是在十几年的时间里慢慢流入的，具体数额取决于投资业绩，但这个金额是折算到目前的现值。）

梅特里克和安田绫子的研究结果（见表6.1）之所以引人注目，有两个原因。首先，总薪酬分别约为1 700万美元和3 300万美元；其次，更让人震惊的是，在此期间，许多这样的集团每两年就募集一次资金。仅就表6.1的最后一行，就足以让参议员伯尼·桑德斯（Bernie Sanders）心痛不已。

但在我们看来，更令人不安的，是合伙人赚取这些资金的方式。在目前的激励薪酬中，附带权益分别为650万美元和1 010万美元，但分别都仅占总薪酬的1/3左右。剩余的就是管理费了，不管基金业绩如何，都会收取管理费。即使在私募基金投资陷入困境的年份，这些合伙人也肯定收入颇丰。

表6.1 238家私募股权/风险资本合伙公司每位合伙人每只基金的平均薪酬

	风险资本	杠杆收购
附带权益	650万美元	1 010万美元
管理费	1 060万美元	1 850万美元
其他费用	—	410万美元
总计	1 710万美元	3 270万美元

资料来源：根据梅特里克和安田绫子的《私募股权基金的经济学》整理。

这份分析报告里重点关注的基金都处于“私募股权的黄金时代”，也就是金融危机爆发前的那几年。但大多数分析表明，金融危机之后，私募资本合伙企业在经济方面的调整幅度并不大。与之前一样，大多数投资集团获得的利润分成（见图 6.1）仍然是 20%。并且，Preqin 的年度调查发现，房地产的管理费集中在 1.5% 左右，与金融危机前的水平非常相似（见图 6.2）。

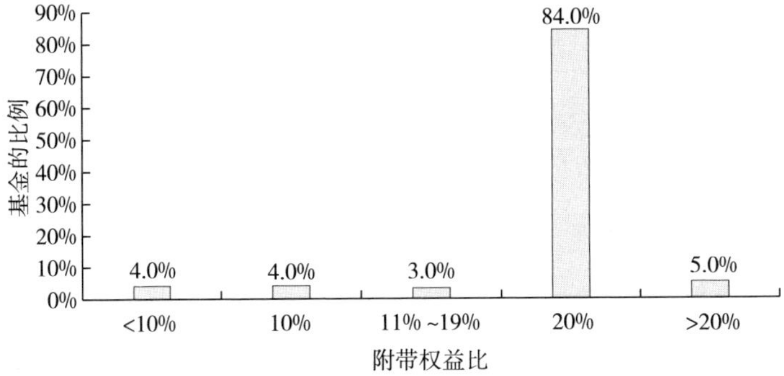

图 6.1　直接私募资本基金使用的附带权益比率

资料来源：根据 Preqin《2017 全球私募股权 & 风险资本报告》整理。

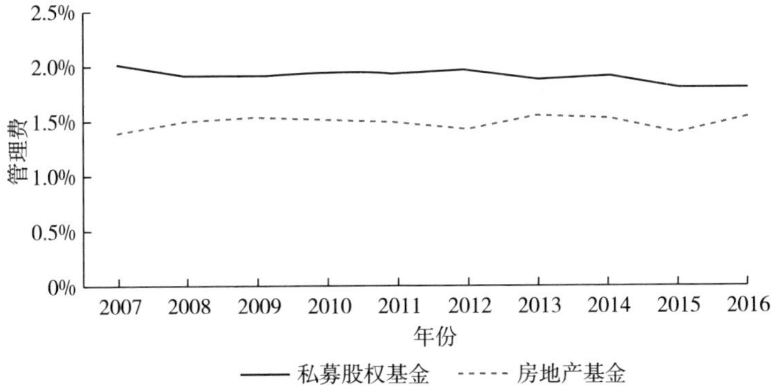

图 6.2　按年份统计的平均管理费

资料来源：根据 Preqin《2017 全球私募股权 & 风险资本报告》整理。

与此同时，几乎所有的私募股权基金的管理费都约为2%，其中规模最大的私募股权基金（超过20亿美元）的管理费约为1.5%。尽管大型基金的管理费出现了小幅下降，但总体情况基本上没变。

我们必须承认，这些数字是对复杂现实的简化。一方面，正如我们在第2章中指出的，并且将在第8章中更深入探讨的，越来越多的资产所有者没有支付合伙协议中规定的“标价”。相反，他们通过共同投资、构建特殊投资工具等方式降低平均成本。另一方面，理想的投资集团正越来越多地调整那些不太明显的条款，这将大大改善其经济状况。

例如，安宏全球私募股权（Advent Global Private Equity）2016年募集的130亿美元基金，其管理费为1.5%，与其他大型同行类似。[10]但它们并没有设置8%的最低预期回报率。最低预期回报率意味着，投资者不仅要收回投资的资本，还必须在获得这样一个收益之后，才会与普通合伙人分享利润。

虽然这种转变有可能把一些投资者吓跑，但其他投资者受到安宏基金之前强劲业绩的吸引，还是会加入进来。同样地，总部位于欧洲的殷拓集团（EQT），在它的第7只基金中改变了之前在2011年的基金中使用的利润分配模式，即“瀑布”模式，以确保合伙人能够更早获得报酬。[11]这种情况也由来已久了：当经济形势良好时，私募资本集团通常会以不太明显的方式调整条款，以牺牲投资者的利益为代价来照顾自己。[12]

此外，上述费用计算方法实际上低估了普通合伙人获得的薪酬。从历史上看，基金管理人也会同时向投资组合中的公司收取费用。这些费用包括发起交易的费用、担任董事会成员的费用，以及附加交易的费用。请注意，当人们认为投资者直接支付的管理费已经涵盖了这些费用时，别介意！

最为臭名昭著的是“加速监控费”。当投资集团在约定的持有期（通常长达10年）之前出售公司时，这些费用就开始生效。在这种情况下，投资集团得到了真正的“白来的钱”：如果他们按约定在整个期间都持有公司，原本是需要提供监控服务来收取费用的。

这就好比勒布朗·詹姆斯（LeBron James）即使选择离开迈阿密热火队，前往骑士队效力，却仍然要求前者继续支付他的薪水！在某些情况下，投资集团并没有向投资者明确披露它们的做法。此外，尽管合伙协议通常要求将这些费用返还给有限合伙人，但在很多情况下，返还并未完全兑现。

以芬威合伙公司（Fenway Partners）为例。[13]该集团在投资上的成绩不好不坏，并宣布打算逐步缩减其第3只基金的规模，不再募集额外的资金：用业界的行话来说，这是一只“僵尸基金”。[14]此后不久，在2011年年底，该公司进行了一项看似微妙的转变。

具体转变是，它没有让私募股权公司为其投资组合公司提供管理服务，比如提供建议和出任董事，而是让私募股权公司与一家名为芬威咨询合伙有限责任公司（Fenway Consulting Partners LLC）的实体签订咨询协议。

这项变化也许看起来没有坏处，因为新的实体是由芬威合伙公司拥有和经营。还是同一群人，向芬威投资组合中的公司提供同样的服务，组合中的公司也是支付同样的费用。但根据美国证券交易委员会的分析，问题在于这对基金来说发生了什么变化。

根据芬威与有限合伙人的协议，投资组合中的公司向基金支付的费用，其中80%要返还给投资者。但是，基金从芬威咨询合伙有限责任公司中获得的资金——2012年和2013年期间接近600万美元——则不需要以这种方式分配。这一转变的真实意图，及其对有限合伙人的影响没有充分的向投资者披露。最终，美国证券交易委员会与芬威合伙公司达成和解，条件是芬威合伙公司支付1 000万美元。

人们可能希望这只是一个奇怪的个例，也许是由于该基金处于“僵尸”状态，才会这样做。但美国证券交易委员会负责执行这些规定的主管安德鲁·鲍登（Andrew Bowdon）指出：“当我们调查了私募股权基金的咨询公司如何处理管理费与支出之后，发现超过50%的案例违犯了法律，或者在控制方面存在重大缺陷。这是一个惊人的数据。”[15]

不过，应当指出的是，这些做法并不是普遍的。私募资本里的一些重要类型，比如风险投资基金，通常不收取交易费。即便是收取，交易费和指导费收取的范围也相差极大。卢多·法利普（Ludo Phalippou）、克里斯蒂安·劳奇（Christian Rauch）和马克·昂伯（Marc Umber）进行了一次具有独创性的分析，通过研究投资组合中公司的财务报表，试图从中追溯龙头收购集团所收取的费用。[16]（尽管基金管理人过去从未向投资者披露过这些费用，但私募股权持有的公司必须进行公开证券申报，在这些申报文件中，往往包含了他们支付的费用信息。）法利普等人重点强调了不同投资集团之间的巨大差异。

与管理共同基金和交易所交易基金的同行相比，私募资本专业人员的薪酬通常很高，这让人不由自主地怀疑，上面描述的那些最严重的问题行为是否已经被根除。那些持悲观态度的人认为，直到奥巴马总统于2010年签署的《多德－弗兰克法案》（Dodd-Frank Act）赋予了美国证券交易委员会更充分的权力，来审查私募资本基金之后，许多违规行为才被发现。

2017年6月，美国众议院通过的《金融选择法案》（Financial Choice

Act）曾提议取消这些规定，但该法案在参议院遭到否决。正如著名的私募股权博主丹·普里马克（Dan Primack）在谈到共和党早些时候的立法努力时所指出的：

> 当《多德－弗兰克法案》首次要求私募股权公司在美国证券交易委员会注册时，我写了一篇关于自己巨大矛盾心理的文章……我原本真的相信大多数私募股权公司都遵守了它们自己的有限合伙协议。来吧，用天真的锤子砸我一下……简而言之，事实证明，私募股权注册已成为一件非常重要的事情……目前尤其令人不安的是，共和党领导的（以及私募股权行业支持的）国会，正在努力废除私募股权注册的规则……几年前，我会支持废除这一法案。毕竟，这一开始就是一条被误导的规则。但今天不同了。精灵已经从瓶子里钻出来了，尽管它不是我们所期待的精灵。[17]

乐观的行业观察人士会指出，整个行业都在致力于增加薪酬的披露力度，使之更加透明。特别是2016年，由养老基金和其他长期投资者组成的领先行业组织——美国机构有限合伙人协会（Institutional Limited Partners Association，缩写为ILPA），公布了一个模板，用来追踪所有流入私募股权基金的费用。众多投资集团，[18]包括阿波罗全球管理公司、黑石集团、凯雷基金、KKR公司和得克萨斯州太平洋集团（Texas Pacific Group，缩写为TPG）在内，均表示它们打算在报告时采用这个模板。如果各投资集团认真和一致地使用这个模板作为标准，将十分有助于解决信息披露的问题。

但悲观人士可能反驳称，该协议只是在美国证券交易委员会执法的阴影下采用的。此外，从历史上看，投资者之间很难相互协调：他们想要进入热门基金的强烈愿望常常会破坏他们“坚守底线”的努力。乐观人士也许会回应说，不论监管机制如何，最终，在这个行业中，净回报率最高的投资集团会得到更多的资本回报。而把投资者的财富不公平地转移给基金管理人的行为，会带来低回报率，并最终受到惩罚。诸如此类！

正如我们在这里看到的，费用的高低、构成和披露，都给私募资本行业带来了重大问题。唯一可以确定的是，关于费用及其作用的争论不会很快结束。

增长的影响

私募资本集团面临的第二个挑战是增长的警报。增长有几个方面的潜在好处。但如果执行不力，可能会带来严重的后果。这一点在现如今尤其重要，因为许多有限合伙人正大举投入另类资产类别，希望能消除近10年来回报低迷所带来的损失。

基金管理人是有理由欢迎增长的。在很多情况下，增长能使得与基金相关的所有人都受益。不过在有些情况下，受益则仅限于基金管理人，体现在以下几个方面：

- 知名度。在许多细分市场，大量的私募资本集团相互竞争。投资集团很难在竞争中脱颖而出，并吸引高质量的企业家、投资者和管理人。规模更大的基金，知名度就更高，知名度越高，就越容易找到优质的合伙人。

- 招聘和留住人才。和其他服务机构一样，人才也是投资集团的命脉。为了使组织不断焕发生机，需要招募和发展新的员工。大量增长停滞的基金里，渴望成名的年轻人都把目光投向了别处。增长创造了无数的晋升机会，而这些机会将有助于吸引最优秀、最聪明的人才。
- 筹集资金。投资者正越来越多地只把资金交给少数几家私募基金来管理。这种趋势导致更多的资金聚集在更少的人手中。例如，TRS 向 KKR 公司和阿波罗全球管理公司投资了 100 亿美元，新泽西州的投资部门向黑石集团投资了 25 亿美元，这些被称为“独立管理账户”。[19]总体而言，在 2016 年募集的总资金中，约有 25% 流向了十大基金，基金的平均规模达到创纪录的 4.71 亿美元，占到筹资池的 11.7%，高于 2011 年 10.7% 的水平。同一时期，排名前 30 位的私募股权基金，所占份额从 28.7% 上升至 31.9%。[20]因此，各投资集团可能发现，在某些情况下，按部就班地走原来的路线并不是一种可行的策略。它们的投资者正在转向高端市场，它们要么和那些投资者一样也加入其中，要么被甩到后头去。
- 薪酬。正如上述计算所说明的，成为一家大型私募股权基金的高级合伙人，至少从财务上来说，是获得丰厚薪酬、过上美好生活的秘诀。此外，薪酬在很大程度上与基金业绩无关。而在一家小公司从事类似的工作，薪酬上的吸引力就小了很多。因此，合伙人有强大的动机引导他们的公司走上高增长的道路。

尽管有这些明显的好处，但基金规模的增长常常不利于基金业绩。最直接的分析方法可以通过图 6.3 来观察，该图展示了安德里亚·罗西（Andrea Rossi）的一项分析结果，该分析基于 Preqin 的所有私募股权基金，显示了两只基金的规模增长与最终业绩变化之间的关系。[21] 图中的两条线是回归分析的预测结果：代表了数千只基金的集中趋势。回归方法可以使罗西考虑各种控制因素，比如原始基金和新基金的年份、类型，以及原始基金的规模等。

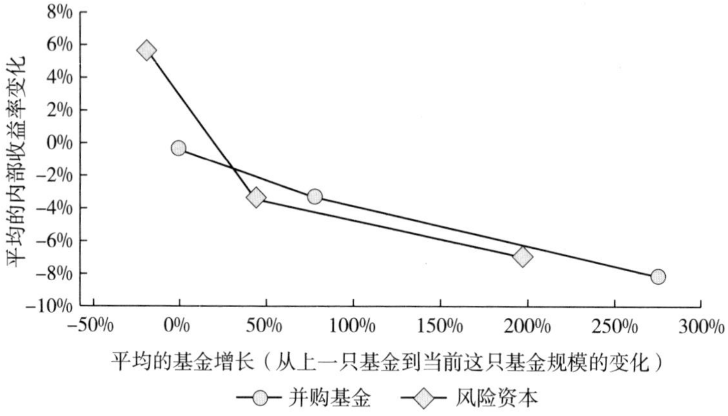

图 6.3　按增长周期分类的基金

资料来源：根据罗西于 2017 年的研究整理。

分析结果令人震惊：两只基金之间规模增长的幅度越大，其业绩下滑的幅度也就越大。那些规模没有增长的投资集团，其业绩仍保持在同一水平上（事实上，就风险投资而言，它们的业绩还有所提高）。但规模急剧增长的基金，其回报率却大幅下降：基金的规模翻了 1 倍（即增长了 100%），反而意味着内部收益率下降了约 4 个百分点，例如，从上一只基金的 16% 降至下一只基金的 12%。

请注意，在这项分析中，当研究人员控制了基金成立的年份之后，该模式依然适用。也就是说，这种结果并不仅仅是由于基金在泡沫膨胀的年份成立而导致的。比如 1999 年和 2007 年，正是大量资金流入私募资本的年份，使得许多基金的规模都出现了最大的增长幅度，也导致基金之后的业绩回报十分糟糕。但是，当排除了所有基金规模都增长的年份之后，这种模式仍然适用。打个比方，我们是通过观察耶鲁大学兄弟会的成员来研究酗酒的危害，而不是拿兄弟会的男孩与摩门教学生协会的成员做比较。[22]

尽管图 6.3 表明，基金规模的增长带来了挑战，但它并没有解释其原因。也许我们可以从布宜诺斯艾利斯的伊克塞尔集团（Exxel Group）的故事中找到一些线索。[23]伊克塞尔集团是 1991 年由花旗银行资深员工胡安·纳瓦罗（Juan Navarro）创立的，他曾领导花旗银行将陷入困境的阿根廷贷款转换成股权，然后使这些股权的价值最大化。

纳瓦罗的首只基金从经验丰富的投资者那里募集了 4 700 万美元，并将这笔资金用于小规模收购。例如，以 2 200 万美元的价格兼并了一家消费者清洁产品公司，以 1 500 万美元的价格入股一家纸制品公司，以及其他一些规模不大的交易。1995 年，伊克塞尔集团的第二只基金募集了 1.5 亿美元，并继续按照同样的模式进行交易。

然而，不久之后，伊克塞尔集团开始雄心勃勃地寻求更大的交易，包括价值 1.36 亿美元的阿根廷信用卡公司（Argencard）交易，以及价值 4.4 亿美元的诺尔特超市（Norte Supermarkets）收购。

伊克塞尔集团用三种方法为这些交易募资。第一，它募集了特殊目的基金，这些基金可以为单笔的交易提供股本。第二，它募集的资金规模越来越大，频率也越来越高，最引人注目的当属 1998 年结束募资的伊克塞尔资本合伙公司第 5 只基金，其规模高达 8.67 亿美元。第三，它从全球银行和债券市场大举借债。仅在股权方面，从 1995 年下半年到 2000 年的 4 年半时间里，伊克塞尔集团就在特殊目的基金和传统基金中募集了 7 只合伙基金，总金额超过 20 亿美元。

事后来看，这场募资狂欢的时机是有问题的。21 世纪初，阿根廷经历了一场金融危机，经济急剧下滑，货币大幅贬值，并且出现了恶性通货膨胀。但在这场金融危机出现之前，投资者却恰好有充足的资金。在第5章中介绍过几个例子，更能充分说明私募资本在这方面的起起落落。阿根廷的危机迫使该国许多最老牌的公司破产，更不用说那些通过高杠杆交易被收购的公司了。

但是，伊克塞尔集团激进的融资，进一步加剧了投资组合中的公司所遭遇的困难。其中一个情况就是当初为交易融资时要求使用的是美元计价的债务，这意味着当阿根廷比索贬值时，这些公司欠下的债务就会激增。

投资组合的规模与复杂性可能超出了基金管理人的管理能力。并且，伊克塞尔集团还有可能为了促成交易而为投资组合中的一些公司支付了过高的价格。假如伊克塞尔集团当初能够以更稳健的方式增长，虽然我们无法预测它的业绩可以做到多好，但我们很容易猜测，它的年化回报率至少会远远超过 -45.4%，也就是说，基金每筹得1美元，只有6美分的回报返还给了投资者。这一数据是Preqin记录的截至2017年3月31日伊克塞尔资本合伙公司的回报率。

基金规模增长对业绩产生了看似有害的影响，其背后是什么原因？这个问题很难明确回答。一种可能性是，随着规模的扩大，公司会变得非常难以管理。大量增加的投资，使得高级管理层更难追踪交易情况，也更难制定统一的质量标准。管理的资金增加了，但相应的合伙人数量却可能没有等比例地增加，这也会给公司带来压力。即使私募资本集团逐步地进行更大型的交易，回报也可能会受到影响。它们参与竞争的新市场可能变得更具竞争性，或者合伙人对市场动态根本不熟悉。

弗洛伦西奥·洛佩兹-德西拉内斯（Florencio Lopez-de Silanes）、卢多·法利普和奥利弗·戈沙尔格（Oliver Gottschalg）研究了250只私募股权基金的成长轨迹，他们的研究成果支持了上述这些猜想。[24]

他们发现，投资集团的投资组合越复杂（通常与增长相关），回报率就越低。特别是在投资组合已经激增的情况下进行的投资，表现非常不佳。规模效应带来的经济量级差异是巨大的：最不忙的10%的投资集团，其内部收益率（公开市场等价）的中位数为36%（1.65），而那些最忙的10%的投资集团，其内部收益率（公开市场等价）的中位数为16%（1.08）。

另一种可能性是，在规模增大后扩大基金投资组合的投资范围，也可能产生不利影响。投资单一行业的投资集团可能业绩表现更好。美国康桥汇世投资咨询公司的一份分析报告比较了在不同行业中，擅长专门投资此行业的基金和综合投资多个领域的基金，它们在进行相似投资时回报率的差别。[25]

分析结果表明，两者的业绩差异巨大：例如对医疗保健的投资，专门投资此行业的基金平均回报率为25.1%，而综合投资多个领域的基金的平均回报率为17.3%。类似的情况也出现在消费行业、金融服务行业和科技行业。

保罗·冈珀斯、安娜·科夫纳（Anna Kovner）和乔希·勒纳也对风险投资行业做了分析。[26]风险投资公司的成长和成熟，通常会导致投资组合中的公司涉及更多行业。这种现象不仅在整个风险投资集团中存在，也在每个合伙人负责的投资组合中存在。而且，投资组合越是多样化，其业绩表现越差。有趣的是，如果每一位合伙人都能抵制住自己进军不同领域的诱惑，而是专注于自己的专业领域，那么投资组合的多样化投资的影响就不会那么严重了。

当然，这些研究显示的只是总体趋势。有一些私募资本集团已经取得了相当大的成功。在这方面真正突出的是黑石集团，我们在第5

章中讨论过。当然，我们不能保证，黑石集团及其同行未来会继续获得成功。因为我们看到过许多投资集团在取得长期成功后“脱轨”，并遭遇困难。（毕竟，在21世纪之初，几乎没有人会料到雷曼兄弟、贝尔斯登和美林等标志性的金融机构会很快不复存在。）正如我们提到过的那样，代际传承、许多另类投资领域中常出现的未投资资本过剩，以及希望“单干”的机构的竞争压力，都是这些投资集团将面临的挑战。

因此，规模增长显然是一把双刃剑。考虑到公司利益和每位合伙人的利益，有充足的理由来增长。而且，在各行各业的公司中，都有例子表明这样做取得了诱人的回报。但与此同时，增长也明显存在大量的隐患。

那么，投资者不愿意拒绝基金扩大规模或提高费用的要求，又是什么原因呢？在某些情况下，新人可能并不真正了解，这个行业的某些特性到底存在多大的问题。员工也许担心，如果他们提出异议，可能会对他们将来在基金或中介机构中获得职位和加薪产生阻碍。在另一些情况下，他们也许担心，被外界冠以“积极分子”的名声会导致他们的公司接触不到最优质的基金。

应该指出的是，后一种担心是非常合理的。20世纪90年代中期，一个由9家主要养老基金组成的联盟曾试图对投资者与私募股权基金之间的关系进行彻底改革。他们委托威廉·M.默瑟（William M. Mercer）撰写的报告《私募股权投资的关键条款与条件》里，强调了许多令人担忧的问题，其中很多问题在20年后仍能引起业界人士的共鸣。[27]

例如，他们要求普通合伙人对基金的出资额超过传统的1%，希望这样能够更好地相互协作；要求明确和加强顾问委员会的作用；要求对合伙企业提前结束的条款进行修改，以赋予投资者更大的权力。虽然并不是所有的决定都切中要害，比如，他们提出的减少附带权益的建议可能会损害合伙关系，但总体而言，这份报告是严肃认真且思虑周全的。

直到这份报告发布之时，赞助这项研究的养老基金都还在为其可能带来的影响忐忑不安。正如一位匿名人士所言，“我们9家基金都在孤军奋战，因为我们不想在市场上被认为是难以相处的投资者”。[28]而这个担心正是事实，尤其是报告的主要赞助基金——加州公务员退休系统。多年来，业界一直认为这只庞大的养老基金是捣乱的激进分子，这限制了它进入理想的风险投资基金和并购基金的机会。

企业的传承

代际传承相关的棘手问题，是私募资本集团面临的第三个挑战。直到最近，主导私募资本领域的还是第一代企业：它们的创始人依然牢牢控制着经济命脉与决策权。这个现象也在一定程度上反映出这个行业还相对年轻，这一点在第5章中也提到过。直到2018年，一些规模非常大的集团才进行了重大变革，其中包括KKR公司、凯雷基金和黑石集团。

只要稍微了解一下，我们就能发现许多由于代际传承问题而导致失败的投资集团案例。[29]早在20世纪90年代末，行业观察人士就将戈德－托玛－克雷西－劳娜公司（Golder Thoma Cressey Rauner）拆分为多家公司的原因归结为：“将优秀合伙人拱手让给那些愿意分享股权的竞争对手的历史。”[30]最近，代际传承问题引起的内部压力似乎进一步加剧了。

据新闻报道，导致卡塞尔－哈兰公司（Castle Harlan）的总裁和指定继任者贾斯汀·温德（Justin Wender）离开公司的主要原因，就是“未来的所有权”。[31]尽管这家公司的早期基金取得了巨大成功，但2015年，在一场继承纠纷后，这家拥有28年历史的私募股权公司停止了募资。[32]韦斯顿－普雷西迪奥公司（Weston Presidio）在成立23年后，于2014年停止了募资，原因是一群合伙人离开公司，创办了一家新的投资公司。[33]

2015年，一位投资者对道蒂－汉森公司（Doughty Hanson）的消亡做出如下解释：“从历史上看，高管拥有全部权力和收益是有问题的，因此过去曾出现过不少分支企业。”而另一位选择不投资于该基金的投资者说：“我们一直不满意的一件事，是两位创始人与团队中其他成员的收入分配问题。据我所知，这确实在很大程度上导致了（员工）离职。”[34]同年早些时候，“英国私募股权投资界元老”查特豪斯公司（Charterhouse）也被曝光“产生摩擦事件，包括如何在员工中分配收益，和怎样将权力移交给新一代领导者”。[35]

由于合伙关系的不透明，以及个人贡献的难以衡量，创始人可能不能恰当地奖励其他合伙人，相反，自己却从公司中获得了过多的经济收益。许多事例表明，当非创始的合伙人离开公司开始创建自己的基金时，常常发现自己很难吸引到资金，因为投资者对这些合伙人的业绩“归因”感到担忧：他们过去的业绩表现，到底是因为他们的实力，还是因为他们以前所属的公司及其合伙创始人的声誉。例如，普罗毕塔斯合伙公司（Probitas Partners）指出以下情况：

即使一家公司有新兴的基金经理，也几乎没有投资者愿意支持他们，除非他们拥有成功的可追溯的私募股权投资业绩记录。但是，对新兴的基金经理的业绩记录进行审查，可能要困难得多……因为私募股权投资是一项合作性的工作，因此通常很难确定单个交易的责任，而且这个问题也许有着极大争议。[36]

由于投资者这种“锁定”效应，在许多情况下，年轻的合伙人也许会被迫不愉快地留下来——至少会等到他们建立了足够的知名度，有底气与投资集团分道扬镳为止。这种离职，在一定程度上向资产所有者揭示了投资集团所存在的问题，并使他们预见到，如果这样的离职越来越多，可能会导致集团将来能募集到的资金越来越少。尽管如此，创始人也宁愿从“更小的蛋糕中分得更大的一块”。也就是说，即使这最终将阻碍集团的长期增长，创始人也想拿走大部分的回报。

这样的模式，在我们研究的约 700 家私募股权合伙企业里都是存在的。当一家主要的机构投资者决定是否投资这些基金时，也会考虑到合伙制中的经济利益分配问题。在每个研究案例中，投资者都和我们分享了详细且高度敏感的数据，涉及基金的收益是如何在合伙人之间进行分配的，尤其是相关管理公司的附带权益和所有权的分配。

我们的分析得出了三个核心发现：

- 首先，即便是在最资深的合伙人中，基金收益的分配也远远谈不上均衡。相反，投资集团的创始人往往占据比较高的分配权重。如图 6.4 所示，一个具有代表性的创始人持有的附带权益份额，是一个具有代表性的非创始高级合伙人的两倍。并且，我们原本以为会起到重要作用的因素——个人投资者过去的业绩表现，实际上与收益的分配几乎没有关联。

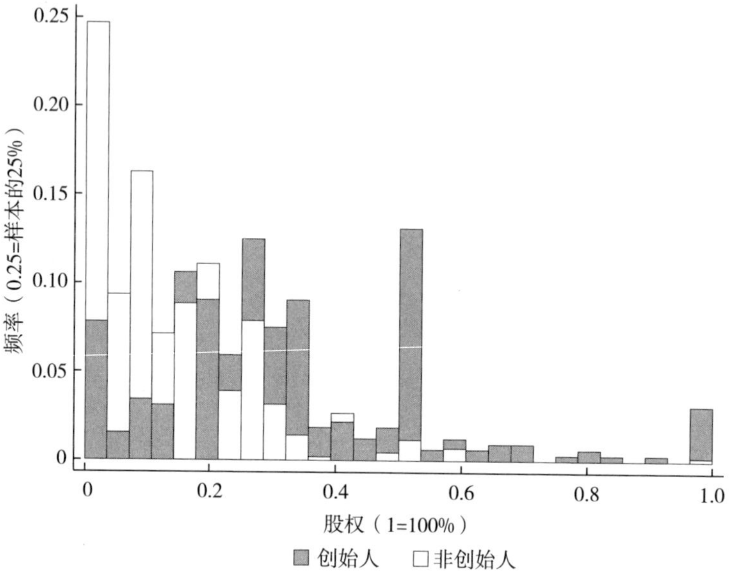

图 6. 4 创始人和非创始高级合伙人的所有权份额

- 其次，收益份额较小的高级合伙人更有可能离开合伙企业。在更广泛的层面上，收益分配越不平等的合伙关系似乎越不稳定，至少就初级合伙人的流动性而言是如此。大多数离职的合伙人仍留在私募股权投资行业，他们的投资记录与之前的合伙人一样成功，这表明离职的合伙人并不是业绩不佳、无法取得成功的人。
- 最后，合伙人的离职，对私募股权投资集团随后募集额外资金的能力产生了负面影响。

应该承认，在有些私募股权投资领域中并没有这种模式。一些投资集团不止一次地顺利实现了权力交接，无论是在接棒之前还是之后，其投资都取得了成功。大多数（尽管不是全部）的例子都集中在风险投资行业。

例如，红杉资本的领导权已经从唐·瓦伦丁（Don Valentine）传递到迈克尔·莫里茨（Michael Moritz），又接着传递到道格·莱昂内（Doug Leone）手中，该公司在风险投资公司的评级中依然常常名列前茅。凯鹏华盈（Kleiner Perkins Caufield & Byers）的最高领导者先是汤姆·珀金斯（Tom Perkins），之后是约翰·多尔（John Doerr），然后是泰德·施莱因（Ted Schlein）、贝丝·塞登伯格（Beth Seidenberg）和玛丽·米克（Mary Meeker）。收购集团的先行者克杜瑞公司（Clayton Dubilier & Rice）最初由其创始人共同领导，1991 年，乔·赖斯（Joe Rice）成为唯一的董事会主席兼首席执行官，1999 年由唐·果戈尔（Don Gogel）接任。[37]

有趣的是，许多已经成功实现领导层过渡的收购集团，比如贝恩资本和银湖等，在成立初期都对风险投资产生了重大影响，也许已经“润物细无声”般地影响了它们的“组织基因”。

为什么风险投资集团在管理这些转型方面特别成功？根据我们的调研，一种可能的解释是，在风险投资公司中，创始人通常会无偿放弃对公司的所有权，或是以退休基金的少量附带权益为交换来给出所有权。这种态度反映了一种观念，即高级合伙人在作为任职合伙人的那些年“挣得足够多”。当然，这种方法并非风险投资基金所独有。例如，马文·鲍尔（Marvin Bower）就曾为麦肯锡公司的一个基金会采用过类似的方案。[38]

然而，在许多其他私募资本集团中，大多数创始人的态度似乎是认为自己创造了一些有价值的东西，并希望为此获得回报。然而，他们所认为的价值，往往远超下一代合伙人能够或者愿意支付的价值。可能正是这些态度和局限，导致了前述的三个核心发现。

争议：治疗是否比疾病更糟糕

在过去 10 年里，这个难题引发了两种回应。两种回应都各有积极的方面，但也都产生了一系列的问题，并且已被证明是相当有争议的。在这里，我们是站在批评者一边的。

首先，从公开市场募集资金，这并不是一个新想法了。第 5 章的关键内容里就介绍过，早期的私募资本池通常被设计成公开交易的封闭式基金。但之所以采用这种结构是出于必要性，而不是人们的选择，因为大多数传统机构投资者不愿投资这类基金。导致这些基金在 20 世纪五六十年代处境艰难。

这在一定程度上反映了这样一个事实：往往是缺乏经验的投资者在市场顶部买入了这些股票。一旦最初的热情消退，这些基金的交易就从溢价变成了折价。而投资组合底层的公司就陷入了困境。结果包括：被早期对冲基金收购和重组，无法募集到后续资金，或是即使募集到了资金但代价是早期投资者的权益被大幅稀释。许多早期的公开投资集团最终被收购并破产。

其次，在 20 世纪 90 年代末的互联网泡沫期间也有这样的案例。互联网资本集团（Internet Capital Group，缩写为 ICG）、CMGI 公司和 MeVC 公司，都是募集公共资金进行风险投资的公司。一旦泡沫破裂，包括 MeVC 公司在内的许多基金，都在激烈的争吵和诉讼中分崩离析了。

另外，公开交易基金在欧洲也有悠久的历史。[39]我们在上一章中讨论了 3i 集团的故事。3i 集团于 1994 年在伦敦证券交易所上市，它采取了一种混合策略，既在公开市场进行交易（这些不会记录在公司的资产负债表中），也利用外部募集的资金进行投资。[40]

从2007年2月城堡投资集团（Fortress Investment Group）的首次公开募股开始，大批私募资本集团相继上市。它们出售管理公司的部分股份，而不是像之前一些集团经常做的那样，通过募集一只公开交易的基金。紧随城堡集团之后的是黑石集团（2007年6月）、KKR公司（2010年7月）、阿波罗全球管理公司（2011年3月）、橡树资本公司（2012年4月）、凯雷基金（2012年5月）、阿瑞斯资产管理公司（2014年5月）。

上市的过程无疑给私募资本集团提供了一些真正的好处（尽管并不总是给投资者带来好处）。其中最重要的好处，是促进集团内部的收购和创业投资。尽管非上市公司能够进行收购，也确实在这样做，但是毕竟需要合伙人自掏腰包，这限制了收购活动的步伐。

能募集大量现金，能发行更多易于交易的股票，使得各投资集团更加激进。比如：

- 探索新领域。KKR公司的资产负债表表明，其投资了之前从未涉足过的新领域，以发掘这些领域的潜力。例如，KKR公司投资了以色列软件和半导体交易，如Clicktale和Optimal+，为2016年7.11亿美元的下一代技术增长基金铺平了道路。（当然，这一投资策略能否成功，仍有待证实。）
- 进行收购以拓展新的产品线。2011年，凯雷基金收购了欧洲大型私募股权投资公司AlpInvest，专注于为机构投资者提供基金；黑石集团收购了拥有约80亿美元债务性基金的信贷机构GSO。GSO在随后的10年中发展迅猛。但也有一些收购的结果不尽如人意：例如，凯雷集团、KKR公司和黑石集团收购的对冲基金，业绩表现不好，都已关闭。

- 为新的运营提供种子基金。比如黑石集团的“战术机会小组”（Tactical Opportunities group），就做得非常成功且引人注目。该小组试图寻找出平台上现有基金还没有涉足过的投资，截至2017年年中，该小组管理的资产就达到了175亿美元。
- 提供缓冲。在募资困难的情况下，私募资本集团资产负债表上的永久资本为其抵御经济衰退提供了保护。2008—2009年金融危机后，许多集团都动用资产负债表来支撑陷入困境的公司，向这些公司注入资本，否则这些公司可能无法从别处募集到资金，或是要以非常昂贵的条件为代价才能募集到资金。

上市或许还可以让公司培养一种“一个大家庭”的企业文化。许多集团已改变薪酬方案，强调公司整体的权益，而不是个人为某只基金工作。从理论上讲，这种薪酬方案可以使员工把注意力集中在对公司整体有利的事情上，而不是对个人最有利的事情上，比如上文所述的类似于战术机会小组的合作，许多团队领导都积极参与其中。

领土观念可能是一种真正的危险。我们发现一些小组的薪酬方案是基于已完成交易来制定的，这会导致业内小组向投资委员会推销不达标的交易，隐瞒负面信息，希望交易获得认可。

同样丑陋的情况是，合伙人为自己保留了大量潜在交易，即使他们自己没有足够的精力来完成这些交易，也要阻止同事接近它们。虽然通过补偿一些股权，能在一定程度上缓解这个问题，不过上市，才是更优的解决办法。

但领土问题似乎也可以用其他方式来解决，比如让各方持有多只基金。此外，股价可能由许多因素决定，公司的成功只是其中一个适度的考虑因素。从历史上看，公开上市的私募资本集团的估值一直被大幅低估：例如，有人对1992年和2007年之间的97家上市的私募股权基金（主要是英国或欧洲基金）进行了一项分析，结果表明，它们的交易价格平均比内在价值低26%，这个被低估的幅度远高于封闭式共同基金。[41]

这些折价也影响了最近上市的私募资本巨头。例如，在2014年的“投资者日”（Investors Day），黑石集团认为，其股票价格应当高于每股100美元，而不是当时的31美元。[42] 2016年，凯雷集团联合创始人大卫·鲁宾斯坦（David Rubenstein）发表了如下看法：“我无法想象，为什么有私募股权投资公司想要上市……上市的私募股权投资公司的表现，几乎逊色于所有其他公开交易的股票。”[43]苏世民指出，市场似乎只看重黑石集团收取费用的能力，而不是从投资中赚取附带权益的能力：

> 从经验上看，这是荒谬的，但从心理上来讲，人们会认为这种事情永远不会再发生。勒布朗·詹姆斯拿下37分是个奇迹吗？不完全是……他是最好的篮球运动员。这家伙得分比任何人都高。虽然每次投篮是独一无二的，但随着时间的推移，仍然有球队会赢得比赛……这就像是我们的附带权益。[44]

当然，另一种可能性是，市场是正确的！特别是，结构的复杂性带来了实质性的问题。我们在这里强调三个问题。

第一个问题是有限合伙人与公众投资者之间底层的错位。合伙制结构的一个优点是每个人或多或少“都在同一条船上”。但是，一个上市的私募资本集团，好比是拥有两个主人的仆人。能够产生巨额回报的“本垒打”投资，对有限合伙人和公开份额持有人双方都有好处，但基金费用则不一样了。基金收取的费用越高，公开市场股东就越高兴，而有限合伙人则越生气。

值得一提的是，最近公开发行的私募资本集团都在寻求建立一种治理结构，来使公司免受公开市场压力的影响。特别是，专业投资人员被分配了带有额外投票权的特别股份，于是在任何可能进行投票的事项上，他们的投票权都超过了公开份额持有人。

我们在第5章中对黑石集团首次公开募股的招股说明书进行了讨论，里面说到，很多公司尝试向市场明确表明自己的长期发展方向。这样明确说明之后，更易于黑石集团管理层表达出他们不愿违背自身原则的想法。即便在2009年冬天，集团的股价与上市时相比下跌了90%的时候，也是如此。

虽然严格来说，普通的份额持有人可能也是合伙人，但基金管理人仍在掌控大局。通过这种方式，私募资本集团减少了来自对冲基金和潜在收购者的压力，而其他没有采用这些保护措施的公开交易基金则面临着这些压力。英国的私募股权投资公司依勒克拉（Electra）董事会和投资经理的更换，就说明了这一点。

第二个问题是上市可能会带来压力，从而造成错误的决策。历史上不乏这样的公司，为了安抚分析师和对冲基金，公司采取了灾难性的措施，事后却后悔不已。目前尚不清楚，私募股权能否免受这种诱惑。例如，在第5章中介绍的3i集团，偏离了原本作为业务重点的欧洲中端市场，而转向硅谷的风险投资，结果是灾难性的。这么做的原因是它想不顾一切地取悦投资者。

对大多数投资集团来说，面对压力还是会做出一些有害的决策，只是这些决策的后果没有那么严重。本章前面讨论的交易费就是一个例子：私募股权投资集团是否即将上市，似乎是导致费用上涨的驱动因素。2007 年申请上市（或曾考虑上市）的 3 个集团在前几年将监管费用提高了 55%，而另一组不打算上市的公司却在同一时期将这些费用降低了 32%。[45]

第三个问题，也是最令人担忧的问题，上市的过程通常从清算管理层的股权开始。管理者不希望把所有鸡蛋都放在同一个篮子里，这种想法是可以理解的。不过，正如我们在前几章中所强调的，私募股权基金的一个独特之处在于，需要有强有力的相互协作。而由于投资者很难监督普通合伙人的行为，所以他们必须依赖强大的激励措施，来实现良好的协作。当公司所有权越来越多地从专业投资人员手里，转移到机构和个人股东手里之后，这种一致协作就越容易瓦解。我们可能还会担心，随着持有大量股份的创始人年纪越来越大，他们对公司事务参与度的下降，以及最终他们的股份会传给继承人，也会让协作越来越困难。

或许正是因为这些问题，如今的潮流似乎已经变成了反对上市。尤其值得一提的是，2017 年，第一家上市的大型私募股权投资公司城堡投资集团成了第一家被收购的公司，这是一个戏剧性的逆转。[46]城堡投资集团成立于 1998 年，最初从事私募股权投资，后来也发展了对冲基金业务。

城堡投资集团在 2007 年上市当天，股价从 18.5 美元飙升至 31 美元。该集团表示，计划利用此次公开筹集到的 6.34 亿美元资金拓展另类的投资策略，如房地产、结构性债务和其他专门基金。

但是，该集团随后的表现令人失望。在金融危机期间，城堡投资集团因为未能及时退出次级贷款业务，以及未能解决其私募股权投资组合面临的挑战，蒙受了重大损失。金融危机之后，该集团在这两个领域的恢复程度都不及许多同行。

例如，根据 Preqin 的报告，城堡投资集团主要的 2004 年、2006 年和 2007 年私募股权基金——总计超过 100 亿美元资本——业绩都处在最差的 25% 之列，相关的共同投资基金也是如此。[47]

2014 年开始，城堡投资集团在对冲基金方面出现了严重的业绩问题，集团的宏观对冲基金开始走下坡路，当时许多同行也遭遇了同样的情况。这只宏观对冲基金曾一度管理着 81 亿美元的资产，但糟糕的业绩导致客户纷纷撤资，从而引起业绩进一步下滑。2015 年，城堡投资集团关闭了这只对冲基金，其主要负责人迈克·诺沃格拉茨（Mike Novogratz）也离职了。

黯淡的业绩和投资者的赎回给城堡投资集团带来了痛苦。2011 年和 2014 年的收益大幅下滑让投资者失去了信心。如图 6.5 所示，从 2010 年开始，尽管公开市场基准指数飙升，但集团的股价仍停留在首次公开募股价格的 20% 至 25% 之间。在此期间，集团的市盈率大多在

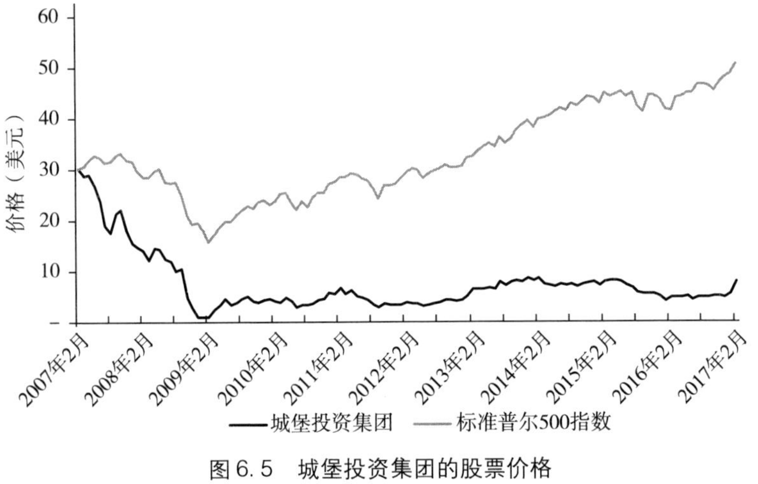

图 6.5　城堡投资集团的股票价格

注：将标准普尔 500 指数在 2007 年 2 月的价格标准化为 30.17 美元，这是城堡投资集团的首个交易月。

资料来源：根据彭博资讯的数据整理。

个位数。尽管集团采取了各种提振股价的策略，例如1亿美元的股票回购，但都未能激起投资者的兴趣。

在经历了10年挫折之后，城堡投资集团的创始人将公司卖给了日本软件和电信企业集团——软银。宣布的收购价格为33亿美元，虽然这个价格与当前市场估值相比有39%的溢价，但这与城堡投资集团上市时初始市值74亿美元，或者在首次上市几分钟之内高达140亿美元市值比较，完全是急遽下降。

尽管基金上市的热情似乎有所减退，但另一种方式却如雨后春笋般涌现：在私募交易中出售基金管理公司的少量股权。2016年和2017年上半年，这类交易发生了10多起。[48]尽管其中一些股权是由主权财富基金和养老基金承担的，但大部分交易活动还是由专门从事这类交易的基金推动的。

最引人注意的是，2017年，市场领军者迪亚尔资本合伙公司（Dyal Capital Partners）关闭了一只53亿美元的基金，而凯雷基金的AlpInvest、高盛公司的Petershill和黑石集团则正在募集或者打算募集资金。

对这些退出的主要批评，与对公开发行的批评非常相似。为了向管理公司的股东提供回报，私募股权集团可能需要采取一些不符合有限合伙人的最大利益的措施。正如一位愤愤不平的投资者指出的，“公司要将它们的资产翻倍，才能让数学计算发挥作用”，退出这种方式并不一定是获得高回报的秘诀，这一点我们之前也讨论过。“有限合伙人不希望普通合伙人把注意力放在出售少数股权上，这会迫使公司想办法来增加其管理的资产，以确保这样的交易对这些少数投资者来说是有价值的。”[49]

结语

正如第 3 章所述，我们必须带着谨慎的态度结束本章节。在投资管理中，发现问题要比真正去解决它们容易得多。虽然这里列出的一些问题很复杂，但是发现问题只是其中最简单的部分。

一个可能的解释是，私募资本领域过于偏向于基金管理人，这肯定会得到一些业内批评人士的认同。[50]他们会争辩说，对投资者而言，最好的策略就是远离市场。尽管我们尊重这些批评人士，因为他们坚持不懈的努力，确实在这个行业中发现了有问题的行为，但是我们不能同意这个结论。我们相信，这些问题是可以解决的，一个更强大的行业将会产生。我们将在第 7 章中重点探讨这一内容。

第7章
私募资本合伙制的新思考

PATIENT CAPITAL

The Challenges and Promises of Long-Term Investing

我们在本书的前言中曾强调，私募资本模式是一种非常强大的模式，对于解决广泛的社会问题非常必要。当然，这些问题只会影响行业的一些方面。许多私募资本集团已经成功地在较长时期内，为投资者带来了有吸引力的回报。我们相信，可以利用它们的相似之处创造一个更好的行业。

在本章中，我们就如何优化私募资本模式提出一些建议。这些建议涉及基金的组织结构、管理方式、业绩评估以及私募资本管理人的薪酬。我们对近年来看到的创新与变革感到鼓舞，在提出建议时也讨论了这些变化的迹象。

我们首先来看两家公司。这两家公司都试图以非常规的方式进行私募资本投资，都强调了不同的思维方式所蕴含的机遇。它们一个是非常“老派”的公司，有着良好的记录，另一个是前途无量但前程未卜的后起之秀。

接着，我们会将目光转向我们认为最有机会变革的四个领域：基金的组织结构、管理、业绩评估和薪酬。

行业标杆和行业新贵

比尔·埃尔弗斯于1965年创立了格雷洛克风险投资公司，他曾是美国研究与发展公司的第二位员工。[1]目睹了美国研究与发展公司在公开市场上的艰难处境后，埃尔弗斯在创立自己的公司时避开了这条道路。当时许多其他风险投资集团都采取了单一有限合伙人的方式，例如，文洛克创投完全由洛克菲勒家族支持，柏尚风险投资公司完全由菲普斯家族支持。但埃尔弗斯却对单一有限合伙人的方式不感兴趣。相反，他效仿了加州一些领先的投资集团的做法，比如德雷珀－盖瑟－安德森公司以及戴维斯 & 洛克公司的做法，与多家投资者建立了有限合伙企业。埃尔弗斯从6个家族那里筹集了1 000万美元，随着时间的推移，格雷洛克风险投资公司的规模越来越大，投资者类型也越来越多，包括更多的家族基金和顶尖的大学捐赠基金。

在接下来的几十年里，格雷洛克风险投资公司把自己打造成了全球顶尖的风险投资企业之一。该公司的主要投资对象包含生物技术公司、通信公司、软件公司和互联网公司，比如阿维德技术公司（Avid Technology）、大陆有线电视公司（Continental Cablevision）、普莱莫计算机公司（Prime Computer）、红帽公司（Red Hat）、史赛克公司（Stryker）、泰瑞达公司（Teradyne）、联合健康保险公司（United Healthcare）、顶点制药公司（Vertex Pharmaceuticals）以及热布卡公司（Zipcar）等。格雷洛克风险投资公司虽历史悠久，但也做到了与时俱进，投资范围从美国东北部扩展到全球各地。2009年，在成功投资脸书（Facebook）和领英（LinkedIn）等公司的激励下，公司将总部从波士顿搬到了加州的门洛帕克。

从率先投资于有线电视提供商，到开创性地投资于社交媒体，格雷洛克风险投资公司是如何在这么长的时间里取得如此巨大成功的？当然，它的长期运营反映了其投资选择的质量，以及公司员工的能力。但在更深的层次上，公司从成立之初就做出了一些有助于塑造自身的基本选择。

格雷洛克风险投资公司取得成功的一个确定性要素是，强调与有限合伙人的协调和沟通。虽然许多私募资本集团在营销材料中也这样说，但它们的实际行为——正如我们在第 6 章中指出的——往往与说的不一样。

格雷洛克风险投资公司的哲学有几种表现形式。一是将基金规模限制在能够真正成功部署的范围内。正如埃尔弗斯 1994 年评论过的：

> 目前，一些对资产收取 2% 至 2.5% 财务费用的大型风险资本池，过于强调普通合伙人的收入，而不是资本收益。规模大小并不能产生业绩，普通合伙人经验的广度和深度却可以。[2]

二是免除了管理费，通过协商达成预算。这一原则于 1965 年编入其最初的运营计划，并一直保留至今。格雷洛克风险投资公司在其网站上介绍称："我们每年与有限合伙人会面两次，分享运营预算的细节以及对未来基金表现的预期。我们不向公司管理者分配额外的费用，而是将费用返还给有限合伙人。"[3]

这种方式下，并不意味着格雷洛克风险投资公司的管理者穷得叮当响。和硅谷的精英一样，该公司收取 30% 的附带权益。可以肯定的是，2004 年投资领英所获得的回报非常有吸引力，领英在几年后最终又被微软以 260 亿美元的价格收购了。他们做出的其他"本垒打"的漂亮投资交易，回报也非常好。

因此，采用这种结构，除了能节省有限合伙人的费用，关键的好处在于确保人人团结一致，都朝着相同的目标前进。让所有人“同在一条船上”，消除人们对“管理者是否不顾投资业绩，而只关心自己能否变得有钱”的担忧，其重要性怎么强调都不为过。

三是经常与有限合伙人举行会议。在公司成立的头10年里，每月都会召开一次董事会，由有限合伙人的代表组成。虽然董事会没有决策权，但这些会议让投资者非常详细地了解了格雷洛克风险投资公司投资组合的情况，到底是处于顺境还是逆境。后来，公司减少了会议次数，转而采用其他方式沟通，但时至今日，与投资者沟通仍是格雷洛克风险投资公司的一个重要品质。

四是关注公司内部的继任问题。早在1976年，这种态度就很明显，当时埃尔弗斯决定辞去格雷洛克风险投资公司的董事长兼首席执行官一职，由丹·格雷戈里（Dan Gregory）接任。埃尔弗斯在做出这一决定时，受到了之前在美国研究与发展公司的经历的影响。过去，乔治·多里奥特一直执掌美国研究与发展公司，直到1972年将公司卖给了德事隆，当时他已经73岁高龄了。而在公司被出售之前的几年里，许多优秀的投资经理纷纷从美国研究与发展公司跳槽到竞争公司，包括富达投资（Fidelity Ventures）、帕尔默合伙公司（Palmer Partners），当然还有格雷洛克风险投资公司。埃尔弗斯在自传中这样写道：

> 我曾多次被问及，是否过早地交出了控制权和更大的财务权益。也许吧，但我不这么认为。从财务角度看，我后来的（外部投资者）身份是有回报的。此外，风险合伙组织的环境不仅仅涉及金钱。应当尽快给富有成效的年轻合伙人更多的责任和认可。[4]

这种理念一直延续到今天。关于代际传承问题的处理，在格雷洛克风险投资公司的网站上有这样一段描述："我们将传承规划作为公司的优先事项，并大力投资于新管理者的发展。我们明白……我们如何对待自己的团队，直接体现了我们将如何对待我们支持的企业家。"[5]

和格雷洛克风险投资公司相比，另一个不太知名的公司是蒂埃斯河投资公司（Teays River Investments），总部位于印第安纳州的首府波利斯，专门从事农业交易。[6]很显然，这家公司并没有格雷洛克风险投资公司数十年的业绩记录，但就像久负盛名的格雷洛克风险投资公司一样，蒂埃斯河投资公司也表现出了逆势而为的意愿，决心建立一个有利于长期投资的组织。

蒂埃斯河投资公司的前身成立于2006年。在探索了许多不同方案之后，包括无基金结构和传统的有限合伙人结构，2012年，公司管理者决定尝试一些不同的东西。他们对之前的基金结构不满意的原因与他们所持有股份的性质有关。这个团队并不像许多同行那样仅仅专注于农业的某个细分领域，比如持有农田或拥有一家分销公司。不同点在于，他们采用的投资方法需要识别整个农业生产链，这在投资领域里是很少涉及的。然后选择一个合适的初始投资，以此作为一个平台，精心组建管理团队，来拓展公司的广度和深度（用经济学的说法，就是"横向和纵向整合"）。

考虑到这一过程的复杂性和持续性，以及商品价格的波动会让何时卖出更加具有灵活性，公司管理者意识到，采用另一种模式会更理想。于是，他们与高素质的投资者一起进行了重组，并设计了一种有助于他们所持有的资产长期运作的组织形式。特别值得一提的是，他们募集了逾10亿美元的新资本，将大部分投入投资池中。把基金重新设置为一家没有明确结束日期的经营公司。通过这种方式，他们可以在没有时间压力的情况下进行长期投资。

作为这一变革的配套措施，蒂埃斯河投资公司还引进了许多其他重要且彻底的创新。其中最重要的就是公司治理方面的创新。公司成立了董事会，包括4名大投资者（新公司的股东）、2名独立的外部人士，以及首席执行官理查德·海德曼（Richard Haldeman）。

董事会拥有广泛的权力，包括审查年度预算（与格雷洛克风险投资公司一样，交易费基于实际发生的费用），以及决定是否退出交易并将资金重新投资于另一笔交易，等等。事实上，假如董事会的绝对多数成员同意解散公司，甚至可能导致公司解散。

董事会，尤其是投资者，在管理公司方面发挥的这种积极作用，与其他几乎所有的私募资本集团形成鲜明对比。例如，在黑石集团，专业投资人员占据了董事会12个席位中的5个，其余席位由独立董事占据（投资者并未占据）。在首次公开募股时，黑石集团的内部人士拥有87.3%的投票权。在这方面，它们和另一些已经上市的集团相似：例如，阿波罗全球管理公司首次公开募股时，将86.5%的投票权赋予了内部人士，KKR公司是75%，橡树资本是98.2%。[7]

蒂埃斯河投资公司还引进了一系列其他创新举措。考虑到这些资产的长期性质，人们一直担心的一个问题是，如何确保那些因环境变化，需要离场的投资者的流动性。因此，公司制定了一套程序，优先将股份出售给管理公司，其次是其他股东，出售的价格是投资者和管理者通过一套客观程序每年共同制定的。类似地，公司还设计了另一套程序，基于3年以上的投资业绩，来奖励投资团队，其中，期权授予数量视净资产收益率而定。蒂埃斯河投资公司投资的是能产生正现金流的业务，这使得评估和流动性问题更容易解决；如果公司投资的是现金流为负的年轻初创企业，挑战可能会更大。

正如前面所提到的，格雷洛克风险投资公司的模式已被证明是有效的，但蒂埃斯河投资公司由于相对年轻，而且投资组合具有长期性，其模式还有待验证，起码几年内还得不出结论。蒂埃斯河投资公司的模式也可能还会变化，例如，随着时间的推移，外部董事在董事会中所占的比例可能会增加。尽管如此，它还是凭借符合其长期目标的创造性，以及深思熟虑的创新措施脱颖而出。

建立投资灵活性

关于私募资本行业，一个有趣的难题是，尽管有很多的融资变化和创新，但其自身的结构却非常稳定。这一点在合伙制结构方面体现得最为明显，这是我们将在本章探索的 4 个存在变革机会的领域中的第一个。

我们在第 5 章中曾提到，将基金的生命周期设在 8 ~ 10 年期，在很大程度上是借鉴于早期的合伙制，从那时起，这种模式就一直伴随着我们。如今，对于大多数集团来说，10 年期基金的生命周期已经演变为每隔 3 ~ 4 年就募集一次资金的小规模基金，这会带来快速配置资金的压力，但同时也能给潜在投资者提供退出窗口以打动他们。

在某些情况下，这个数字也许很有意义。例如，许多社交媒体公司，要么迅速获得成功，要么失败。事实上，确实有许多公司在成立后几年，要么关门歇业，要么被出售。但在许多其他情况下，我们看到一些公司过早地被推向公开市场，或被出售给别的公司。

生物技术领域就是一个明显的例子。美国医药研究和制造商协会

（Pharmaceutical Research and Manufacturers Association）报告说，一种新药的开发和获得批准，至少需要10年的时间，耗资数十亿美元。[8]因此，即使不确定市场估值会是多少，也不确定新药最终是否能开发出来，绝大多数生物技术公司在其产品面市之前就已经上市了。另一个例子是基础设施领域，该领域中的项目由于规模庞大，往往很难出售，而这些项目通常具有几十年的生命周期。

但这不仅仅是特定行业才存在的问题。举一个普通行业中的公司的例子——八点钟咖啡公司（Eight O'Clock Coffee）。[9]这家咖啡公司由大西洋与太平洋茶叶公司（A&P）所有，A&P是一家陷入困境的美国杂货连锁企业，已经没有能力投资这项业务。而八点钟咖啡公司由于自身处在垄断地位，已经无法卖给其他作为竞争对手的杂货公司。此外，消费者渴望便利，没有耐心按照传统方式在店里研磨咖啡豆。

2003年，当时处于破产边缘的A&P将八点钟咖啡公司卖给了私募股权投资集团鹰头狮投资公司（Gryphon Investors）。鹰头狮投资公司对其进行了大规模的运营改造，包括建立新的信息技术系统、为员工设立激励措施、强调咖啡质量的改进，以及推出大型营销活动。3年后，鹰头狮投资公司又将八点钟咖啡公司卖给了塔塔全球饮料公司（Tata Global Beverages），获得了十分诱人的3倍回报。

在接下来的几年里，塔塔全球饮料公司获得了不错的回报，这还要归功于鹰头狮投资公司对八点钟咖啡公司的改造。由于消费者对质量改进的认可（例如，八点钟咖啡公司赢得了《消费者报告》的“最佳购买”评级）、社会趋势（2008年后，关注成本的消费者增加了在家喝咖啡的次数），以及产品创新（例如，与绿山咖啡公司/克里格公司合作推出单杯咖啡），八点钟咖啡公司的销售额大幅增长。到2014年，八点钟咖啡公司的年收入占塔塔全球饮料公司年收入的18%。鹰头狮投资公司的一位管理者看到八点钟咖啡公司的发展后，说他们“本来是想留着它，但不得不卖掉它”。

这种现象还反映出一个事实，多年来，将公司出售给另一家私募股权公司，一直是私募股权交易进行退出的主要方式。如果买家觉得这笔交易很有吸引力，这意味着“柠檬里藏着更多的柠檬汁”，而前面的第一个买家没有榨出来。在某些情况下，第二个买家可能拥有第一个买家不具备的一系列能力，比如，当行业中一家规模不大的专业化公司，将其股份出售给一家规模大得多的私募股权基金时，后者可能会向该公司注入更多资本。

但是很多涉及公司出售的交易中，投资集团都是大体相似的。举例来说，福贾塞克公司［Fojatasek Companies，后更名为中庭门窗（Atrium Windows and Door）］是第二次世界大后成立的一家得克萨斯州家族企业。[10]最初是被家族收购企业海瑞得合伙公司（Heritage Partners）收购，然后被得克萨斯州太平洋集团买下，接下来，于1998年被纽约收购公司阿德希尔（Ardshiel）和通用电气资产管理公司（GE Asset Management）收购，最后被卖给肯纳公司（Kenner & Company）。但是对肯纳公司来说，遗憾的是，当金融危机来袭时，它买下的这家公司的杠杆率已经很高了。

2010年进行重组的时候，公司被要求引入了新的投资者——金门资本（Golden Gate Capital）。在重组期间，福贾塞克公司的债务从超过6.5亿美元，削减到更容易管理的3亿美元。但是，如果当时厨房里只有一两名厨师而不是6名，福贾塞克公司说不定也能取得这样的成绩，甚至是更好。因为这样会少了很多干扰，少了银行与法律相关费用，也少了对普通合伙人的补偿。

在学术文献里也描绘了一幅类似前两段讨论的微妙场景。弗朗科斯·德乔治（Francois Degeorge）、延斯·马丁（Jens Martin）和卢多·法利普的研究表明，有少数二次收购的业绩表现不佳，是由于买家迫于时间压力要把资金赶紧投资出去。其他收购则业绩不错，尤其是当买卖双方拥有互补的技能时。[11]

想要解决这个问题，人们自然就会想到，使基金的时间期限具备更大的灵活性。无论是做什么投资，都没有理由把大多数基金的投资期限限定在8到10年。对于私募基金管理人来说，灵活性的好处显而易见。这种结构可以通过更长时间地锁定资本，来减少募资过程的痛苦和极度低效。

此外，无论业务是否足够成熟，投资计划是否被充分执行，市场条件是否达到最优，都不存在提前退出投资的压力。因此，资金被闲置的风险就小了。这也可能会吸引一些企业接受拥有这种基金的私募资本集团的资金，否则，这些企业很可能并不愿意与使用传统基金结构的投资者打交道。

对于这些基金的投资者而言，也存在着巨大的优势。如果一笔投资由某个投资集团持有15年，而不是三个投资集团，那么交易费可能更低：公司的每次出售都会触发向中介机构，通常是私募资本集团，支付交易费。这种方法也避免了第三个或第四个买家在支付了极高的价格后，不得不执行极端激进的财务与战略决策，以期望获得足够的回报。此外，这样的基金将使得私募资本集团的时间框架更好地与企业的时间框架保持一致。

我们已经看到了一些这样的例子。近年来成立的第一种试验基金是生命周期较长的基金，通常期限为15年或20年。这些基金通常以较低的费用和附带权益吸引投资者。例如，一些投资集团收取的费用为当前投资资本的0.5%到1%（而不是基于所有资金以及更高比例，所有资金包括了已募集但尚未被投资的资金），以及10%到15%的附带权益。不过，与此同时，许多此类基金的目标回报率也比较低。

这方面的一个例子是阿特拉斯合伙公司（Altas Partners），这是一家总部位于多伦多的公司，由安德鲁·希纳（Andrew Sheiner）创立。[12]他之前在加拿大收购巨头奥奈克斯公司工作的时候，对收购天厨公司（SkyChefs）取得的成功印象深刻。奥奈克斯公司对天厨公司控股了15年，将其打造成了全球最大的航空餐饮公司之一。

2012年，希纳和联合创始人一道，募集了一只非正式的初始基金，并在2016年募集了一只后续基金，每只基金的规模总计10亿美元。阿特拉斯合伙公司的一个显著特点是进行少量大额押注，每只基金的交易不超过5笔。该基金有权持有这些投资，最长可达17年，从而给予它们在较长期内实现价值最大化的自由。在它们最初的交易中，包括投资于一家盐业公司和一家验光师服务提供商，公司管理者都很赞同希纳“拥有一个更稳定、更长期的资本合伙人”的想法。[13]

在这方面走得更远的是常青基金。常青基金实际上源于一个古老的理念，可以追溯到成立于1962年的萨特希尔公司（Sutter Hill）、成立于1980年的泛大西洋资本集团（General Atlantic）和成立于2000年的金门资本。

近年来，克兰米尔（Cranemere）、马弗里克（Maverick）和公共养老基金资本管理公司（Public Pension Capital Management）等集团也加入了常青基金的行列。通常这些基金的运行周期为4~5年。在每个周期开始时，投资者承诺向基金提供一定数量的资金。

在接下来的几年里，基金管理人进行投资，根据需要从有限合伙人那里取用资金。交易完成后，资金要么由基金再投资，要么返还给投资者。在4~5年的期限届满时，投资者可以选择退出，或是修改在下一个 4 ~ 5 年周期内的承诺投资金额。同时在这些时间节点上，也会确定好这些交易的价格。投资集团采用各种方法来确保价格是公平的，例如，由有限合伙人组成的咨询委员会负责审查和批准提议的评估结果，以及运用独立的第三方审查规模最大或最有争议的交易，等等。

但是，这些基金在很大程度上仍然是例外。可以说，它们所面临的挑战是人们不愿意募集或投资于长期基金。对于私募资本集团来说，最重要的是薪酬问题。对那些已经成功的资深合伙人而言，加入某只生命周期较长的基金或许是不错的选择，但是，对于那些在该基金工作的年轻的专业投资人员来说，要等上 20 年才能拿到第一笔真正的分红，这并不是一个有吸引力的选择。

一种可能性是模仿对冲基金，在交易退出前，根据专业投资人员所创造的价值来支付薪酬。但正如我们强调的，对私募公司进行估值是一项棘手的工作。此外，在投资者看到任何利润之前，向私募资本专业人士支付巨额薪酬的过程，很可能会让那些关注激励机制的有限合伙人血压升高。最后，初级投资者可能想要与一项无可争议的成功投资联系在一起，这样有助于巩固他们在业内的声誉。而私募类型的投资可能无法给他们带来渴望的知名度。

最近的一种表现与黑石和凯雷等大型集团的发展趋势有关：它们倾向于募集生命周期较长的基金，与传统基金一起投资。这两个集团坚持认为，它们能够成功地把“速成股”投资于传统基金，同时把需要较长时间才能创造出价值的低收益股投资于长期基金。这种方式下，如何进行严谨的分类是人们所担忧的，不过这个担忧是可以克服的。

优化管理

我们认为，期限灵活或者长期的基金想要取得成功，就要在管理上进行改革。我们一再强调，尽管私募资本提供者在管理其投资的公司方面是专家，但他们与自己的投资者之间的关系却问题重重。投资者作为有限合伙人，不仅控制权极为有限，而且在行使这些权利时可能是痛苦的。

海湾合伙公司（Bay Partners）的例子说明了这一点。2010 年，该公司 3 名年轻的合伙人因不满高级合伙人的行为而辞职。[14]（这是一个警告信号!）这 3 名合伙人是在之前几位合伙人由于投资失败而离开（或者被解雇）之后，新加入公司不久的合伙人。这让公司的情况不太稳定。更重要的是，该基金投资组合中的公司虽然前景不错，却仍处于早期阶段。所以，即使在理论上，有限合伙人可以使用各种各样的工具，比如根据“关键人物条款”规定的权利以及触发“无过错离职”的能力，但对他们来说，抢救这只基金是一项极其耗时的工作。

事实情况是，投资者对基金的管理能力可能受到很大限制。人们只需要走进一家大型养老基金中负责私募股权业务的典型专业投资人员的办公室，就能了解这个问题：他们很可能正被成堆的推荐文件和季度更新资料所包围。许多养老基金，无论是企业的还是公共的，都对成本保持着极其谨慎的关注。

这不仅会影响运营费用（正如我们在第 4 章中讨论的），还会影响员工安排。这些养老基金中的许多高管都面临着一项重大挑战，那就是要努力跟上新投资流入的步伐，更不用说对现有投资组合的关系进行合理的监督审查了。

在管理方面，还有一个复杂的地方在于通常采用的有限合伙制结构。有限合伙人之所以是“有限的”，是因为他们的损失不能超过他们的投资金额。但是，有限责任也是有代价的。比如，如果捐赠基金在基金运作中过于活跃，可能会被认为自愿放弃了它的被保护地位。[15]所以，投资者自然会对任何使他们过于接近这条底线的活动保持警惕。

尽管存在这些限制，但仍有许多可以进行而且应该进行的变革：如果基金要求将投资者的资金冻结数十年，那么让他们在关键决策上拥有更多发言权对成功至关重要。蒂埃斯河投资公司就是一个例子。

另一种方法可能是，随着基金到期，降低有限合伙人干预的障碍。在许多合伙协议中，如果没有充分的证据证明普通合伙人存在不当行为（这一点很难证明），那么有限合伙人想要解雇普通合伙人的话，门槛非常高，成本也相当高。如果能调整有限合伙人和普通合伙人之间的合伙协议，这样在基金到期时，认定“无过错离职”的门槛降低了，可能是让投资者对长期持有基金感到安心的一种方法。

还有继承问题，也是有限合伙人和普通合伙人之间必须讨论的一个关键方面。正如我们在第 6 章中讨论的，在考虑这些问题时，私募股权行业还处于相对早期的阶段，尤其是和风险投资相比。有限合伙人应当在这些讨论中发挥重要作用，因为他们在其中也有相当大的利害关系。

业绩评估

正如我们在第 3 章中强调的，第三个重要问题是，投资者无法获得准确计算的业绩数据。计算投资回报的其他方法，导致许多“垃圾科学”被当作业绩数据呈现给投资者。从本质上来说，不精确地评估业绩，好比成功的投资集团对业绩表现不佳公司的补贴。

从这个意义上说，私募资本与大学十分相似，大学的分数膨胀非常严重，以至于平均分数都成了 A⁻。在这样一个世界里，受害的当然是那些最认真努力、最有才华的学生：他们的卓越成就与其他同学相比就不突出了，而其他同学则经常参加联谊会，喝着鸡尾酒，根本懒得看书学习。

自然而然想到的一个解决方法就是建立一个核心机构，负责制定关于如何计算业绩的明确规则。美国机构有限合伙人协会在这方面做出了初步的努力，这是一个由大型投资者组成的行业协会，为业绩报告制定了宽泛的指导方针和报告模板。另一个致力于规范评估投资业绩的组织是 AltExchange 联盟，这是一个非营利性的私募股权行业联盟，一直致力于确立、维护和推广单一的数据报告标准。

但是，由于评估投资业绩是一项复杂工作，这些机构也只能做到制定宽泛原则和模板了。由于每个私募资本集团各不相同，这就需要以不同方式计算业绩。考虑下面几种情景：

- 在成立基金之前，某个集团可能已经累计完成了大量交易，它也许希望将这些业绩与基金完成的交易一并记录下来。
- 另一个集团可能觉得，它早期的一些大型投资主要由共同投资者提供资金，但如果它拥有更多的资源，就会由基金来提供资金。因此，投资集团可能争辩说，它的业绩记录中应当包括全部的投资额度。
- 还有的集团可能在自己的专业领域之外进行了一些实验性交易，结果并不理想，于是建议将这些交易排除在计算范围之外，理由是这些交易属于“非核心”交易。

其中一些要求也许是合理的，其他的要求则不然。例如，在第三种情景之中，站在投资集团的立场，想要将这些公司的交易排除在外，是由于这些交易的性质确实不同于它们所做的其他交易，还是因为这些交易的业绩不佳？这些复杂的因素使得确立某种“一刀切”的业绩评估程序变得极具挑战性。

考虑到宽泛指导方针的局限性，一种替代的方法是让第三方来进行评估和排名。康桥汇世咨询公司等咨询机构已经着手评估其客户正在考虑的机构。再进一步的话，就是对个别普通合伙人的业绩进行分析，且将分析结果记录在案。

在这方面，债券评级机构既是一个榜样，也是一个警示。主要的评级机构——惠誉、穆迪和标准普尔——被授权为投资者提供关于各种债券发行质量的可靠建议。投资者之所以需要这些评级机构，正是由于债券发行方面存在严重的信息不透明问题。投资者往往难以评估，某个复杂的安全问题是不是一个好问题。从理论上讲，评级机构应该能够承担评估某个发行的债券是否具有吸引力的重任，并克服这些信息不透明的问题。并且，一旦收集了这些信息，就可以与成百上千的投资者分享，从而避免了大量重复工作。

但正如今天人们所熟知的，在 2005 年前后，评级机构出现了问题。坦率地讲，它们最终对高风险证券的评估过于乐观，这些证券其实底层涉及高风险抵押贷款，结构并不稳定。结果，依赖评级来购买证券的投资者损失惨重。

此外，这些过于乐观的评级，远远不是无心之过那么简单。人们把原因归结到三大评级机构采用的“发行人付费”的模式上，发行债券的公司承担了原始评级和后续监管的全部成本。

在许多情况下，评级机构还提供咨询服务，以便从发行者那里获得更多收入。而发行者也发现评级机构给出的良好评级非常有价值（许多机构投资者不允许持有评级排名低的证券）。这些评级情况，公众和投资者是可以免费获取的。

正如大量事后分析指出的，这种结构，再加上评级机构自身的管理层和投资者对利润的需求，给评级机构带来了巨大的压力，迫使它们放弃自己的使命。[16]同时也放弃了对这种行为的各种检查，比如这是否会影响其声誉以及未来业务的发展。

一个可能的解决方案是成立一个或多个非营利性机构来进行这些评估，如此一来，商业压力可能减小一些。这种做法在技术领域是很常见的，技术领域里常常面临协调新技术的复杂问题。毫不夸张地说，数以千计的标准制定机构正试图代表电信、计算机和软件等行业的技术研发者和用户的利益。这些机构制定和批准的标准无处不在，比如允许个人通过无线网络进行无缝通信，以及允许制造商通过复杂的全球供应链采购产品。

不难想象，一个由投资者和基金管理人共同监管的类似机构，可以扮演一个公平评估和认证基金回报的中介角色。将这种评级机构定位为一个非营利性实体，可以缓解一些评级机构的财务压力，避免误入歧途。类似这样的评级机构可以进行一系列的投资回报计算，并反复证实其准确性，可以在很大程度上解决业绩评估的神秘和含糊不清的问题。

与此同时，技术标准化的经历还是有些曲折的，所以这个做法也需要谨慎。[17]特别是制定标准的机构，即使是往好了说，为确保有秩序地发展和部署新技术所付出的努力，也是困难重重，充满挑战的。尤其在大多数技术领域，有多个制定标准的机构都试图通过发布一种新方法来扬名立万。这种竞争可能导致“比比谁更差”。

如果某个标准制定机构一丝不苟地履行其职责，可能严重惹恼某项重要专利持有者。例如，标准制定机构可能决定不采用专利所在公司提出的技术方法，从而导致公司损失数百万甚至数十亿美元的许可收入。或者，如果标准制定机构把专利包含在标准中，可能过于强烈地坚持要求企业履行其对标准制定机构的承诺，以合理的价格许可其专利。

在这些情况下，标准制定机构经常受到影响。尤其是当专利持有者可能找到另一个标准机构，后者更愿意使用他们的技术，或者不限制他们专利授予许可的自由。在极端的情况下，有的公司如果不认可机构制定的标准，或者认为这些机构在执行商定的承诺时过于谨慎，就会试图进行破坏，或让机构的认证资质被取消。[18]简而言之，我们不能指望标准制定机构自己制定规则，也不能指望在规则制约之下的强大公司愿意配合。

同样的困难，可能在私募股权投资领域显现出来。如果由一个单一的机构来评估回报，它可能扮演诚实的中间人角色。否则，认证机构之间的竞争，哪怕是非营利性机构之间的竞争，也可能产生有害影响。做错事的压力很可能使认证机构的评估过程出现扭曲。虽然我们对这样一个机构的前景充满热情，但设计和执行，才是真正的问题所在。

构建薪酬体系

这个话题是最敏感的。允许投资集团在基金结构上拥有更大的灵活性，将对投资者和基金管理人都有帮助。同样，对业绩评估提出更加明确的规定，至少能使一部分业绩优良的私募资本公司受益。但是，涉及在有限合伙人和普通合伙人之间分配收益，几乎肯定是件伤感情的事。实际上，正如我们在第6章中讨论的，即使基金规模已大幅扩大，尽管在基金管理中存在规模经济，但私募资本集团的薪酬模式几乎没有改变。

人们的担忧主要集中在管理费和交易费上。正如我们看到的，这些费用本身成为大公司的主要利润来源。但是，这样稳定的利润可能会导致一些错误的激励方向：试图募集更大规模的基金，即使这样做的代价是回报率降低；为了能更快速地募集起基金并快速地把资金投出去，而促成一笔不达标的交易；为了降低特许经营权被破坏这样的明显失败的可能性，而采用过于保守的投资方式，导致基金业绩不怎么增长。

让目前的方式显得尤其糟糕的，是另一种很有吸引力的模式，那就是风险投资集团过去采用的运作方式。德雷珀 - 盖瑟 - 安德森公司等早期风险投资集团每年都会与投资者协商预算。风险资本家列出预期的花费与工资，并且和有限合伙人就这些开支达成一致。预算费用将用来支付这些成本，不作他用。虽然像格雷洛克风险投资公司等少数“老派”的集团还在坚持采用这种方式，但这些都只是例外，而不是惯例。

这种协商费用的方式大大减小了以业绩为代价来实现增长的诱惑。反过来，协商一致应当能带来更优异的业绩。但是，这种经过充分验证的方法仍然很少被采用。20年前美世咨询（Mercer）的报告中提出的异议似乎仍然有效：

> 我们调查的大多数普通合伙人都对预算费用持非常负面的看法。

他们发表的评论包括：担心有限合伙人将对合伙企业进行微观管理；协商的预算没有很好地利用时间；预算创造了“成本加成”的思维。还有的批评说，“我们的预算是专有信息（只有少数人才看得到）”。[19]

这份报告没有提及的是，一份经过协商的预算，可能使得财富从普通合伙人流向有限合伙人。即使不是伊丽莎白·沃伦（Elizabeth Warren）的信徒，也会觉得这样的转变可能是合适的。沃伦是一名激进的参议员，美国商会（US Chamber of Commerce）认为，她“对自由企业构成了更大的威胁”。[20]正如第3章介绍的研究中强调的，无论某些基金的业绩有多么出色，过去10年，私募股权的总体业绩一直落后于市场。

不过，即便某项变革没有改变投资者和基金管理人之间的利益分配，如果能实现降低费用和提高附带权益，也可能是十分有益的。激励措施更加一致，应该让人们关注真正重要的东西：为投资组合中的公司增加价值和创造财富。

薪酬领域的另一项改革时机已经成熟，那就是最低预期回报率。最低预期回报率保证了投资者能最先获得回报。也就是说，如果最低预期回报率为比较常见的8%，那么当投资者获得的收益在8%之前，都不收取附带权益（当然这中间还是会有一些费用的）。超过8%之后，普通合伙人就可以提取他们的收益，直到获得附带权益的全部份额。

对一只成功的基金而言，最低预期回报率的方案不会影响支付给各方的总金额。唯一变化的是，投资者能更早地获得回报。但对于一只业绩不佳的基金而言，将不能获得附带权益这部分的收益，因此支付给普通合伙人的费用比例会发生变化。

如今，绝大多数私募股权基金的最低预期回报率是8%，房地产基金的最低预期回报率是9%，[21]而大多数风险投资基金不采用这种方式。随着时间的推移，人们已经不清楚，当初为什么要设立这样的最低预期回报率了，但之所以这样设置，可能是因为它反映了20世纪80年代初流行的政府债券利率。在那个时候，私募股权合伙企业已变得普遍起来。当然考虑到如今的通货膨胀，这是一个“较高的”利率，因此基金管理人也在努力降低这个利率。

但更重要的是，私募资本通常是一种股权投资，而且风险相当大。在我们看来，合适的最低预期回报率应当接近13%或14%：也就是说，年回报率应该能够公平地补偿投资者所承担的风险，至少在最近的大部分学术研究都是可信的情况下是这样。这样的改变将使各方更好地协调一致。

结语

正如我们在前言中强调的，改变私募资本行业的运作方式是一项艰巨的任务，因为这种改变牵涉多方面的工作，以及各种各样的激励方式。尽管存在这些挑战，近年来还是出现了初步变化的迹象，这是令人鼓舞的。在这一章中，我们强调了一些变革时机成熟的领域，也提供了各种建议可供尝试。

第8章
直接投资的优势与挑战

PATIENT CAPITAL

The Challenges and Promises of Long-Term Investing

我们在前面章节深入探讨了投资者和基金所面临的挑战。在本章，我们将讨论如何将这两个角色联系在一起：投资者创建内部团队来直接进行投资。

如今，各种类型和规模的投资者都在拥抱私募资本直接投资这种方式，比如与风险投资基金一起共同投资一家初创企业，或是主权财富基金收购了一家通道公司。一些统计数据说明了这一点：

- Preqin 发现，有 50% 的受访者正在积极或适时地进行共同投资，还有 22% 的受访者正在积极考虑这么做。将近一半的受访者计划增加投资活动，只有 2% 的受访者预期将减少投资活动。[1]
- 这些投资活动规模增加的另一个迹象是，据私募股权咨询公司 Triago 估算，2009 年至 2015 年期间，传统基金的投资资本总额增长了 78%。与此同时，流入“影子资本”——也就是共同投资、单独交易以及各种不同类型的独立账户等——的资金增长速度是前者的两倍，达到 155%。[2]
- 直接投资的增长在独立投资者的报告中也很明显，例如加拿大

> 养老金计划投资委员会的投资组合从 2006 年的不足 5 亿加元，增长到 2017 年超过 500 亿加元。[3]

很少有人能摆脱直接投资的诱惑。家族办公室、养老基金和主权财富基金等纷纷表现出对直接投资的兴趣。即使小型家族办公室没有足够的议价能力来主动商议共同投资权，但是当大型私募股权公司发现自己需要额外的资金来完成一笔交易时，也会邀请它们参与共同投资。

共同投资的吸引力是可以理解的：这是对另类投资优势的承诺，几乎没有我们在第 6 章中强调的基金的缺点。此外，许多私募资本支持的公司和项目，比如阿里巴巴和优步（Uber），从根本上改变了数百万人的生活，也要依赖于共同投资，因为这些突破性的投资往往完全不符合传统的基金结构。

但是，正如我们在这里所强调的，这些项目是否总是（或者通常是）取得共赢，我们还不得而知。导致机构和家族办公室难以在最佳时机选择最佳基金的结构性缺陷，同样也会导致单个交易无法成功进行。在本章中，我们将探讨直接投资的优缺点，并提出一些关于单独投资的建议。

为什么要进行直接投资

在直接投资行业的历史进程中，投资者进行直接投资的主要途径有两种。第一种是通过共同投资。在这种情况下，私募资本集团向自己基金的投资者，提供基金中正在进行的某个交易的一部分。换句话说，这允许选定的投资者更深入地接触到基金的一些投资。这样的安排有几个潜在好处。

首先，与基金投资不同，投资者可以选择加入或退出额外投资。在基金投资中，基金管理人有权对投资者的承诺资本，选择自认为合适的投资去向，同时也要遵守合伙协议中的一般限制。例如，基金协议中可能规定了禁止投资赌博业或葡萄园，或是不能对任何单一交易投入超过20%的资金。这种“选择加入”的特征对很多投资者来说很有吸引力，因为他们可能更加倾向于某些行业和地区，在行业和地区里他们需要有更多的曝光。

不过，进行直接投资的主要理由是降低管理成本，因为共同投资通常具有更有利的经济效益。这一点很有吸引力。因为近年来传统私募资本基金，尤其是考虑到非流动性和风险，回报率不尽如人意。很多人把这直接怪罪于附带权益和交易费用（如第6章中详细讨论的）。

例如，据奥利弗·戈沙尔格和卢多·法利普估算，对于典型的基金而言，总回报率和净回报率之间的差距约为每年6%，这是由费用和附带权益引起的。[4]如表8.1所示，每年6%的回报率差距，在50年之后会让投资者的财富相差13倍。如果投资者能够绕过这些高额的费用，通过直接投资来获得费前收益，那他们在私募资本方面的许多问题将得到缓解。

表8.1　年投资成本6%对财富的影响（费用和附带权益）

投资期限（年）	总回报（不包括费用与附带权益）	到期时的财富（A）	净回报（扣除费用和附带权益）	到期时的财富（B）	财富差距（A/B）
5	20%	250万美元	14%	190万美元	1.3倍
10	20%	620万美元	14%	370万美元	1.7倍
50	20%	91亿美元	14%	7.002亿美元	13.0倍

注：假定初始投资为100万美元。

在共同投资的协议中，投资者可以在不收取费用或没有附带权益的基础上进行投资，或者是另一种近年来越来越普遍的做法，只支付投资金额几个百分点的预付费用，以及少量的利润分成。虽然这种方式不如全免费，但是相比合伙企业的“2 和 20”方案，还是很有吸引力的。作为所支付费用的交换条件，投资者受益于有个“老大哥”——私募资本集团——愿意承担担任董事会成员并指导战略决策的重任。

通常情况下，在共同投资中，私募资本集团会保留自己决定何时出售公司的权利。即使共同投资者想要投资更长时间，投资集团通常也会行使“强制出售权”（drag-along rights），以确保每位股东都进行卖出。这一规定对私募资本集团非常重要，因为公司收购者通常希望把一家公司全部买下来。但正如我们之前讨论过的，私募资本集团也可能希望在投资者退出之前就退出。

在实践中常见的进行直接投资的第二种途径是“单独”投资。在这种情况下，投资者独自或与其他投资者联合起来，把资金注入公司。这样一来，投资机构或家族办公室完全不向私募资本集团寻求咨询和帮助，因而节约了成本。

对投资者来说，这种投资方式的自主权最大：可以根据自己的判断决定何时进入和退出交易。能自由选择持有一项投资多长时间可能是一个真正的优势，尤其是投资于收费公路或桥梁等长期资产时。这样，养老金或家族办公室就不用在投资合伙人出售时被迫出售，而是可以持有这些资产二三十年或者更长时间。

此外，投资者无须向任何合伙人支付费用或附带权益，不过，当然需要奖励那些负责挑选投资项目并监督投资过程的员工。尽管养老金为内部投资管理支付的薪酬有所增加，但这通常比聘请外部投资管理机构要便宜得多。[5]

应该指出的是，这两种基本模式通常有许多变换的方案。一些最老练的投资者，例如加拿大养老金计划投资委员会和安大略省教师养老基金等，越来越多地寻求“共同领导”，而不是共同投资。也就是说，它们从一开始就与私募资本公司一同参与对交易的分析，而不是毫不费力地加入一笔几乎快要完成的交易。

不管怎样，这些投资通常都带有神秘色彩。追踪观察私募资本颇具挑战性，而在与传统基金结构不同的直接投资中，这一点体现得最为明显。比如主权财富基金、大学捐赠基金、家族办公室，甚至许多养老基金等机构，通常没有义务向外界披露其直接交易的性质或业绩。虽然资本智商（Capital IQ）数据库列出了一些此类交易，但似乎是特意挑选出来的。投资者似乎更热衷于吹嘘自己的成功，而不是谈论自己的失败，这也是人之常情。

因此，要对直接投资得出明确的结论，我们的能力多少有点有限。但是，从我们的案例编写、研究和与投资者的合作中，可以重点总结一些经验教训，比如直接投资的主要挑战是什么，以及如何应对这些挑战等。

直接投资有哪些挑战

人们可能认为，作为一种投资策略，直接交易是件轻而易举的事情。同时，人们也许觉得，共同投资特别有利：如果一家机构能跟基金一样，投资到同一个交易中，但付出却少些，有什么不好的呢？

遗憾的是，答案是“有很多不好”。这有点违反你的直觉吧？在这种情况下，有三个问题尤其会浮现出来：

- 由于存在各种限制、缺乏财务经验，以及共同投资中的逆向选择，导致无法进行好交易的选择。
- 无法在内部制定适当的激励措施，以吸引优秀的管理人员，并确保实现投资目标。
- 难以解决投资者在目标上的相互冲突。

我们来依次探讨这些问题。

交易选择

对于希望进行直接投资的投资者而言，根本的问题在于，选择合适的直接交易绝非易事。这个问题包含几个方面。

第一个方面是，交易的选择并不是一张白纸（可供你自由发挥）。许多投资集团在可考虑的投资类型方面，受到很大的限制，而这些限制可能是自我强加的。例如，某个伊斯兰国家的主权财富基金，也许希望避免与酒精或赌博相关的投资，这是可以理解的。但是，这些政策可能走向极端。例如，截至 2011 年，加州公务员退休系统已就环境、社会和治理（Environmental，Social，and Governance，缩写为 ESG）等问题采取了 111 项不同的政策声明，所有这些，都限制了资金的投资方式。[6]

同样地，政治考虑可能会阻碍有前景的投资。这个问题不仅局限于主权财富基金。一个引人注目的例子，是加拿大养老金计划投资委员会拟收购新西兰的奥克兰机场 40% 的股份。[7]

人们可能以为，加拿大和新西兰都是英联邦成员国，有着相似的历史，两个国家的居民会亲如兄弟。此外，在诸如“世界上声誉最好的国家”之类的排名中，加拿大一直名列前茅。[8]所以，很难想象养老金机构会采取一些双重政策，来推行加拿大的全球霸权。尽管如此，当加拿大养老金计划投资委员会打算以高于市场估价 50% 的价格收购奥克兰机场 40% 的股份时，还是引发了强烈的抗议，最终，这个项目被政府阻止。

在某些情况下，出于政治上的考虑，导致一些投资集团无法进行有吸引力的投资；在另一些情况下，投资集团进行了本不应该进行的交易。后者的一个突出例子，是挪威在 20 世纪七八十年代的经历。[9]

那些年，石油价格飙升，挪威政府从北海（North Sea）众多的钻井平台中获得了一笔巨额的意外之财。这笔资金大部分被立即用于直接投资，其中一些被用于基础设施建设和增加社会福利。例如，挪威重建了良好的道路和桥梁系统，并向所有居民提供免费医疗和高等教育。虽然这些支出能够产生良好的社会反响，但直接的投资回报却非常有限。

与此同时，在剩余的大部分资金中，有很大一部分被用于濒临破产的行业，比如挪威的造船业。挪威政府的资金支持，使得这些造船厂得以继续运营数年，但是，随着整个行业的生产环节转移至亚洲，即使有政府支持，也无法扭转行业不可避免的下滑趋势。

其他投资于新企业的资金则流向了负责分配资金的议员或者议员的亲朋的囊中。此外，在 20 世纪 80 年代中期，石油价格暴跌时，这种大肆支出政府石油收入的政策，给公共部门和私营部门的财政带来了混乱。挪威政府的石油收入从 1985 年的 112 亿美元（约占挪威国内生产总值的 20%）下降到 1988 年的 24 亿美元，由此导致的公共投资的缩减和信贷的紧缩，致使许多银行倒闭。经济的衰退还导致了前所未有的私营企业破产潮。

即使在没有投资限制或政治考虑的情况下，糟糕的投资选择及其破坏性后果的例子也比比皆是。许多资产管理机构，本质上是非营利性机构或政府机构，这些机构的领导层可能既没有接触过投资领域，也没有认识到投资的复杂性。事实上，他们在其他领域获得的成功，可能令他们在交易选择方面变得比较傲慢，这是致命的。此外，在许多情况下，他们可能看到的是好比“残羹冷炙”的交易，也就是另一些经验丰富的投资机构在选择时没有考虑的交易，这让犯错变得更容易。我们很快会探讨这些问题。

这方面最明显的例子，或许就是波士顿大学的耻辱经历，该大学将2/3以上的捐赠资金，投入了一家由教职工领导的生物技术公司——塞拉根（Seragen）。[10]做出这一投资决策的，是该校富有远见，但常常专横的校长约翰·希尔伯（John Silber），他拥有哲学博士学位。

在做出这一选择时，市场对这家公司的前景已经发出了负面信号：当时，波士顿大学从几家独立风险资本投资者那里购买股份，而这些投资者在几轮融资之后已经得出结论，认为塞拉根公司的前景没有吸引力。但是，该公司的使命是研发一种有可能治愈癌症的新型药物，希尔伯认为这样的使命十分重要，于是下定决心继续投资。

1987年至1992年期间，波士顿大学至少向塞拉根这家私营公司提供了9 000万美元，1995年和1997年又增加了1 700万美元的债务融资。（相比之下，在启动这项投资的财政年度，该校获得的全部捐赠只有1.42亿美元。）希尔伯自己也投资了这家公司，并成功说服了几十位董事、管理人员、朋友，甚至退休的教职工参与投资。他能够说服身边的人参与投资，本身也是该学校组织文化的一种体现，一位观察家将其形容为“与17世纪君主政体下的宫廷一样，朝臣们争相讨好王室”。[11]

尽管塞拉根公司成功完成了首次公开募股，但其产品却屡屡让人失望。10年前导致风险投资者离场的同样问题仍然存在：癌症的复杂性使得该公司设计治疗方法的努力看不到成果。1997年年底，波士顿大学的股权价值仅值几美分，同时还面临着针对其财务管理不善的公共调查，在此压力之下，波士顿大学清算了这笔投资，仅变现了约400万美元。

这笔巨额的单一投资给原本就负债累累的大学造成了巨大损失。人们也许会猜，这个失误会导致希尔伯引咎辞职。但结果相反，他还被任命为马萨诸塞州教育委员会主席！以上只是讨论了交易选择问题的一个方面：投资者。但是，共同投资中的交易选择问题是一个“双面问题”，因为只有一部分投资项目可以使用共同投资，而这些并不总是最好的投资！

是什么促使基金管理人决定开启一项共同投资的特定交易？下文将描述我们自己的研究成果，但是，共同投资项目面临的逆向选择问题并不是一个新问题：2001年，乔治·阿克洛夫（George Akerlof）、迈克尔·斯彭斯（Michael Spence）和约瑟夫·斯蒂格利茨（Joseph Stiglitz）获得了诺贝尔经济学奖，三位学者的获奖理由是，他们的研究成果表明，在有着广泛信息问题的市场中，可能会出现一些“柠檬问题”。[12]共同投资确实是一种带有重大信息问题的交易。当私募资本集团已经在这些交易上开展了数月甚至数年的工作时，共同投资者常常需要在数据室仔细研究大量信息，并且在两周内决定是否要投资。

薪酬结构

我们已经强调了许多投资集团在招募专业投资人员来选择基金时所面临的困难。对于交易者而言，薪酬方面的挑战更大。说白了，如果投资者只能支付黑石集团或KKR公司1/10的薪酬（甚至更低），就很难招募并留住一支投资水平与这两家公司相当的团队。并且，如果薪酬低于市场水平也可能引发普遍不满，因为前1%和前0.01%的收入者之间的收入是差不多的。

遗憾的是，这方面的例子比比皆是。哈佛管理公司（Harvard Management Company，缩写为HMC）负责管理哈佛大学357亿美元的捐赠基金，在过去十几年一直困扰于管理不善和战略不稳定的问题。[13]虽然这种混乱背后的一系列问题不能归结为某个单一的因素，但很明显，关键经理人的薪酬一直是个重要问题。

杰克·迈耶（Jack Meyer）曾被《波士顿环球报》称为“哈佛10亿美元富翁”，在他掌管哈佛大学捐赠基金的任期内，基金从1990年的47亿美元增长至2005年的226亿美元，年化回报率为15.9%。与耶鲁大学捐赠基金的模式不同，迈耶创立了一种混合型投资管理方法，不仅将资金分配给外部管理人，还将捐赠基金相当大的一部分用于内部投资。

1974年，哈佛大学捐赠基金成了哈佛大学的全资子公司（哈佛管理公司）。因此，哈佛管理公司可以构建自己不同于大学的薪酬结构。于是，迈耶确立了有吸引力的薪酬水平——当然，与大学的薪酬标准截然不同。高业绩开始与高收入齐头并进。

例如，2003年，戴维·R. 米特尔曼（David R. Mittelman）由于管理29亿美元的国内债券，获得了3 410万美元薪酬；莫里斯·塞缪尔斯（Maurice Samuels）由于管理21亿美元的国际债券，获得了3 510万美元薪酬。应当指出的是，这两个人的业绩都远超基准指数。米特尔曼和塞缪尔斯分别为哈佛大学捐赠基金增加了7.77亿美元和5.8亿美元。

这些薪酬数字的公布，点燃了一根缓慢燃烧的导火线。在诸如内亚和阿尔泰学委员会、浪漫语言与文学系等如此超凡脱俗的院系里，教员们义愤填膺。而且，在1969届的嬉皮校友中，有人写了一篇批判文章，发表在哈佛大学校报上，并最终被全国性的主要报纸转载。随之而来的争议，最终导致哈佛许多重要投资者离开，包括迈耶的离职。哈佛愿意投资由离职员工建立的新基金（不过是以对学校有利的条款），这可能加快了投资员工的离职。

如此一来，哈佛大学捐赠基金走到了一个极具挑战性的时期。在迈耶之后，不停地走马换将：在接下来的11年里，捐赠基金换了4位全职负责人，以及4位临时负责人。负责人的频繁流动不仅对投资员工造成了干扰，还导致投资策略不稳定。

几位负责人都纠结于一个问题：哈佛的混合模式应该保留多少？每个人的答案都不一致。毫不意外，人员长期快速流动，导致哈佛在这一时期的表现落后于顶级同行。不过，2017年年初，随着曾担任哥伦比亚大学捐赠基金首席投资官的N. P. 纳维卡尔（N. P. Narvekar）的上任，哈佛大学捐赠基金翻开了新的篇章。

从哈佛大学捐赠基金的经历中很难得出一个明确的结论。从某种意义上讲，哈佛从其投资人员那里得到了“优惠”的说法是合理的。因为正常情况下，如果外部管理人投资的基金能产生同样的业绩，哈佛就要向他们支付多得多的钱，20%的利润都要归基金管理人所有。

想一想加速合伙公司（Accel Partners），拥有脸书30%的利润份额，从脸书获得了近60亿美元的资本收益。（尽管脸书创始人马克·扎克伯格曾是哈佛大学的学生，但哈佛大学捐赠基金并不是脸书的早期直接投资者。）

然而，内部团队的薪酬远比支出的交易费用更引人注目。作为一所大学的附属机构，哈佛管理公司必须在提交给美国国税局的990表格中，报告其支付给投资团队的薪酬数额。而捐赠基金，和绝大多数其他投资者一样，只需要报告其基金投资的净回报，而不用报告以费用和附带权益形式支付的总金额。[例如，请参阅迈克尔·桑德尔（Michael Sandel）关于将市场导向的思维注入传统生活的各个方面所产生后果的思考。[14]]

值得注意的是，过去十几年的发展，证实了人们对哈佛管理公司薪酬的一些担忧。首先，有些人——尽管不是所有人——曾经在哈佛这把伞下取得了极大的成功，但在他们离开哈佛后，却表现得明显不那么成功。这种模式表明，他们的成功，在很大程度上可能是由前雇主提供的管理结构和财务支持所造就的。

这种观点的典型代表是索伍德资本（Sowood Capital），该公司创始人杰弗里·拉尔森（Jeffrey Larson）在2004年之前一直负责哈佛管理公司的海外股票业务。[15]从哈佛管理公司出来后，拉尔森大胆地对他的基金进行杠杆化操作（包括哈佛管理公司在内的外部投资者投入的30亿美元股本，被加上了180亿美元的债务）。几年来，这种策略行之有效。但是，一旦市场在金融危机之前开始承受压力，索伍德资本的套利策略就失效了。

2007年春，随着投资组合的价值下降，放贷机构开始要求拉尔森提供更多的抵押品。由于拉尔森无法满足要求，于是被迫将其投资组合贱卖给了另一家对冲基金，这给哈佛带来了3.5亿美元的损失。不过，即便是由哈佛大学捐赠基金前负责人杰克·迈耶于2006年高调创立的凸性资本管理公司（Convexity Capital Management），近年来也举步维艰。[16]

麦肯锡公司2015年为哈佛大学捐赠基金制作的一份内部报告再次

证实了这些担忧。报告里强调，根据优异业绩而发放的奖金的规模，与落后于同行的基金业绩之间，存在矛盾。[17]报告指出，在许多情况下，奖金发放的基准“容易达到，前后不一致，而且经常被操纵”——换句话说，好比“跑得慢的兔子”。

哈佛大学捐赠基金的经历展示了各种各样的问题，每一个都不容易解决。对一个非营利性组织来说，给 5 名个人发放 1 亿美元的年度奖金，甚至这个奖金是在他们的真实“市场价格”上打了折扣之后的，可行吗？捐赠基金是否会招募不那么昂贵的人才，然后对他们进行内部培训？或者，这样的发展战略是否会让捐赠基金因为糟糕的投资选择而面临太多风险？这种员工策略无论如何都是可行的吗？一旦员工成为优秀投资者，用什么来防止他们跳槽？投资者在内部进行这类投资有意义吗？

对于西方国家的公共机构来说，设定有竞争力的薪酬更加困难，因为这些国家的媒体可能过于热切地追求轰动效应。这方面的挑战可以通过观察加拿大养老金计划投资委员会的经历来证实：[18]事实上，如今的加拿大养老金计划投资委员会的设计者创造了一种结构，允许公共养老金享有独特的自由，包括完全在加拿大公务员制度范围之外设定工资和奖金。该委员会吸引了一支高素质的投资团队，其中很多人是加拿大人，他们渴望在华尔街工作一段时间后回国工作，这样就能拿到数百万美元的奖金，能在多伦多生活，并在舒适的环境中工作，为国家发展做出贡献。

时任首席执行官马克·怀斯曼说：“我们不是开出最高工资和奖金的公司，但我们不受政府工资标准的约束。我们支付公平的市场薪酬，甚至对员工也有类似的附带权益薪酬……我们的工资级别相差不大；我们不仅没有失去人才，还得到了以前从未想过可以获得的人才。”[19]

但是，实施这一薪酬方案颇具挑战性。加拿大养老金在金融危机期间损失了近19%的价值，因为提议在2008—2009年向4名高管发放总计700万美元的奖金而遭到严厉批评。《多伦多星报》（*Toronto Star*）刊登了领导层及其薪酬明细的照片。[20]反对派的政客很快就大肆渲染。例如，新民主党领导人杰克·莱顿（Jack Layton）指出："我不知道他们怎么能够看着镜子里的自己而不感到羞愧，然后接受加拿大人数百万美元的支票，却只拿出如此可悲的投资业绩。记住，他们的薪酬已经比许多人都高很多了……比最高法院的法官还高，比总理还高。"[21]

该机构的解释是：（1）薪酬方案基于为期4年的业绩，而且是相对于市场调整基准的业绩；（2）2008—2009年的薪酬较前几年减少了30%。但公众根本不买账，不论是因为这件事情的复杂性，还是害怕政治上的热炒，董事会最终下调了薪酬政策。

但在2013年，吉姆·里奇（Jim Leech）、马克·怀斯曼和罗恩·莫克（Ron Mock）再次跻身收入最高的养老金CEO前三名，他们都代表加拿大的公共养老金。安大略省教师养老基金的负责人吉姆·里奇，以年薪740万美元高居榜首。[22]同年，美国最大的公共养老金加州公务员退休系统的首席执行官安妮·斯托波尔（Anne Stausboll）的收入仅略高于40万美元。

与哈佛管理公司的情况一样，加拿大养老金计划投资委员会领导层的大部分人最终都去了其他公司。举几个例子，该基金前首席执行官马克·怀斯曼离职后，成为黑石集团的高级常务董事和全球投资委员会主席；前高级常务董事马克·詹金斯（Mark Jenkins），在凯雷基金担任高管；前高级常务董事兼全球私募投资主管安德烈·鲍邦奈斯（André Bourbonnais），出任公共部门养老金投资委员会的首席执行官；前常务董事兼主要信贷投资部门负责人亚当·维格纳（Adam Vigna），加入了激进的股权管理公司萨加尔德资本（Sagard Capita）。[23]虽然这样的人员流动不可避免，但近年来的变化速度表明，在薪酬受到限制、受到媒体密切关注的公共环境中，留住投资人才将面临一些挑战。

总之，在非营利性组织或公共部门中，为直接投资团队设计适当的薪酬方案，可能十分困难。但根据我们的经验，许多家族办公室完全是在公众和媒体的视线之外运作，尽管如此，也在为同样的问题苦苦挣扎。

管理

上述关于交易选择和薪酬结构的讨论，自然而然引出对管理的讨论。

正如我们已经强调的，许多基金的投资委员会和管理委员会都太急于追随当前的热门交易。在许多情况下，董事会成员——无论是学校教师代表、当地银行行长，还是成功的企业家——都具有投资热忱和奉献精神。但是，要成功地掌控某个长期投资计划，光有这些还不够，还需要团队整体的技能与经验，而不是某个个人的。

长期投资计划以及直接投资决策的管理，其复杂程度差别巨大。有些家族数十年来一直投资于某些行业，这些行业往往与它们自己持有的资产密切相关。这一点毫不奇怪，家族成员和专业投资人士经常会带来大量的专业知识、投资纪律和共同的理解，来完成这项任务。相反，我们遇到了另一个极端的投资者：例如，某家主权财富基金的投资团队缺乏交易经验（甚至没有接触过私募资本），于是期望私募资本集团以某种方式为其带来大量有吸引力的交易。

然而，如果没有目睹决策制定的过程，要区分出哪些结果是直接投资项目的有效管理所带来的，哪些结果是直接投资项目的无效管理所带来的，的确不容易。因此，我们在此以更高层次的视角，基于我们与方莉莉（Lily Fang，音译）共同研究的成果，讨论上述三个问题——交易选择、薪酬结构和管理。

为此，我们与 7 家大型投资者合作，它们为我们提供了 1991 年至 2011 年所有直接投资的详细现金流。[24]在此期间，这些投资者投入了 230 亿美元，进行了 391 项直接投资，从早期风险投资，到大规模并购基金。约 140 亿美元以共同投资的形式进行，剩下的 39% 是单独交易。这些投资者包括来自北美、欧洲、亚洲和澳大利亚的最富经验的投资机构。

当我们深入研究它们的投资结果时，得出了关于这个神秘领域的 4 个令人惊讶的结论。第一，直接投资扣除费用后的业绩，与普通合伙投资的业绩差别不大。而直接交易时费用和附带权益都要比合伙投资时少，这意味着，如果比较扣除费用之前的总收益，直接投资的业绩要更差一些。如果投资者想通过直接投资来寻找免费午餐，那似乎并不存在！

第二，风险资本交易中的直接投资，业绩远逊于收购交易。对于沙特阿拉伯的 PIF 等机构来说，这种差异可能是个坏消息。2016 年，该基金向优步直接投资 35 亿美元，优步当时估值高达 625 亿美元。

为什么对风险投资公司的直接投资会特别少？一种可能性是，这些投资更难估值。对成熟的公司和现有的基础设施资产进行的投资，都拥有现金流，可以进行合理直接的估值分析。但风险投资完全是另外一回事。

以优步为例，尽管其估值一路飙升，但还是从 2011 财年“仅”亏损 2 000 万美元，发展到 2017 年第三季度，单季度亏损 15 亿美元。[25]为了证明优步当前的估值是合理的，我们需要做一些假设，比如这家公司需要多长时间才能实现盈利？它将占领多大的市场份额（例如，它的业务范围会局限于叫车服务，还是进入卡车运输和食品配送等领域，才会取得成功）？无人驾驶汽车等新型创新会给其现有的商业模式带来巨大的机遇，还是致命的威胁？这些问题的答案并不容易寻找，却对风险投资取得成功至关重要。

直接风险投资的业绩不佳，另一种可能的解释是这些交易的时机。在收购交易中，各方通常在同一时间以相同价格进行投资。当然，这并不是灵丹妙药——只要问问那些急切地挤进投资者的队伍，迫切地想与 KKR 公司和得克萨斯州太平洋集团共同投资于得克萨斯州公用事业公司（TXU）的投资者就知道了，这家公用事业的巨头，在天然气价格下跌的情况下，轰然倒下。

但至少，“所有人同时进入池中”的方法，避免了风险投资交易中相关的问题，即风险投资家主导着以相对较低的估值完成早期投资，而后期价格较高的投资留给共同投资者。

再来看看优步的例子。由传统独立风险投资集团牵头的最后两轮融资是在 2011 年，当时，基准资本公司（Benchmark Capital）领投了 1 100万美元的一轮，对优步的估值为 6 000 万美元，门罗风险投资公司（Menlo Ventures）领投了 3 700 万美元的另一轮，对优步的估值为 3 亿美元。[26]

但是，一旦优步的估值超过 10 亿美元，风险投资者就把股权交给了其他人：像谷歌和微软这样的公司，像富达投资和惠灵顿（Wellington）这样的公共基金管理机构，以及来自印度、俄罗斯、沙特阿拉伯、卡塔尔和英国等不同国家和地区的个人、企业、政府等投资者组成的群体。

考虑到各轮融资的入市价格存在巨大差别，不同类别的投资者的回报率存在巨大差异，也就不足为奇了。早期的内部人士可能会比后来的机构做得好得多。因此，这并不奇怪，2018 年 1 月，当软银集团试图以上一轮融资估值的七折，从现有投资者手中购买股权时，急于出售并锁定盈利的最早期的投资者，尽管面临许多不利因素，却依然利润丰厚。[27]

第三，随着时间的推移，业绩恶化的幅度非常大。例如，20 世纪 90 年代进行的交易，年回报率比 Preqin 全球私募股权的基准高出约 5%；而到了 21 世纪头 10 年，年回报率反而比 Preqin 全球私募股权的基准低 4% 左右。

这种糟糕的业绩，在很大程度上集中在金融危机爆发前的那些年，当时直接投资的受欢迎程度曾一度飙升。这个现象表明，直接投资与私募资本的许多其他方面一样：某种投资策略在今天越受欢迎，其回报对投资者的吸引力可能就越小。这一研究发现，对如今急于进行直接投资的投资者来说，显然不是个好兆头。

第四，单独投资和共同投资的业绩有很大不同。人们可能自然而然地认为共同投资业绩更好，因为有专业人士在那里掌舵。但实际上，与私募集团一同进行的投资，业绩要逊色于单独交易。在整个样本中，共同投资的平均 PME 为 1.26（或者说，比公共市场的回报高出 26%），而单独交易的平均 PME 为 1.35。

为什么共同投资的业绩相对较差呢？我们深入研究 7 家机构的历史记录，发现了两个模式。

首先，这些机构往往在完全错误的时间集中投资。当然，这并不是某一个因素单独造成的：在经济繁荣时期，共同投资可能变得更加普遍，有限合伙人也许不会调整自己选择投资的标准，来反映共同投资大受欢迎的事实。投资者通常不知道什么时候应该表现出热情。以风险投资为例，从1999年至2000年，投资者向各只基金投入了规模创纪录的资金（至今仍未打破），而这两年成立的风险基金，最终被证明是有史以来业绩最差的基金之一。但这种模式在共同投资领域表现得尤为突出。不知何故，连续几周阅读英国《金融时报》有关某个资产类别的头条新闻，似乎让投资委员会失去了理智。大量的资金随之流入共同投资领域。换句话说，共同投资最常发生在市场兴趣最高的时候，而这通常是一个糟糕的投资时机。

其次，共同投资往往发生在当时规模最大的交易中。为了了解这一点，我们研究了与我们的机构进行共同投资的私募资本基金中的所有交易。比较一下机构有投入自有资本的基金中的典型（处于中值的）交易，和机构没有投入自有资本的基金中的典型（处于中值的）交易，会发现前者规模是后者的3倍。

在某种程度上，这没什么可惊讶的。私募资本基金可能需要帮助，来完成它们最大的交易，因为在其合伙协议中，关于能够在任何一笔交易中投入多少资本，有一些正式的限制（否则，它们可能希望多样化，或者面临来自投资者的非正式压力）。

因此，最大的交易正是它们需要帮助来“填写邀舞卡”的地方。但在市场见顶时，由规模最大的交易构成的投资组合，其结果是令人失望的。这些交易并非是通往投资致富的道路，就像TXU公司，以及生鲜电商Webvan，在2001年互联网泡沫破灭后，也倒闭了。

与此同时，当我们转而观察单独投资时，其相对成功的背后是什么呢？本地化是一个关键因素。目标公司与投资者之间的距离每增加60英里①，投资的最终PME就会下降约0.15。

① 1英里约等于1.6公里。——译者注

换句话说，在加拿大进行投资的加拿大人，其单独交易做得相当成功，但是，在其他国家进行投资的加拿大人，平均业绩要糟糕得多。这一模式并不奇怪。当投资者在自家后院评估一笔交易时，尽职调查应当容易许多。同样，具有优越社会关系的公共养老金和主权财富基金，应当更容易为当地企业增值。但是，尽管加拿大风光无限，但它能提供的投资机会却是有限的。

这些结果一直是有争议的。2017 年，慕尼黑工业大学的莱纳·布朗（Reiner Braun）、克里斯托弗·谢默尔（Christoph Schemmerl），以及牛津大学赛德商学院的蒂姆·詹金森在一篇工作论文中，研究了 458 家有限合伙人提交给资本智商数据库的 1 016 项共同投资的样本。[28]

与我们的研究结果相反，这篇论文发现，共同投资的总回报（扣除费用之前），与仅由基金进行的交易没有区别。因此，他们的研究结果表明，一旦考虑到较低的费用和附带权益，共同投资者的业绩会更好。

然而，关于这个相反结果的一个疑问就是，哪些交易最终会提交到资本智商这个数据库中。很容易想到，有限合伙人会更愿意公布结果良好的共同投资，而不愿意公布那些陷入困境的共同投资。

事实上，乔希·勒纳的后续研究，加上麻省理工学院的安托瓦内特·斯考尔和杰森·毛（Jason Mao）以及道富银行的张楠（Nan Zhang，音译）的研究，使用了道富银行的托管数据（这些数据记录了过去几十年里 100 多位主要投资者的所有私募市场活动，他们投入的资金占私募资本投入总资金的近 10%），突出强调了关于共同投资中的逆向选择和公共数据源中的偏差问题。[29]这些新的发现与我们之前的研究一致，证实了一点：即使考虑到较低的费用，共同投资的业绩实际上也不如主要基金。

综上所述，这些发现表明，直接投资似乎并不像今天许多投资者所认为的那样，是灵丹妙药。虽然这类投资因为费用和附带权益低一些而显得“更便宜”，但不一定划算。一方面，这些投资无法取得优异的业绩；另一方面，随着越来越多的投资者采用这种策略，其业绩在随时间推移而下滑，而最成功的投资策略（本地直接投资）的局限性，都让人们担心这一策略未来能否取得成功。这无疑表明，投资委员会和监事会有必要保持谨慎。

最佳实践

我们花了大量时间来探讨直接投资面临的挑战。持怀疑态度的读者可能从这些讨论中得出一个结论：与耐克公司的著名广告语相反，那就是“不去做”（Just Don't Do It）。

但是，这一结论可能需要仔细地区分。毕竟，无论是好是坏，投资者可能仍然希望进行直接投资：

- 许多私募资本的专业投资人员，从他们的监管者那里获得了执行这些项目的强有力授权。
- 此外，这可能是拥有大量资金的投资者将“足够”资金投入长期投资的唯一途径。
- 最后，我们的研究并未表明，从长期来看，直接投资在扣除费用后的业绩不如合伙制企业。相反，两者的净业绩几乎一样。

考虑到在未来几年，直接投资很可能成为私募资本领域的重要组成部分，此类交易的成功投资项目都有哪些特点呢？我们认为，有五条建议是最明确的。尽管在这些建议中，有许多跟我们强调的耐心投资项目的成功原则相呼应，但由于直接投资的情况下承受的压力更大，因此在这里尤其重要：

- 围绕集团所追求的直接投资的类型来制定明确的战略。换句话说，了解你的特别之处在哪里，以及你的弱点是什么。成功的私募资本集团通常对一笔交易的特征有共同的理解，这些特征与公司也十分契合。就追求哪种类型的直接投资达成一致后，各私募资本集团不仅可以就交易更快地达成共识，而且可以迅速剔除不合适的交易。这样一来，就可以把精力集中在最有可能成功的交易上。不过，很多时候，投资者进行直接投资的策略，基本上仅限于“让我们看看私募资本基金给我们带来了什么交易”。制定一个明确的战略，可以避免这些陷阱。例如，我们在第4章中讨论的丹麦养老基金，在可再生能源技术方面具有独特的经验，同时在当地有许多合作伙伴，这为直接投资提供了重要的优势。其他集团如果也拥有类似的“不公平优势”，就应当加以利用。
- 缓解柠檬问题。这至关重要。如果不存在逆向选择这个问题，那么共同投资将是一种成功的投资策略。正是由于逆向选择问题的存在，使得这个过程更加艰难。柠檬问题可以通过以下几种方式来解决：

⇒ 第一，成功项目的一个共同要素是，只与熟悉的、有着良好业绩记录的，以及具有强烈动机，继续从现有有限合伙人那里筹集资金的集团开展共同投资。将有关潜在的投资合伙人的数据和更多的定性分析纳入决策过程，有助于对交易进行评估。

⇒ 第二，与第一点一致的是，私募资本集团应对这一问题的一种方式是，将共同投资的交易范围限制在它们认为自己具有更深理解的地区和行业。

⇒ 第三，在交易的层面上开展尽职调查也可以缓解柠檬问题，以便投资者可以独立自主地评估潜在投资的前景。与此同时，重要的是要认识到，即使最熟练的员工，也无法在短短几周内对某一笔交易进行全面评估，而私募资本集团往往有很多个月的时间来仔细研判。

⇒ 第四，尽管这可能很难实现，但柠檬问题可以通过投资者与私募资本集团之间的合约协议得到缓解。如果私募资本集团无法为共同投资机会优选出合适的交易，那么柠檬问题也就不存在了。不过这里有一个常见的风险是，基金管理人可能在融资过程中做出承诺，然而最后却没有兑现。[30]

- 毫无疑问，与共同投资项目相关的最棘手的管理挑战之一，是确定适当的薪酬水平。很少有有限合伙人能够（或愿意）提供与私募资本集团相匹配的薪酬。然而，很多时候，共同投资项目要求团队成员扮演的角色跟私募资本集团里的管理者角色是类似的。这个难题可以通过几种方式部分解决，不过我们也知道，以下这些建议说起来容易做起来难：

⇒ 要意识到共同投资计划需要付出很大的努力。共同直接投资的方法，在所需投资员工人数、员工技能以及员工薪酬水平等很多方面，都与间接投资方法不同。这种努力要取得成功，需要在组织的各个层面达成一致，同时承诺投入大量的财力。

⇒ 要接受这样一个事实：至少在初级员工层面，员工的流动是必然的。许多有共同投资项目的成功集团，用类似于培训学院的方式来进行运作。高素质的分析师和助理在这里加入公司先学习几年，然后“毕业”，再转到一个私募资本团队里工作。

⇒ 要付出很大努力来保持共同投资项目的高管队伍稳定。其中最有希望的方法包括：（1）仔细挑选那些并不仅仅是出于经济上的回报而加入，并且能在这样的环境下顺利开展工作的团队成员；（2）提供低于私募资本集团，却大大超过组织内其他部门的薪酬；（3）如第 4 章中所强调的，主动与利益相关者沟通采用这种方法的原因。

⇒ 确保工作环境是有益的。一些捐赠基金和其他有限合伙人已经做到了多年来都能保持投资员工的稳定性，即使在薪酬水平相对较低的情况下也是如此。其原因在于，他们确保了专业投资人员的高度自主权，并且经常强调组织的使命和更远大的目标。

- 注意不要过快地扩大规模。即使能给出有竞争力的薪酬（而且人才充足），增长过快也会给企业文化带来压力，影响工作环境。

- 这些项目不太可能立即就有成果。就像私募集团发行的第一只基金往往结果比较难预测，而后续发行的基金则更容易判断一样，作为共同投资者的机构随着投资经验越来越丰富，成功的概率也会越来越大。重要的是，投资者的领导要了解这种动态变化，不要过早地终止直接投资项目。与此同时，正如我们在讨论投资者最佳实践时所强调的，评估和修正投资的过程也很重要。

直接投资是一个具有挑战性的领域。投资者发现，虽然它很诱人，但和玫瑰一样，除了有美丽的花朵，还有扎人的刺。考虑到人们对这个领域的热情程度，我们提供了这些也许能帮助克服困难、获得更大成功机会的建议。但总而言之，南希·里根（Nancy Reagan）的“直接说不”（Just Say No）这句口号，可能是应对共同投资挑战的更简单、更有效的答案。[31]

第9章
长期投资的未来

PATIENT CAPITAL

The Challenges and Promises of Long-Term Investing

在本书第1章，我们概述了长期投资的理由：当今世界，无论是在发达国家还是在发展中国家，许多最紧迫的需求都需要长期投资者。虽然不是所有投资者都需要做长期投资，但那些采取这种导向的投资者，可能会发挥关键作用。

对于社会面临的这些深刻挑战，政府能够并且愿意解决的可能性似乎很低。除非大型投资者能做到这一点，同时又有望为资产的最终所有者（如养老金领取者、学生和教师）带来可观回报，否则，未来几代人的前景将是黯淡的。

我们在本书中追溯了机构和家族对长期投资理念的践行，以及它们的合伙人、管理私募资本基金的集团的演变，并且着重介绍了尽管业界向这些领域投入了大量资金，但在过去几十年里，一直存在着诸多难以克服的障碍。前面章节列出了关键问题，并且提出了可能的解决方案。

在本章中，我们将讨论未来10年长期投资可能如何演变，来对我们之前的想法做一个总结。正如我们在前文中强调的，过去10年，长期投资领域发生了非同寻常的变化：既有想要进行更多内部投资活动的投资者，也有从专注于某个领域向另类投资超市转型的私募资本集团。虽然很难明确知道长期投资将如何演变，但理解前面章节讨论的这个趋势所产生的影响，还是很重要的。

因此，在本章的开头部分，我们将考虑长期投资可能发展的4种情形，在最后部分列出一些重要的建议，我们相信，这些建议将能够积极地影响这一行业的发展。

用一个2乘2的矩阵可以很好地概括这4种情形，如图9.1所示。在横轴上，我们对比了两种情形：一种是投资者群体（资本的提供者）和他们对长期投资的配置继续增长了；另一种是两者都大幅减少了。在纵轴上，我们也区分了两种情形：一种是未来私募资本基金的回报具有吸引力（也就是与投资者承担的风险是相称的）；另一种是回报是令人失望的。

当然，这两个维度是相互影响的。当某种投资策略吸引了更多的资本流入时，势必会降低这种投资策略的总回报（反之亦然）。不用说，更高的回报往往会吸引资本流入，但这些流入的资本可能产生巨大影响，给私募资本基金的运作和投资者的投资组合都带来严重混乱。

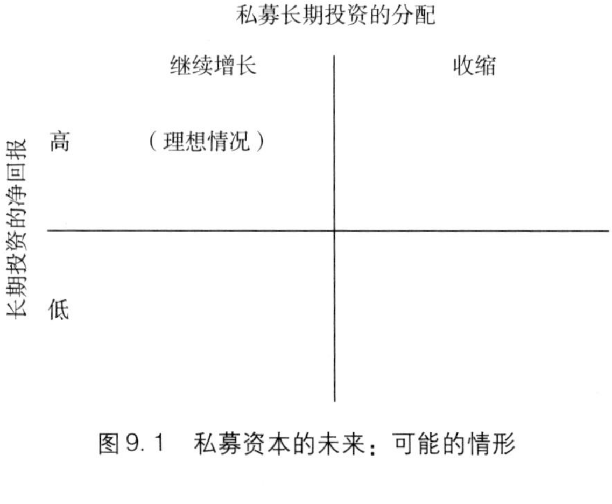

图9.1　私募资本的未来：可能的情形

在本书中，我们着重介绍了2008—2009年金融危机之前的繁荣、2000年互联网泡沫破裂、1987—1989年股市和垃圾债券崩盘时期的情景。不过，在接下来的内容中，我们希望能区分出哪些因素是不利的，而哪些因素能从根本上推动长期投资的发展。

情形一，一个健康的私募资本行业

第一种设想是会回到过去30年里标志了行业特征的状态：诱人的风险回报格局。尽管自金融危机以来，许多私募资本子类这些年的回报相对较低，但这些变化和动荡很可能只是暂时的。

也许有人会说，自私募资本行业诞生以来，周期性一直是它的重要部分。我们在第4章中强调过，投资者倾向于追逐趋势。正如在第6章中所指出的，私募资本集团常常想要募集更多资金而不是抱着谨慎的态度。其结果是，在快速增长时期，在高位进行投资，还会使用高杠杆。一旦市场表现开始恶化，这些投资的业绩也会下滑。

前人从这些趋势中悟出了智慧，并在一系列考察了整个市场周期投资业绩情况的研究中得到了证实。一个确定的模式出现了：一般来说，在市场高峰期（无论是融资还是投资）进行的投资，业绩表现似乎都要更差。在各种私募资本类型中，从单个交易的角度来看以及从所有交易整体的角度来看，这些研究成果都是适用的。[1]

这个结果也许并不令人感到惊讶。如果公司在市场高位为了完成交易，加了很高的杠杆，支付了过高的溢价，那么我们可以预期，收购活动频繁发生的行业，将在未来数年里经历更严重的持续低迷。如果这种做法使得原本没有私募资本支持的竞争对手感受到了压力，从而也开始进行激进的投资并提高自身杠杆率，那么这种过度投资的影响还会加剧，导致未来出现更严重的低迷。

例如，在2005年前后的收购热潮中，纽约时报公司（New York Times Company）的家族所有者参与了一场债务驱动的狂欢，从公开市场回购了数十亿美元的股权。当时最大的一笔交易之一是山姆·泽尔收购论坛报业公司（Tribune Corporation）。但后来论坛报业公司于2008年12月申请破产，纽约时报公司也陷入困境，不得不出售许多宝贵的资产并接受墨西哥亿万富翁卡洛斯·斯利姆（Carlos Slim）的一笔类似高利贷的资金，才摆脱了困境。

朱迪思·谢瓦莱尔（Judith Chevalier）对这一现象进行了更系统的研究，她指出，当一个地区里有很多超市接受了私募资本投资之后，竞争对手就会积极效仿，纷纷进入市场并扩大现有门店。[2]

这种周期性的模式，可能不仅反映了杠杆这件事，也反映了私募资本投资者自身在行业景气时期更容易分心的可能性。例如，史蒂夫·戴维斯（Steve Davis）等人发现，经历了收购（而不是控制）的公司，生产率的正增长情况随着行业周期变化而变化。[3]

在3A级和2B级公司债券利差异常高的时期，生产力的优势更大，这也往往是风险债券非常贵的时候，比如20世纪90年代初和21世纪前10年末。与此同时，在利差较低的时期，生产力几乎没有什么优势，比如2005年前后。对这种现象的一个解释是，当债券市场很难进入，于是私募资本集团无法通过杠杆和金融工程等方式来赚钱的时候，就会致力于增加其投资组合的价值。

这些模式也不仅仅出现在21世纪初金融危机那几年。最引人注目的或许是20世纪80年代末，收购浪潮之后的股市大崩盘。由收购集团支持的公司整体失败率不高，据史蒂夫·卡普兰和派尔·斯特罗姆博格指出，在整个行业历史上，只有 6% 的退出交易以破产或失败重组而告终。但是对于那些在收购热潮顶峰时期完成的大型交易，失败率似乎要高得多。[4]

史蒂夫·卡普兰和杰里米·斯坦开展的一项研究结论表明，在 20 世纪 80 年代的收购业务鼎盛时期（也就是 1986—1988 年），所完成的 66 笔最大的交易之中，有整整 25 笔交易（占比 38%）到 1991 年年底时遇到了财务困境，比如违约，或是由于支付遇到困难而实施了或试图实施债务重组。[5]还有 18 笔交易（占比 27%）确实在债务偿还上违了约。

与此同时，考虑私募资本水平的长期决定因素也很重要，而不仅仅是短期影响。正如我们所强调的，在短期内，回报率的涨跌和公开市场的状况或许至关重要。但是，决定私募股权在经济中长期稳定供应的驱动因素是更为根本的。

这些长期驱动因素可能包括下列几点：

- 整体经济活跃的程度（无论是创新、公司的成长和扩张，还是公司重组的步伐），这创造了投资机会，因为投资公司往往是价值创造的向导，而不是引擎。
- 对于有能力选择、创建和监督创业项目的专业人才，私募资本投资者要能吸引和正确地激励他们，从而系统地为投资组合里的公司增加价值。
- 设立一个机制，让想要投资于私募资本的机构投资者能识别并接触到最优秀的投资者。
- 存在一个具备流动性和竞争性的市场，让投资者能出售其投资，比如股票发行市场或收购市场。

无论短期市场调整多么痛苦，这些更为基本的驱动因素可能对建立耐心资本的长期水平至关重要。

研究这些根本的驱动因素，我们可以得出一个令人信服的结论：私募资本将继续发挥重要作用。大量的学术研究表明，私募资本集团为其投资的公司增加了价值。[6]同样，许多研究表明，风险投资基金具有积极的影响。[7]

可以肯定的是，并不是投资过程的方方面面都是美好的（史蒂夫·戴维斯等人表明，尽管私募资本支持的公司，生产力大幅提高，但生产线上员工的工资似乎在下降），而且，对房地产和房地产基金成果的研究往往很难开展。[8]但是，总体情况与媒体将私募资本描述为“野蛮人”和“蝗虫”的情况相去甚远。

对这个行业未来前景有利的一些其他指标，包括我们在第 5 章中提到的私募资本公司专业化程度的提高。随着各投资集团将尽职调查、投资组合增值、资本市场和风险管理等进行系统化调整，这个曾经只是非正式运营的“家庭手工业”，已经发生了根本性的改变。虽然我们在第 6 章中承认这些基金的一些弱点，但其业务看上去与 20 年前大不相同。这一点毫不奇怪，董事会考虑将业绩不佳的资产或需要资金的公司，出售给此类基金的意愿有所增强。越来越多的专业人员和管理人员，习惯了接受私募资本支持的公司提供的就业机会（比如严重依赖股票期权），也是一个重大转变。

最后，一些熟悉私募资本运作的中介机构的出现，使得资本运作的效率大大提高了。律师、会计师和其他方面的专业人才的存在，也大幅降低了与基金成立、公司或项目融资相关的交易成本。

简而言之，人们对私募股权投资流程的日益熟悉，使得此类投资的长期前景与以往一样具有吸引力，甚至更具吸引力。同样值得强调的是，尽管私募资本池有所扩充，但目前在机构持有的所有股权中，其占比仍然相对较小。

在美国机构投资者的投资组合中，每 1 美元的私募股权对应 6 ~ 12 美元的公开交易股票。[9]对许多海外机构投资者而言，这一比例甚至更加不均衡：根据国际货币基金组织（International Monetary Fund，缩写为 IMF）的数据，2010 年在全球范围内，资产管理公司的这一比例约为 1∶58，养老金的这一比例约为 1∶45。[10]即便是在拥有许多经验丰富的机构投资者的澳大利亚，2016 年这一比例也是 1∶36。[11]

同样，有粗略的计算表明，私募基金形式的房地产在总资产价值中的占比仍不大。尽管对基础设施或农田等实物资产进行类似计算比较困难，但这一占比很可能非常小。至少在一般人看来，与发达经济体中新公司、产品、流程和项目的经济作用相比，这个比例显得微不足道。

综上所述，这些事实表明，未来几年私募资本水平可能会有所反弹。这个行业已经经历了繁荣和萧条的事实也不是什么新鲜事。近年来回报率不佳的情况，可以理解为历史兴衰过程中一个自然现象。私募资本模式有许多固有的优势，随着行业的不断成熟，这些优势也会进一步增强。

情形二，似曾相识的感觉

第二种情形是基于私募资本回报率相对较低，且差距很大的假设下。这两个因素放在一起表明，对大多数投资者来说，私募股权投资——如果业绩得到准确评估的话——是一场失败的游戏。

很可能自金融危机以来，平均回报率的下降并非反常现象，而是资本流入该行业的结果。图 9.2 描述了整个私募资本行业中已经承诺但未投资的资本数额。如果私募资本行业里“干火药”（即私募基金中尚未投资的现金）的增长，确实引入了激烈的竞争从而导致回报率降低，那么当前的行业结构也许无法持续。

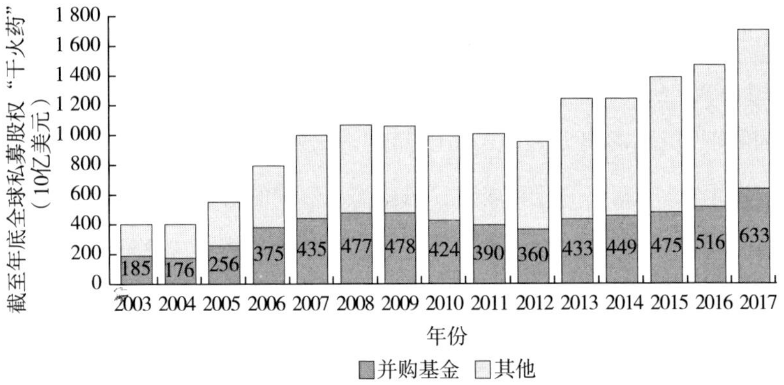

图 9.2　全球私募股权“干火药”（2003—2017 年）

资料来源：根据贝恩公司《2018 全球私募股权报告》整理。

假如最终的结果是，我们在第 3 章中讨论的令人失望的业绩继续下去的话，那么投资者可能在某个时候，对私募资本不再抱有幻想。这样的投资项目所产生的回报，也许抵不上管理这些投资活动所带来的麻烦。

这种情形表明，随着时间的推移，许多投资者将决定退出私募股权投资。我们可以预计，退出的决定将是不均衡的，规模最大的和最小的投资者将最有可能退出。

小型投资者很可能得出结论，他们还达不到能开展这些投资的门槛：进行这些投资活动需要付出的时间和精力实在太大了。大型投资者则可能会认为可供他们选择的投资太少了。考虑到需要配置的巨额资本，以及评估集团的复杂性，许多大型投资机构已决定，它们最多只能投资于少数规模非常大的集团，但这样的投资策略不一定能带来最好的回报。与直接投资相关的招聘和薪酬方面的挑战，也可能被认为过于艰巨。

那么在这种情况下，我们的设想是回到了20世纪80年代时的状态：也就是私募资本投资主要由中等规模且经验丰富的投资者主导，比如精选的企业养老基金和捐赠基金。大量的其他投资者退出，可能对那些仍在游戏中的投资者来说是个好消息。

在获得顶级基金方面，来自其他有限合伙人的竞争将会减少。基金投资的回报应当也会更高：私募资本基金与其他直接交易的基金和机构之间的竞争会更少。这种供需动态表明，在类似这样的环境下，幸存下来的基金和机构投资者，应当会有更好的业绩。

事实上，当我们观察近年来的对冲基金行业时，看到的也许是私募资本的模板。2014年9月，由于对对冲基金行业的低回报和高波动性感到失望，加州公务员退休系统宣布，打算清算该投资项目，当时，该投资项目包括24只基金和6只FOF，总计45亿美元。[12]作为美国最大的养老金项目，也是最早启动对冲基金计划的公共养老基金项目之一（2002年），这一决定被视为具有象征意义。事实上，在随后的几年里，包括纽约市、新泽西州、罗得岛州等地的养老基金，以及大都会人寿（MetLife）等保险公司，都纷纷跟随加州公务员退休系统的步伐，放弃或大幅缩减对冲基金项目。[13]与此同时，许多捐赠基金似乎保留了它们在这一领域的资金配置。

情形三，有限合伙人的退出

在上面提到的第二种情形中，假设了私募资本投资无法产生投资者所期望的回报率，因此本质上来说更令人沮丧。在第三种情形下，我们假设低回报将持续下去，并且有问题的组织结构将赶走众多投资者。

为什么许多有限合伙人的退出不会像第二种情形里介绍的那样，带来投资回报的提高呢？一种可能性是，管理费造成的总回报率与净回报率之间的差距可能太大了，大到难以逾越。即使规模缩小的私募股权基金行业使得总回报迅速恢复，有限合伙人获得的净回报可能仍令人不满意。

值得指出的是，投资者过去曾试图解决高额费用的问题，但没有成功。正如我们在第 7 章中讨论的，威廉 · M. 默瑟对 20 世纪 90 年代中期的研究，正是由于公共养老基金的表现不佳。许多公共养老基金从 20 世纪 80 年代中期就开始投资，那时候已经离 80 年代末的经济崩溃不远了。虽然威廉的报告中提出了一些关于薪酬方案的合理建议，但这些建议刚一提出就夭折了，从来没有被普通合伙人认真考虑过。英国有限合伙人早些时候做过一番类似的努力，进展也不是很好。

悲观主义者也许会说，这些努力之所以没能取得成功，并不仅仅是时机不对或论点不恰当。相反，私募资本投资者的薪酬问题可能是一个根本无法解决的问题。投资者群体分散在不同地区和不同类型的机构中。尽管他们团结一致，但也在为了进入顶级基金相互竞争。如第 5 章所述，基金收益的分配是高度倾斜的。业绩最高的人挣得的收入也最高，因此，获得适当的资金成为成功的关键。此外，当关键的领导者经常被 FOF 和私募股权投资集团的高薪职位所吸引时，保持投资者群体之间的凝聚力是很困难的。

所有这些因素，都可能导致私募资本的投资者数量急剧减少。普通合伙人可能被迫退出业务，或者筹集的资金大大减少。随着人员流动和缺乏合适的管理，投资者可能对自己的直接投资越来越没有耐心。因此，寻求私募资本的企业家可能被迫转向非正式的资本来源——例如家族成员或者天使投资集团——以支持他们的企业。

千万不要觉得这种情况不会发生，历史上确实存在这样的先例。举个例子，在20世纪七八十年代，石油和天然气有限责任合伙制在捐赠基金和其他卓有远见的有限责任合伙企业中很受欢迎。然而，随着时间的推移，各机构开始对这些基金的低回报率感到失望。正如一位投资者向我们解释的，在那个时代，大多数油田基金经理似乎在管理基金的同时，也管理着油井，并且独立的投资。尽管这些油井彼此距离很近，但不知何故，重大发现似乎总是来自他们直接拥有的油井。面对这些看似棘手的自我交易问题，投资者对基金的投入大幅下降。

情形四，行业走向衰落

第四种情形，也是我们在这里介绍的最后一种情形，最令人沮丧。在这种情形下，尽管私募资本的回报令人失望，但行业可能还会聚集起大量的基金。由于存在一些与私募股权基金相关的评估问题（我们在第4章中探讨过），以及组织动态可能使得许多大型机构投资公司的私募资本专家不愿意提出终止项目的建议，于是，这些集团可能会继续筹集资金，即使没有回报。这种状态可能会持续10年甚至更长时间。

持怀疑态度的读者可能再次质疑，这种情况是否真的会发生——

毕竟，它与市场效率的标准概念相去甚远。但这种情况并非完全不可能。这是因为，尽管50多年来的学术研究表明，想要持续地跑赢公开市场几乎不可能，但积极的基金管理人仍然持有大量股票并收取不低的费用，而非低成本的指数基金。

在美国，一个例子是企业风险投资，或者大型组织为追求财务和战略目标而建立的风险计划。从21世纪初开始，这类计划的数量开始上升，最高纪录出现在2016年，共建立了107个新项目。[14]

然而，企业风险投资远非一个新创意。20世纪60年代、80年代和90年代末，出现过几波投资活动，与独立风险投资业早期的繁荣相对应。根据汤森路透对1993年至2013年期间投资项目的分析，这些努力的财务回报为负数。[15]经常被人追捧的投资策略的回报，在很多情况下也难以确定。

大多数时候企业内部对新创意的抵制，以及企业无力向其创业团队支付市场价格（尤其是激励性薪酬）而导致人才流失，这方面也是令人失望的。例如，我们对前两波企业风险投资的研究发现，多达一半的项目在一年多后就被放弃了。[16]

可以肯定的是，也有一些企业风险组织，比如英特尔和高通，从它们投资的项目中获取了巨大的回报且持续了很长的时间。但即使业绩记录不好，比如在很多情况下会一而再、再而三地犯同样的设计错误，几代企业管理层追求同样梦想的意愿，表明有问题的投资理念仍然会持续下去。

这种情形会导致出现令人非常不愉快的场面：无论是出于固执、自身利益，还是误导性数据，有限合伙人都会继续将资金投入风险投资和并购基金之中，却得不到回报。虽然这可能对普通合伙人来说是个好消息，能让他们继续经营下去，但是对于整个社会来说可能并不会从中受益。

理想投资世界的模样

在理想的世界里，我们可以将大量资本成功地投资于促进能源与环境创新的项目，满足发达国家和新兴国家的基础设施需求，推动自然资源的可持续管理。这种结果只有在图9.1左上角情形成立的情况下才是可行的。

前几章重点介绍了我们认为最有可能带来积极前景的五条建议。其中三条涉及投资者和私募基金，也就是管理、激励和评估，每一项的侧重点会有所不同。另外两条则针对涉及合伙制结构中的沟通和灵活性。在这一节中，我们将回顾本书中概述的关键变革领域。

管理

毫无疑问，私募资本集团擅长监管其投资组合中的公司。但在长期投资的世界，正如我们一再重申的，投资组合之外的监管有很多不足。

如何确保更好地监管？我们对此提出了几条建议，首先是在投资者群体内部：

- 将投资者董事会成员从受益人和政治家占主导的模式，转变为由合格的和知识渊博的人占主导的模式。尽管拥有“专家”并非投资成功的灵丹妙药，但由投资领域经验丰富的董事会成员来主导董事会（制定严格的利益冲突规则，以规避自我交易），是重要的一步。
- 无论是从结构上，还是从董事会成员安排上，采取尽可能多的保护措施来避免投资者受到政治压力。

- 与此同时，在董事会中加入数量有限的知识渊博的利益相关者代表。对董事会成员的培训，应该是一项重要的优先事项，以确保每个人在处理这些看似深奥的问题时，能达成共识，并鼓励延长董事会任期（有合理的限制）。
- 制定会议框架，使得董事会主要着眼于大局，而不是着重关注季度业绩、单项投资决策的微观管理以及合规问题。一种可能的方法是降低会议的频率。

然后我们转向投资者和私募资本集团之间的关系。我们承认，由于法律与能力的限制，再加上更多的个人考虑，监督可能会受到限制。我们建议，随着基金的成熟以及基金情况更加清晰，可以采用方法来减少干预的障碍，比如“无过错离职”条款的触发。

评估

长期投资项目的评估是一件困难的事情。分配价值的过程，以及随之而来的风险和回报的评估，对于长期进行重大转型的非流动性公司来说，是一个挑战。虽然评估问题不像量子物理学那样令人困惑（例如，在量子物理学中，薛定谔的猫有可能同时死亡和活着），但也很难找到简单的答案。此外，频繁评估的过程本身，可能扭曲投资者的行为。

当考虑投资者的情况时，我们强调三条关键建议：

- 尽可能采用长期业绩衡量标准，而不是年度或季度数据。要将投资委员会和利益相关者的注意力集中在长期指标上，这样，各方才会最有可能做出深思熟虑的决策，而不是被动的决策。

- 关注数量有限的评估指标，让责任人从不同角度了解投资的情况，而不是用太多的数据淹没他们。应当尽可能了解投资的方向，而不是担心其精确性（这经常会产生误导）。
- 定期停下，对投资组合进行全面的审视，更深入地了解组合所面临的挑战和不足，以获得一个新的视角，从多个维度管理投资计划。

在基金管理人方面，我们要强调衡量风险和回报的难度。在理想的投资世界中，许多组织可以通过一些细微而难以察觉的变化，就将自己塑造成为顶级组织，所以我们坚持认为，一个合适的解决方法，是非营利性机构的认证。

这个非营利性的中介机构可以亲自动手，以深思熟虑和前后一致的方式，真实地描述基金管理人的业绩。不过，在如今这个充满了技术标准的世界，我们发现，假如认证机构之间出现竞争，即使是非营利性组织，也可能做错事。

激励

在许多的努力中，回报就像是驱动投资者行为的燃料。但专业化的长期投资还处在初始阶段，激励机制仍需完善。仅举一个例子，许多投资者还没有充分认识到，需要什么样的激励措施才能招募和留住一流的直接投资团队，而这些投资在其发展战略中正日益重要。

我们在此提出三条关键建议：

- 如果投资公司想要吸引并留住高水平的员工，他们的薪酬必须与传统的公务员或学术人员不同。让投资委员会、利益相关者和广大公众明白这一点的必要性是非常重要的。
- 奖励应该与实际业绩紧密挂钩。在理想的世界里，投资者可能会采用这样一种薪酬模式：既与基金管理人使用的附带权益方案挂钩，又会更多地从定性的角度来考虑。如果这种开放模式不可行，那就采用奖金制度，根据 3 ~ 5 年甚至更长时间内实际获取的收益情况来发放奖金。
- 财务上的激励并不是全部。强烈的使命感，以及代表团队进行投资的人们之间的相互关联，也是强大的激励因素，至少对合适的团队成员来说是如此。

对于基金管理人而言，我们担心的地方不在于激励的程度，而在于薪酬的组成结构。我们特别强调了，用来计算费用的公式，以及基金运营的规模经济，是怎么让这些支出自身就成为一个主要的利润中心的。

我们主张进行两项改革：制定年度预算以确定费用水平，并且在利润分成之前设定更高的最低预期回报率，以反映投资者权益的代价。与此同时，还可以一并提高基金管理人的利润分成。最关键的，就是要确保每个人同时做得出色。

沟通

在我们主张的两项改革中，第一项是针对投资者这一方的。投资者对许多“主人”负责，包括退休人员、教师、在职人员和媒体。在如今这个高度敏感和两极分化的世界里，可能由于大学食堂供应的左宗棠鸡不甚正宗，大学管理者就成了人们关注的焦点。[17]因此，挑战是艰巨的。

设计和实施一项成功的长期投资计划，远比正确烹饪鸡复杂得多，因此在一个几乎没有人能完全了解的领域，很多人都对此持怀疑态度。

我们着重强调，投资者需要积极主动地与两类受众沟通：

- 一是与基金利益相关者进行沟通。尤其重要的是，利益相关者需要明白，遇到困难、令人失望是投资过程中不可避免的一部分，恰当的应对措施是不要恐慌性抛售和改变投资策略。这种理念与人性相悖，所以反复传达它是很重要的。
- 二是必须和有潜力的基金管理人沟通。虽然人们可能认为金钱能买到尊重和关注，但事实并非如此简单。对于大多数机构来说，投资者必须说服最优秀的私募基金管理人愿意接受他们的资金。如果投资者不辞辛苦制定了一个深思熟虑的长期投资策略，那么确保基金管理人能够理解并认可此策略是非常重要的。

灵活性

我们的第二条具体建议涉及私募资本基金的结构。本书的一个重要主题是，私募资本是一个年轻的行业，许多关键的机构特征是在一时的狂热中从其他领域借鉴来的，而不是经过深思熟虑设计出来的。这一点在合伙关系的时间长度上尤为明显，大量的机构都把这个时间定在10年左右。

过去几年，我们看到在改变基金生命周期方面有一些尝试，但我们更希望看到“百花齐放”的局面。更好的设计基金，使它与投资类型相匹配，应当能解决我们强调过的许多问题行为。这一步需要仔细思考，来解决新的基金结构中关于薪酬、冲突和管理的新问题，但这些时间是值得花的。

全书概括

本书是对话的开始，而不是结束。正如我们所强调的，长期投资的世界是一个不透明的世界，关键参与者的动机和行动经常被误解。在许多情况下，这导致了不公平的指责。在另一些情况下，缺乏透明度则会滋生一些行为导致利益分配不均（主要是投资者和基金管理人之间）。有些人可能会认为我们的建议幼稚、不自量力，或是十分平庸。但是，如果我们的想法能够推动这场对话，我们的目的就达到了。

除了探讨这些建议是否正确，还要思考如何才能做到。有些投资者可能意识到了有问题的做法，但试图独自去解决这些问题很可能是徒劳的。事实上，这样做只有一个后果，就是投资者很可能被认为是特立独行，从而把基金管理人吓跑了。这种看似两难的局面表明了集体讨论的重要性，可以在代表投资者的机构之间内部讨论，也可以和代表基金管理人的机构一起进行讨论。[18]这些对话不会是轻松的，但我们乐观地认为，对话的过程将会带来回报。

长期投资和私募资本的世界是复杂的，有专业术语和大量制度上的细节。但考虑到这些投资所带来的广泛影响，这些问题太重要了，容不得我们忽视。我们坚信，更深入地了解它们，将会为投资者、基金管理人以及整个社会带来好处。

注释

第1章　长期投资，刻不容缓

1. Laura Secorun Palet, "Spain's 'Ghost Airports': A National Embarrassment?," *Ozy*, August 7, 2014, http://www.ozy.com/acumen/spains-ghost-airports-a-national-embarrassment/33041; European Court of Auditors, "EU-Funded Airport Infrastructures: Poor Value for Money," Special Report no. 21/2014, December 2014, http://www.eca.europa.eu/Lists/ECADocuments/SR14_21/QJAB14021ENC.pdf.

2. See, for instance, Rafael Minder, "In Spain, a Symbol of Ruin at an Airport to Nowhere," *New York Times*, July 18, 2012, http://www.nytimes.com/2012/07/19/world/europe/in-spain-a-symbol-of-ruin-at-an-airport-to-nowhere.html; Rafael Minder, "Revival of 'Ghost Airport' Stirs Hope in Spain," *New York Times*, March 15, 2015, https://www.nytimes.com/2015/03/16/business/international/revival-of-ghost-airport-stirs-hope-in-spain.html.

3. Andres Cala, "Renewable Energy in Spain Is Taking a Beating," *New York Times*, October 8, 2013, http://www.nytimes.com/2013/10/09/business/energy-environment/renewable-energy-in-spain-is-taking-a-beating.html; Laure Fillon, "Feeding Frenzy in Spain's Renewable Energy Sector," *Phys.Org*, May 1, 2016, https://phys.org/news/2016-05-frenzy-spain-renewable-energy-sector.html; and Jason Deign, "Spain Is a Case Study in How Not to Foster Renewables," *Green Tech Media*, May 5, 2017, https://www.greentechmedia.com/articles/read/spain-is-a-case-study-in-how-not-to-foster-renewables.

4. See, for instance, the discussion in Jon Markoff, "Pentagon Redirects Its Research Dollars," *New York Times*, April 2, 2005, http://www.nytimes.com/2005/04/02/technology/pentagon-redirects-its-research-dollars.html.

5. "OECD.stat," 2017, http://stats.oecd.org/.

6. In making these estimates, we seek to follow the approach outlined in World Economic Forum, *The Future of Long-Term Investing* (Geneva: World Economic Forum, 2011), https://www.weforum.org/reports/future-long-term-investing.

7. Moody's Investor Services, *Government of United States—Government Employee Pension Liabilities Are Moderate Compared to Social Insurance Program* (New York: Moody's, 2016), https://www.moodys.com/researchdocumentcontentpage.aspx?docid=PBC_1018420.

8. See, for instance, Stephanie Landsman, "The One Big Thing Economist Robert Shiller Says Is Preventing a 1929-Like Stock Market Crash," *CNBC*, September 20, 2017, https://www.cnbc.com/2017/09/19/the-one-thing-shiller-says-is-preventing-a-1929-like-crash.html.

9. Yale University Investment Office, *The Yale Endowment* (New Haven, CT: Yale University, 2017).

10. Jean Eaglesham and Coulter Jones, "The Fuel Powering Corporate America: $2.4 Trillion in Private Fundraising," *Wall Street Journal*, April 3, 2018, https://www.wsj.com/article_email/stock-and-bond-markets-dethroned-private-fundraising-is-now-dominant-1522683249-lMyQjAxMTI4MDAwMzIwNTM3Wj/.

11. Craig Doidge, G. Andrew Karolyi, and René M. Stulz, "The U.S. Listing Gap," *Journal of Financial Economics* 123 (2017): 464–487.

12. The cleantech discussion in this and the following paragraph is drawn from numerous press accounts (including those archived at https://www.washingtonpost.com/politics/specialreports/solyndra-scandal/) and various editions of the National Venture Capital Association's *Yearbook*, http://nvca.org/blog/nvca-2017-yearbook-go-resource-venture-ecosystem/.

13. This description is drawn from CalPERS Network, "Discussion of Alternative Private Equity Business Models," July 17, 2017, https://www.youtube.com/playlist?list=PLIKoYJoLyluKS9VkASoC0k7wSKU9zFEaG; and Randy Diamond, "CEO Eliopoulos Sees Direct Investment in CalPERS' Future," *Pensions & Investments*, July 17, 2017, http://www.pionline.com/article/20170717/ONLINE/170719840/ceo-eliopoulos-sees-direct-investment-in-calpers-future; Arleen Jacobius, "6 Firms Bid to Partner on CalPERS' Private Equity Portfolio," *Pensions & Investments*, January 24, 2018, http://www.pionline.com/article/20180124/ONLINE/180129924/6-firms-bid-to-partner-on-calpers-private-equity-portfolio.

14. This account is based on, among other sources, Simeon Kerr, "Sleepy Saudi Sovereign Wealth Fund Wakes and Shakes Global Finance," January 28, 2017, https://www.ft.com/content/bd3d7c34-b877-11e6-961e-a1acd97f622d; Kate Kelley and Landon Thomas, "Big Payoff after Blackstone Courted a Saudi Prince," *New York Times*, May 25, 2017, https://www.nytimes.com/2017/05/25/business/dealbook/blackstone-saudi-arabia-investments-infrastructure.html; and Alec Macfarlane and Margherita Stancati, "SoftBank and Saudi Arabia Team Up for $100 Billion Tech Fund," *Wall Street Journal*, October 14, 2016, https://www.wsj.com/articles/softbank-group-launches-investment-fund-1476398189.

15. Victoria Ivashina and Josh Lerner, "Looking for Alternatives: Pension Investment around the World, 2008 to 2017," working paper, 2018.

16. Jacobellis v. Ohio, 378 U.S. 184 (1964).

17. World Economic Forum, *Future of Long-Term Investing*.

18. Dominic Barton and Mark Wiseman, "Focusing Capital on the Long Term," *Harvard Business Review*, January/February 2014, https://hbr.org/2014/01/focusing-capital-on-the-long-term.

19. World Bank, "Stocks Traded, Turnover Ratio of Domestic Shares (%)," http://data.worldbank.org/indicator/CM.MKT.TRNR?locations=US-1W.

20. This history of the iPod is drawn from, among other sources, Walter Isaacson, *Steve Jobs* (New York: Simon & Schuster, 2011); and Brent Schlender and Rick Tetzeling, *Steve Jobs: The Evolution of a Reckless Upstart into a Visionary Leader* (New York: Crown Business, 2016).

21. Brad King and Farhad Manjoo, "Apple's 'Breakthrough' iPod," *Wired*, October 23, 2001, https://www.wired.com/2001/10/apples-breakthrough-ipod/; David Pogue, "Apple's Musical Rendition: A Jukebox Fed by the Mac," *New York Times*, October 25, 2001, http://www.nytimes

.com/2001/10/25/technology/state-of-the-art-apple-s-musical-rendition-a-jukebox-fed-by-the-mac.html.

22. Sam Costello, "This Is the Number of iPods Sold All-Time," *LifeWire*, March 21, 2017, https://www.lifewire.com/number-of-ipods-sold-all-time-1999515.

23. Thomas J. Watson, *Father, Son, and Co.: My Life at IBM and Beyond* (New York: Bantam, 1990); Laurence S. Kuter, *The Great Gamble: The Boeing 747: The Boeing—Pan Am Project to Develop, Produce, and Introduce the 747* (Tuscaloosa: University of Alabama Press, 1973); Joe Sutter, *747: Creating the World's First Jumbo Jet and Other Adventures from a Life in Aviation* (Washington, DC: Smithsonian Books, 2006).

24. Jeremy C. Stein, "Efficient Capital Markets, Inefficient Firms: A Model of Myopic Corporate Behavior," *Quarterly Journal of Economics* 104, no. 4 (1989): 655–669.

25. See, for instance, Alon Brav, Wei Jiang, and Hyunseob Kim, "The Real Effects of Hedge Fund Activism: Productivity, Asset Allocation, and Labor Outcomes," *Review of Financial Studies* 28, no. 10 (October 2015): 2723–2769; and Lucian A. Bebchuk, Alon Brav, and Wei Jiang, "The Long-Term Effects of Hedge Fund Activism," National Bureau of Economic Research, Working Paper no. 21227, 2015.

26. Shai Bernstein, "Does Going Public Affect Innovation?," *Journal of Finance* 70 (2015): 1365–1403.

27. The classic treatment of these problems is in Michael C. Jensen and William H. Meckling, "Theory of the Firm: Managerial Behavior, Agency Costs, and Ownership Structure," *Journal of Financial Economics* 3 (1976): 305–360.

28. Ilan Guedj and David Scharfstein, "Organizational Scope and Investment: Evidence from the Drug Development Strategies and Performance of Biopharmaceutical Firms," National Bureau of Economic Research, Working Paper no. 10933, 2004.

29. Bessemer Venture Partners, "Anti-portfolio," http://www.bvp.com/Portfolio/AntiPortfolio.aspx, accessed December 16, 2011.

30. William Kerr, Ramana Nanda, and Matthew Rhodes-Kropf, "Entrepreneurship as Experimentation," *Journal of Economic Perspectives* 28, no. 3 (Summer 2014): 25–48.

31. For a discussion of this point, see S. J. Grossman and O. D. Hart, "Takeover Bids, the Free-Rider Problem, and the Theory of the Corporation," *Bell Journal of Economics* 11, no. 1 (Spring, 1980). One can also argue that index-linked mutual funds represent long-term investors when they purchase publicly traded stock and hold it until the company is dropped from the index. Index funds, however, are less likely to engage in this kind of shareholder activism.

32. The limitations of bank financing are explored in such theoretical and empirical academic studies as Joseph E. Stiglitz and Andrew Weiss, "Credit Rationing in Markets with Incomplete Information," *American Economic Review* 71 (1981): 393–409; and Mitchell A. Petersen and Raghuram G. Rajan, "The Effect of Credit Market Competition on Lending Relationships," *Quarterly Journal of Economics* 110 (1995): 407–444.

33. See, for instance, Larry Neal, "Venture Shares of the Dutch East India Company," in William N. Goetzmann and K. Geert Rouwenhorts, editors, *The Origins of Value: The Financial Innovations That Created Modern Capital Markets* (New York: Oxford University Press, 2005), 166–188; and Peter Tufano, "Business Failure, Judicial Intervention, and Financial Innovation:

Restructuring U.S. Railroads in the Nineteenth Century," *Business History Review* 71, no. 1 (1997): 1–40.

34. Josh Lerner and Samuel Kortum, "Assessing the Impact of Venture Capital on Innovation," *Rand Journal of Economics* 31, no. 4 (2000): 674–692; Manju Puri and Rebecca Zarutskie, "On the Life Cycle Dynamics of Venture-Capital- and Non-Venture-Capital-Financed Firms," *Journal of Finance* 67, no. 6 (2012): 2247–2293.

35. Shai Bernstein, Josh Lerner, and Filippo Mezzanotti, "Private Equity and Financial Fragility during the Crisis," National Bureau of Economic Research, Working Paper no. 23626, 2017, http://www.nber.org/papers/w23626; Shai Bernstein and Albert Sheen, "The Operational Consequences of Private Equity Buyouts: Evidence from the Restaurant Industry," *Review of Financial Studies* 29, no. 9 (2016): 2387–2418; Jonathan B. Cohn, Nicole Nestoriak, and Malcolm Wardlaw, "Private Equity Buyouts and Workplace Safety," 2017, https://ssrn.com/abstract=2728704; Steve Davis, John Haltiwanger, Kyle Hanley, Ron Jarmin, Josh Lerner, and Javier Miranda, "Private Equity, Jobs, and Productivity," *American Economic Review* 104, no. 12 (2014): 3956–3990; Josh Lerner, Morten Sørensen, and Per Strömberg, "Private Equity and Long-Run Investment: The Case of Innovation," *Journal of Finance* 66, no. 2 (2011): 445–477. (It should be noted that the Davis et al. paper suggests that the impact of private equity on employment levels and wages is far less benign.)

36. This is based in part on Liz Farmer and Daniel C. Vock, "Alabama's One-Man Pension Show," *Governing*, May 2016, http://www.governing.com/topics/mgmt/gov-alabama-david-bronner.html; Dan Luzadder, "Alabama Pension Fund Plows Millions into Property in Its Own Backyard," *New York Times*, October 27, 2009, http://www.nytimes.com/2009/10/28/realestate/commercial/28alabama.html; Daniel J. Smith and John A. Dove, "The Economic Consequences of Pension Underfunding: Evidence from the Retirement Systems of Alabama," 2016, SSN Working Paper, https://ssrn.com/abstract=2795692; and Casey Toner, "RSA under Fire: Inside the Latest Battle over Alabama's Pension Powerhouse," AL.com, September 28, 2015, http://www.al.com/news/index.ssf/2015/09/retirement_systems_of_alabama.html.

37. Casey Toner, "RSA's Winners and Losers. Hint: The Golf Courses Are a Drag," AL.com, September 29, 2015, https://www.al.com/news/index.ssf/2015/09/rsas_winners_and_losers_hint_t.html; Cliff Sims, "How an Alabama State Employee Built a Billionaire's Lifestyle in a Taxpayer-Funded Job (Opinion)," *Yellowhammer News*, March 14, 2016, http://yellowhammernews.com/business-2/how-an-alabama-state-employee-built-billionaire-lifestyle/.

38. See the summary of the case in Tom Smith, "Former Plant CEO Indicted in Colbert," *Florence Times Daily*, November 16, 2013, http://www.timesdaily.com/news/local/former-plant-ceo-indicted-in-colbert/article_c6c8695a-4e7e-11e3-9e19-10604b9f6eda.html.

39. Samuel Addy and Ahmad Ijaz, *Economic Impacts of RSA-Owned Investments on Alabama for the Retirement Systems of Alabama*, Center for Business and Economic Research, Culverhouse College of Commerce and Business Administration, University of Alabama, 2008, http://www.rsa-al.gov/uploads/files/RSA_Inv_EI_Final_Report.pdf; Bernie Delinski, "SEDA Board Alters Navistar, FreightCar Incentives," *Florence Times Daily*, February 16, 2016, http://www.timesdaily.com/seda-board-alters-navistar-freightcar-incentives/article_660ed242-9b4b-5c9d-90bc-0847b8979df5.html.

40. Delinski, "SEDA Board."

41. Kent Faulk, "Alabama Securities Fraud Charges Dismissed against CEO of Canadian Company; RSA to Get $21 Million in Settlement," AL.com, November 14, 2014, http://www.al.com/news/birmingham/index.ssf/2014/11/alabama_securities_fraud_charg.html.

42. David G. Bronner, "RSA Is Making Alabama Better," AL.com, December 18, 2011, http://blog.al.com/press-register-commentary/2011/12/rsa_is_making_alabama_better_i.html.

43. Joshua Rauh, *Hidden Debt, Hidden Deficits: 2017 Edition* (Stanford, CA: Hoover Institution, 2017), http://www.hoover.org/sites/default/files/research/docs/rauh_hiddendebt2017_final_webreadypdf1.pdf.

44. James Barth and John Jahera, *Alabama Public Pensions: Building a Stable Financial Foundation for the Years Ahead* (Birmingham: Alabama Policy Institute, 2015), https://www.alabamapolicy.org/wp-content/uploads/Alabama%E2%80%99s-Public-Pensions-Building-a-Stable-Financial-Foundation-for-the-Years-Ahead.pdf.

45. This account is drawn from Kentucky Retirement Systems, *2016 KRS Comprehensive Annual Financial Reports,* (Frankfort, KY: KRS, 2017), https://kyret.ky.gov/Publications/Books/2016%20CAFR%20(Comprehensive%20Annual%20Financial%20Report).pdf, pp. 62, 96, 122, 145; and Attracta Mooney, "Kentucky, Home to the Worst-Funded Pension Plan in the US," *Financial Times,* June 10, 2016, http://www.ft.com/cms/s/0/a1c5c5d6-2cc9-11e6-bf8d-26294ad519fc.html#axzz4GHOeWalh.

46. https://pensions.ky.gov/Pages/Overview.aspx, accessed October 26, 2017.

47. PricewaterhouseCoopers, "State Financial Position Index (SFPI) and Competitiveness Posture Report," 2017, http://www.pwc.com/us/en/public-sector/publications/state-financial-position-index.html.

48. John Cheves, "Kentucky Retirement Systems Pays Millions in Fees to Money Managers but Keeps the Details a Secret," *Lexington Herald-Leader,* June 14, 2014, http://www.kentucky.com/news/politics-government/article44493327.html.

49. John Cheves, "Financier Who Stole Millions from Kentucky Retirement Systems Is Sentenced to Prison," *Lexington Herald-Leader,* April 21, 2015, http://www.kentucky.com/news/business/article44595330.html.

50. Ibid.

51. "Fisher Sees Stocks Permanently High; Yale Economist Tells Purchasing Agents Increased Earnings Justify Rise," *New York Times,* October 16, 1929, 8.

52. Paul Samuelson, "Science and Stocks," *Newsweek,* September 19, 1966, 92.

第2章 房间里最重要的人

1. The quote and many of the other facts about Keynes's management of the King's College endowment are drawn from David Chambers, Elroy Dimson, and Justin Foo, "Keynes, King's, and Endowment Asset Management," in Jeffrey R. Brown and Caroline M. Hoxby, editors, *How the Financial Crisis and Great Recession Affected Higher Education* (Chicago: University of Chicago Press, 2014). We also relied on David Chambers, Elroy Dimson, and Justin Foo, "Keynes the Stock Market Investor: A Quantitative Approach," *Journal of Financial and Quantitative Analysis* 50 (August 2015): 843–868.

2. David Chambers and Elroy Dimson, "The British Origins of the US Endowment Model," *Financial Analysts Journal* 71 (March–April 2015): 10–14.

3. This discussion is based on "How Larry Tisch and NYU Missed Epic Bull Markets," *Wall Street Journal*, October 16, 1997, http://www.wsj.com/articles/SB876952178231654000; Jonathan Kandell, "Laurence A. Tisch, Investor Known for Saving CBS Inc. from Takeover, Dies at 80," *New York Times*, November 16, 2003, http://www.nytimes.com/2003/11/16/business/laurence-a-tisch-investor-known-for-saving-cbs-inc-from-takeover-dies-at-80.html?pagewanted=all; and "The Skorina Report: A Look at the New Investment Crew at NYU," *All about Alpha*, July 9, 2015, http://www.allaboutalpha.com/blog/2015/07/09/the-skorina-report-a-look-at-the-new-investment-crew-at-nyu/.

4. "Tsk, Tsk, Larry Tisch," *Fortune*, October 26, 2007, http://archive.fortune.com/magazines/fortune/fortune_archive/1987/10/26/69714/index.htm.

5. Terry Williams, "NYU Remakes Its Endowment," *Pensions & Investments*, March 9, 1998, http://www.pionline.com/article/19980309/PRINT/803090720/nyu-remakes-its-endowment.

6. "Tsk, Tsk, Larry Tisch," *Fortune*.

7. Claude H. W. Johns, *Babylonian and Assyrian Laws, Contracts and Letters* (New York: Charles Scribner's Sons, 1904).

8. This discussion is drawn in large part from Udayan Gupta, "Peter Crisp: Venrock Associates," *Done Deals: Venture Capitalists Tell Their Stories* (Boston: Harvard Business School Press, 2000), 107–112; "Laurance Rockefeller, 1910–2004," *The Rockefeller Family Archive*, 2004, http://rockarch.org/bio/laurance.php; W. David Lewis, *Eddie Rickenbacker: An American Hero in the Twentieth Century* (Baltimore: Johns Hopkins University Press, 2005); David Rockefeller, *Memoirs* (New York: Random House, 2002); and Robin W. Winks, *Laurance S. Rockefeller: Catalyst for Conservation* (Washington, DC: Island Press, 1997).

9. Rupert Cromwell, "Laurance Rockefeller: Conservationist Who Put His Rockefeller Riches to Work," *Independent*, July 12, 2004, http://www.independent.co.uk/news/obituaries/laurance-rockefeller-38820.html.

10. William Elfers, *Greylock: An Adventure Capital Story* (Boston: Greylock Management, 1995), 7.

11. Board of Governors of the Federal Reserve System, "Financial Accounts of the United States," March 8, 2018, Tables L.166 and L.117, https://www.federalreserve.gov/releases/z1/20180308/html/l117.htm; Commonfund and National Association of College and University Business Officers, *2017 NACUBO-Commonfund Study of Endowments* (Greenwich, CT: Commonfund, 2018).

12. Preqin, *2017 Sovereign Wealth Fund Review* (London: Preqin, 2017) and earlier years.

13. "Norges Bank Investment Management," 2017, https://www.nbim.no/.

14. This account is based on, among other sources, Preqin, *2017 Sovereign Wealth Fund Review*; and International Monetary Fund, "IMF Executive Board Concludes 2016 Article IV Consultation with Kiribati," Press Release 16/400, September 9, 2016, https://www.imf.org/en/News/Articles/2016/09/09/PR16400-Kiribati-IMF-Executive-Board-Concludes -2016-Article-IV-Consultation.

15. "Russian Direct Investment Fund," 2017, https://rdif.ru/Eng_Index/.

16. "About Mubadala," 2017, https://www.mubadala.com/en/who-we-are/about-the-company. Of course, in some cases where groups do not have an official mandate other than maximization of risk-adjusted returns, such as the Chinese Investment Corporation (CIC), they may still make investments in industries critical to the nation.

17. The Singapore discussion is drawn from a variety of sources, including Saeed Azhar and Rachel Armstrong, "Singapore GIC Gives Private Equity Firms Run for Their Money," *Reuters*, September 4, 2014, https://www.reuters.com/article/gic-privateequity/going-direct-gic-gives-private-equity-firms-run-for-their-money-idUSL3N0QV1JX20140903; Shirley Koh and Boon-Siong Neo, "Temasek Holdings and Its Governance of Governance-Linked Companies," Nanyang Business School Case no. NTU078, 2016; and Freddy Orchard, "Safeguarding the Future: The Story of How Singapore Has Managed Its Reserves and the Founding of GIC," 2012, http://gichistory.gic.com.sg/.

18. Koh and Neo, "Temasek Holdings," 4.

19. GIC, *Investment Report*, various years, http://www.gic.com.sg/report/report-2015-2016/investment-report.html.

20. Like many large investors, GIC struggled to match market benchmarks, much less the returns achieved by the top endowments and family offices. According to its *Investment Report*, in the twenty years ended in 2016, GIC generated an annual return of 5.7%. A standard portfolio consisting of a 60% weight on the Wilshire 5000 and 40% on the Barclays Aggregate Bond Index would have returned 7.4% annually.

21. This account is drawn from Canadian Pension Plan Investment Board, *Annual Reports*, Toronto, various years; Felda Hardymon, Ann Leamon, and Josh Lerner, "Canada Pension Plan Investment Board," Harvard Business School Case no. 809-073, 2009 ; and Josh Lerner, Matthew Rhodes-Kropf, and Nathaniel Burbank, "Canada Pension Plan Investment Board: October 2012," Harvard Business School Case no. 813-103, 2013.

22. CPPIB, "Management's Discussion and Analysis," *Annual Report*, 2012, 21.

23. Due to legacy holdings of nontradable bonds, this allocation could never be achieved in reality but served as a target.

24. CPPIB, *2005 Annual Report*, 8.

25. Brad Stone and Claire Cain Miller, "EBay Is Said to Have Deal to Sell Skype," *New York Times*, September 1, 2009, http://www.nytimes.com/2009/09/01/technology/companies/01ebay.html?pagewanted=all.

26. CPPIB, "Investor Group to Acquire Majority Stake in Skype," press release, September 4, 2009, http://www.cppib.ca/files/PDF/Silver_Lake_Press_Release_FINAL.pdf.

27. CPPIB, "Management's Discussion and Analysis," *Annual Report*, 2012, 55.

28. Matthew Rhodes-Kropf, Luis M. Viceira, John D. Dionne, and Nathaniel Burbank, "Texas Teachers and the New Texas Way," Harvard Business School Case no. 9-214-091, 2014.

第3章 长期投资的两大难题

1. Robert S. Harris and Rüdiger Stucke, "Are Too Many Private Equity Funds Top Quartile?," *Journal of Applied Corporate Finance* 24, no. 4 (2012): 77–89.

2. William Elfers, *Greylock: An Adventure Capital Story* (Boston: Greylock Management, 1995), 162.

3. Howard Marks, "Lines in the Sand," Oaktree Capital Management, April 18, 2017, https://www.oaktreecapital.com/docs/default-source/memos/lines-in-the-sand.pdf.

4. These examples are adapted from Steven Kaplan and Antoinette Schoar, "Private Equity Performance: Returns, Persistence, and Capital," *Journal of Finance* 60, no. 4 (2005): 1791–1823.

5. Robert S. Harris, Tim Jenkinson, and Steven N. Kaplan, "How Do Private Equity Investments Perform Compared to Public Equity?," *Journal of Investment Management* 14, no. 3 (2016): 1–24.

6. This analysis was undertaken for the authors. We thank Nan Zhang for his help.

7. See, for instance, Gregory W. Brown, Oleg Gredil, and Steven N. Kaplan, "Do Private Equity Funds Manipulate Reported Returns?," *Journal of Financial Economics*, forthcoming.

8. Lubos Pastor and Robert Stambaugh, "Liquidity Risk and Expected Stock Returns," *Journal of Political Economy* 111, no. 3 (2003): 642–685.

9. This paragraph is based on Roger Lowenstein, *When Genius Failed: The Rise and Fall of Long-Term Capital Management* (New York: Random House, 2000).

10. Tyler Durden, "Debt-to-EBITDA Ratios Are Now the Highest in History," August 4, 2016, http://www.zerohedge.com/news/2016-08-04/debt-ebitda-ratios-are-now-highest-history, and the S&P Leveraged Commentary and Data database.

11. Preqin, *Preqin 2017 Real Estate Report* (London: Preqin, 2017), 75; Roger Ibbotson, Roger J. Grabowski, James P. Harrington, and Carla Nunes, *Stocks, Bonds, Bills, and Inflation (SBBI) Yearbook* (New York: Wiley, 2017).

12. This analysis is drawn from Cambridge Associates, "10-Year Manager Return Dispersion across Asset Classes: First Quarter 2007–Fourth Quarter 2016 (Trailing 10-Year Period)," 2017.

13. This phenomenon is discussed, for instance, in Jonathan B. Berk and Richard C. Green, "Mutual Fund Flows and Performance in Rational Markets," *Journal of Political Economy* 112, no. 6 (2004): 1269–1295.

14. Arthur Korteweg and Morten Sørensen, "Skill and Luck in Private Equity Performance," *Journal of Financial Economics* 124, no. 3 (2017): 535–562.

15. These performance numbers are from Preqin, as of June 2017.

16. Robert S. Harris, Tim Jenkinson, Steven N. Kaplan, and Rüdiger Stucke, "Has Persistence Persisted in Private Equity? Evidence from Buyout and Venture Capital Funds," Darden Business School, Working Paper no. 2304808, 2014, https://ssrn.com/abstract=2304808.

17. A classic analysis is Mark Carhart, "On Persistence in Mutual Fund Performance," *Journal of Finance* 52 (1997): 57–82.

18. See, for instance, Stephen J. Brown, William N. Goetzmann, and Roger G. Ibbotson, "Offshore Hedge Funds: Survival and Performance, 1989–95," *Journal of Business* 72 (1999): 91–117.

19. Josh Lerner, Antoinette Schoar, and Wan Wong, "Smart Institutions, Foolish Choices?: The Limited Partner Performance Puzzle," *Journal of Finance* 62, no. 2 (2007): 731–764.

20. Josh Lerner, Antoinette Schoar, and Jialan Wang, "Secrets of the Academy: The Drivers of University Endowment Success," *Journal of Economic Perspectives* 22 (Summer 2008): 207–222.

21. "Manifold Effects of Hard Times," *Time Magazine* (December 9, 1974), 40–41; Christopher Shea, "U. of Rochester to Cut Programs, Faculty, and Enrollment," *Chronicle of Higher Education* 42, no. 16 (1995): A33.

22. Harris et al., "Has Persistence Persisted in Private Equity?"

23. Heather Timmons, "Criticism of State-Owned Air India Grows," *New York Times*, May 25, 2011.

24. Philip S. Khinda, Donald E. Wellington, and Ellen S. Zimiles, "Report of the CalPERS Special Review," Steptoe & Johnson and Navigant Consulting, March 2011, https://www.scribd.com/document/214615140/CalPERS-Special-Review-by-Steptoe-Johnson.

25. Ed Timms and Christy Hoppe, "Texas Teacher Pension Fund Gave More in Bonuses Than All Other State Agencies Combined, Analysis Shows," *Dallas Morning News*, April 23, 2011, https://www.dallasnews.com/news/texas/2011/04/23/texas-teacher-pension-fund-gave-more-in-bonuses-than-all-other-state-agencies-combined-analysis-shows.

26. Ibid.

27. Ibid.

28. Ibid.

29. Berk Sensoy, Yingdi Wang, and Michael Weisbach, "Limited Partner Performance and the Maturing of the Private Equity Industry," *Journal of Financial Economics* 112, no. 3 (2014): 320–343.

30. This analysis is taken from Harris et al., "Has Persistence Persisted in Private Equity?"

第4章　实现长期投资的四大要素

1. Robert H. Hayes and William J. Abernathy, "Managing Our Way to Economic Decline," *Harvard Business Review* (July–August 1980): 67–77.

2. George C. Lodge, *The American Disease* (New York: Alfred A. Knopf, 1984).

3. Yale University Investments Office, *The Yale Endowment: 2017* (New Haven, CT: Yale, 2018) and earlier years.

4. Josh Lerner, "Yale University Investments Office: February 2015," Case no. 815-124 (Boston: Harvard Business School Publishing, 2015).

5. Abby Jackson, "Malcolm Gladwell Unloads on Yale for Reportedly Paying $480 Million to Hedge Fund Managers Last Year," *Business Insider*, August 19, 2015, http://www.businessinsider.com/malcolm-gladwell-attacks-yale-for-its-480-million-payment-to-hedge-fund-managers-2015-8; Warren E. Buffett, "Letter to the Shareholders of Berkshire Hathaway," February 25, 2017, http://www.berkshirehathaway.com/letters/2016ltr.pdf.

6. Lerner, "Yale University Investments Office." The total combines the reduced value of the endowment at the end of the period and the smaller payouts from the endowment that would have happened in the interim, based on the spending rules for university employees.

7. David T. Robinson and Berk A. Sensoy, "Do Private Equity Fund Managers Earn Their Fees? Compensation, Ownership, and Cash Flow Performance," *Review of Financial Studies* 26 (2013): 2760–2797.

8. James B. Stewart, "In College Endowment Returns, Davids Beat the Goliaths," *New York Times*, February 25, 2016, https://www.nytimes.com/2016/02/26/business/in-college-endow

ment-returns-davids-beat-the-goliaths.html. A subsequent correction in the *Times* pointed out that SVU used a nonstandard fiscal year, which encompassed part of the 2015 fiscal year, a more favorable period for equities.

9. National Association of College and University Business Officers, "U.S. and Canadian Institutions Listed by Fiscal Year (FY) 2016 Endowment Market Value and Change in Endowment Market Value from FY2015 to FY2016," NACUBO, 2017, http://www.nacubo.org/Documents/EndowmentFiles/2016-Endowment-Market-Values.pdf.

10. Roger Ibbotson, Roger J. Grabowski, James P. Harrington, and Carla Nunes, *Stocks, Bonds, Bills, and Inflation (SBBI) Yearbook* (New York: Wiley, 2017).

11. This section is drawn from Sean Koh, Josh Lerner, and Alison Tarditi, "PensionDanmark: Direct Infrastructure Investing," in *Innovations in Long-Term Management: The Practitioner's Perspective* (Geneva: World Economic Forum, 2016), 72–79.

12. Australian Centre for Financial Studies, *2016 Melbourne Mercer Global Pension Index Media Release*, 2016, http://www.globalpens,ionindex.com/news/2016-melbourne-mercer-global-pension-index-media-release/.

13. Nicholas Tsafos, "Infrastructure Still Elusive in Pension Fund Asset Allocation," *Pensions & Investments*, March 3, 2014, http://www.pionline.com/article/20140303/PRINT/303039992/infrastructure-still-elusive-in-pension-fund-asset-allocation.

14. Frederick Blanc-Brude, "Making a Better Match between Institutional Investors and Infrastructure Investments," *Rethinking Infrastructure: Voices from the Global Infrastructure Initiative* (New York: McKinsey & Co., 2014), 13–20, http://www.mckinsey.com/~/media/mckinsey/dotcom/client_service/infrastructure/pdfs/gii%20compendium/rethinkinginfrastructure_gii.ashx.

15. Toby D. Couture and Mischa Bechberger, "Pain in Spain: New Retroactive Changes Hinder Renewable Energy," *Renewable Energy World*, April 19, 2013, http://www.renewableenergyworld.com/articles/2013/04/pain-in-spain-new-retroactive-changes-hinders-renewable-energy.html.

16. Another more recent example of creative expansion into the alternative asset space can be seen in the case of PFA, Denmark's largest private insurance and pension company. For more information, see Victoria Ivashina, Federica Gabrieli, and Jérôme Lenhardt, "PFA Pension: Expansion of Alternatives Portfolio," Harvard Business School Case no. 218-025, 2017.

17. The rest of this chapter owes a substantial debt to Josh Lerner, Antoinette Schoar, and Jialan Wang, "Secrets of the Academy: The Drivers of University Endowment Success," *Journal of Economic Perspectives* 22 (Summer 2008): 207–222, and especially to Ann Leamon, Josh Lerner, and Vladimir Bosiljevac, *Measurement, Governance, and Long-Term Investing* (Geneva: World Economic Forum, 2012). Because of our inability to improve on Ann's prose, many words originally written by her found their way into this chapter.

18. https://www.youtube.com/watch?v=2nf_bu-kBr4.

19. Michael Lewis, *Moneyball* (New York: W. W. Norton & Company, 2004).

20. Advisory Committee on Endowment Management, *Managing Educational Endowments: Report to the Ford Foundation* (New York: Ford Foundation, 1969).

21. Gordon L. Clark and Roger Urwin, "Best-Practice Pension Fund Governance," *Journal of Asset Management* 9, no. 1 (2008): 2–21.

22. Leamon, Lerner, and Bosiljevac, *Measurement, Governance, and Long-Term Investing*.

23. Paul Myners, "Institutional Investment in the United Kingdom: A Review," 2001, http://www.hm-treasury.gov.uk/media/2F9/02/31.pdf, cited in Gordon L. Clark, Emiko Caerlewy-Smith, and John Marshall, "Pension Fund Trustee Competence: Decision-Making in Problems Relevant to Investment Practice," *Journal of Pension Economics and Finance* 5 (2006): 93.

24. Keith Ambachtsheer, Ronald Capelle, and Hubert Lum, "The Pension Governance Deficit: Still with Us," *Rotman International Journal of Pension Management* 1, no. 1 (Fall 2008): 14–21.

25. Pensions Regulator of the U.K., *Code of Practice No. 7: Trustee Knowledge and Understanding*, 2009, accessed February 24, 2012. http://www.thepensionsregulator.gov.uk/docs/code-07-trustee-knowledge-understanding.pdf, 6.

26. Olivia S. Mitchell, John Piggott, and Cagri Kumru, "Managing Public Investment Funds: Best Practices and New Challenges," NBER, Working Paper no. 14078, August 2008, http://www.nber.org/papers/w14078.

27. CalPERS, http://www.calpers.ca.gov/index.jsp?bc=/about/organization/board/home.xml, accessed November 7, 2011. In response to a comprehensive review of its governance practices, CalPERS has reduced the number of board committees and adopted ten governance reforms ("CalPERS Board Adopts Governance Reforms," press release, September 14, 2011, http://www.calpers.ca.gov/index.jsp?bc=/about/press/pr-2011/sept/calpers-board-adopts.xml; and "CalPERS Changes Board Committee Line-Up," press release, February 10, 2012, accessed February 24, 2012, http://www.calpers.ca.gov/index.jsp?bc=/about/press/pr-2012/feb/board-line-up.xml).

28. David Hess, "Protecting and Politicizing Public Pension Fund Assets," *U. Cal-Davis Law Review* 39 (2005): 187–227.

29. Clark, Caerlewy-Smith, and Marshall, "Pension Fund Trustee Competence," 93; Fiona Stewart and Juan Yermo, "Pension Fund Governance: Challenges and Potential Solutions," OECD, Working Papers on Insurance and Private Pensions, no. 18, 2008 (DOI 10.1787/241402256531, http://dx.doi.org/10.1787/241402256531).

30. Aleksandar Andonov, Yael Hochberg, and Joshua Rauh, "Political Representation and Governance: Evidence from the Investment Decisions of Public Pension Funds," *Journal of Finance*, forthcoming.

31. Stewart and Yermo, "Pension Fund Governance."

32. This paragraph is drawn from Canadian Pension Plan Investment Board, *Annual Reports*, Toronto, various years; Felda Hardymon, Ann Leamon, and Josh Lerner, "Canada Pension Plan Investment Board," Harvard Business School Case no. 809-073, 2009 ; and Josh Lerner, Matthew Rhodes-Kropf, and Nathaniel Burbank, "Canada Pension Plan Investment Board: October 2012," Harvard Business School Case no. 813-103, 2013.

33. Hardymon, Leamon, and Lerner, "Canada Pension Plan Investment Board," 1.

34. Clark and Urwin, "Best-Practice Pension Fund Governance."

35. For more, see Martijn Cremers and Antti Petajisto, "How Active Is Your Fund Manager?," *Review of Financial Studies* 22, no. 9 (2009): 3329–3365.

36. Of course, part of this turnover is driven by compensation matters, which we discuss shortly.

37. Leamon, Lerner, and Bosiljevac, *Measurement, Governance, and Long-Term Investing*.

38. Paul A. Gompers, "Grandstanding in the Venture Capital Industry," *Journal of Financial Economics* 42, no. 1 (1996): 133–156.

39. Leamon, Lerner, and Bosiljevac, *Measurement, Governance, and Long-Term Investing.* Some infrastructure funds and a small number of private equity funds, it should be noted, are structured with a longer life to match the asset length. We explore these in more depth in chapter 7.

40. Gregory W. Brown, Oleg Gredil, and Steven N. Kaplan, "Do Private Equity Funds Manipulate Reported Returns?," *Journal of Financial Economics*, forthcoming.

41. Rolfe Winkler, "Andreessen Horowitz's Returns Trail Venture-Capital Elite," *Wall Street Journal*, September 1, 2016, https://www.wsj.com/articles/andreessen-horowitzs-returns-trail-venture-capital-elite-1472722381.

42. Scott Kupor, "When Is a "Mark" Not a Mark? When It's a Venture Capital Mark," *Andreessen Horowitz*, September 1, 2016, http://a16z.com/2016/09/01/marks-offmark/.

43. For a systematic look at the overvaluations that can result in this setting, see Will Gornall and Ilya Strebulaev, "Squaring Venture Capital Valuations with Reality," *Journal of Financial Economics*, forthcoming, https://ssrn.com/abstract=2955455.

44. Loch Adamson, "Sovereign Wealth Funds Starting to Embrace Transparency," *Institutional Investor*, September 15, 2011.

45. Future Fund, "Portfolio Update at 31 March 2017," April 27, 2017, http://www.futurefund.gov.au/-/media/files/futurefund/05---portfolio-updates/portfolio-update-at-31-march-2017.pdf?la=en&hash=6A0C9979BB754621lE8FA71C4302D33E6CE73E91.

46. Leamon, Lerner, and Bosiljevac, *Measurement, Governance, and Long-Term Investing.*

47. Nicholas Barberis and Richard Thaler, "A Survey of Behavioral Finance," working paper, http://papers.ssrn.com/sol3/papers.cfm?abstract_id=327880.

48. R. Alexander Hetherington, cited in Alison Griswold, "Investments Office Hires Yalies." *Yale Daily News*, October 22, 2010, https://yaledailynews.com/blog/2010/10/22/investments-office-hires-yalies/.

49. Hardymon, Leamon, and Lerner, "Canada Pension Plan Investment Board," 12.

50. Teresa M. Amabile, "Motivational Synergy: Toward New Conceptualizations of Intrinsic and Extrinsic Motivation in the Workplace," *Human Resource Management Review* 3, no. 3 (1993): 185–201.

51. Ibbotson et al., *SBBI Yearbook.*

52. Geraldine Fabrikant, "Harvard Endowment Loses 22%," *New York Times*, December 3, 2008, http://www.nytimes.com/2008/12/04/business/04harvard.html.

53. Robert J. Shiller, *Irrational Exuberance* (New York: Random House, Inc., 2005); Werner F. M. De Bondt and Richard Thaler, "Does the Stock Market Overreact?," *Journal of Finance* 40 (1985): 793–808; Werner F. M. De Bondt and Richard Thaler, "Further Evidence on Investor Overreaction and Stock Market Seasonality," *Journal of Finance* 42 (1987): 557–581.

第5章　私募资本的起源

1. Steven N. Kaplan and Josh Lerner, "It Ain't Broke: The Past, Present, and Future of Venture Capital," *Journal of Applied Corporate Finance* 22 (Spring 2010), 1–12. In doing this calculation, we eliminated IPOs that were not true start-ups—blank-check companies, corporate spin-outs or spin-offs, financial institutions, REITS, and reverse leveraged buyouts.

2. Steve Davis, John Haltiwanger, Kyle Hanley, Ron Jarmin, and Javier Miranda, "The Social Impact of Private Equity over Boom and Bust," working paper, University of Chicago, 2018.

3. This discussion is drawn primarily from Spencer E. Ante, *Creative Capital: Georges Doriot and the Birth of Venture Capital* (Boston, MA: Harvard Business, 2008); David H. Hsu and Martin Kenney, "Organizing Venture Capital: The Rise and Demise of American Research & Development Corporation, 1946–1973," *Industrial and Corporate Change* 14, no. 4 (2005): 579–616; and Tom Nicholas and David Chen, "Georges Doriot and American Venture Capital," Harvard Business School Case no. 9-812-110, 2015.

4. Ante, *Creative Capital*, 112.

5. Hsu and Kenney, "Organizing Venture Capital," 586.

6. Georges Doriot, "Memorandum on Venture Capital," quoted in Nicholas and Chen, "Georges Doriot and American Venture Capital," 8.

7. Gene Bylinsky, "General Doriot's Dream Factory," *Fortune* 76 (August 1967): 104.

8. Ante, *Creative Capital*, 135–136.

9. Patrick R. Liles, *Sustaining the Venture Capital Firm* (Cambridge, MA: Management Analysis Center, 1977). To the best of our knowledge, no one has attempted to do a proper assessment of the ARD's returns during this period (e.g., a tailored public market equivalent analysis that properly controls for risk).

10. This account is especially based on Leslie Berlin, "Draper Gaither and Anderson: First Venture Capital Firm in Silicon Valley," in Bruce Schulman, editor, *Making the American Century: Essays on the Political Culture of Twentieth Century America* (New York: Oxford University Press, 2014); William H. Draper Jr., *The Startup Game: Inside the Partnership between Venture Capitalists and Entrepreneurs* (New York: Palgrave Macmillan, 2011); and "Blue Ribbon Venture Capital," *Business Week* (October 29, 1960): 65–69. It (and the account of 3i) is adapted from this in Josh Lerner, *The Architecture of Innovation* (Boston: Harvard Business School Publishing, 2012).

11. Berlin, "Draper Gaither and Anderson," 4.

12. Though general partners typically try to limit their exposure by using a corporate structure for the general partnership, plaintiffs occasionally have succeeded in extracting settlements or damages. One famous instance involved Hummer Winblad's investment in the notorious file-sharing service Napster (for a thoughtful discussion, see John Ottaviani, "The End is Near—Bertelsmann Settles EMI Claims over Napster," *Technology & Marketing Law Blog*, March 28, 2007, http://blog.ericgoldman.org/archives/2007/03/the_end_is_near.htm).

13. Draper, *The Startup Game*, 26.

14. This account is based primarily on George P. Baker and George D. Smith, *The New Financial Capitalists: Kohlberg Kravis Roberts and the Creation of Corporate Value* (New York: Cambridge University Press, 1998); Brian Burroughs and John Helyar, *Barbarians at the Gate: The Fall of RJR Nabisco* (New York: Harper & Row, 1990); and George Anders, *Merchants of Debt: KKR and the Mortgaging of American Business* (Washington, DC: BeardBooks, 1992).

15. Thomas R. Navin and Marian V. Sears, "A Study in Merger: Formation of the International Mercantile Marine Company," *Business History Review* 28, no. 4 (1954): 291–328.

16. Allan Nevins and Frank Ernest Hill, *Ford: Expansion and Challenge, 1915–1933* (New York: Charles Scribner's Sons, 1957).

17. The deal also used $50 million of preferred stock from banks and other financiers.

18. See, for instance, Steven Davis, John Haltiwanger, Kyle Hanley, Ron Jarmin, Josh Lerner, and Javier Miranda, "Private Equity, Jobs, and Productivity," *American Economic Review* 104 (December 2014): 3956–3990.

19. This history is based primarily on Richard Coopey and Donald Clarke, *3i: Fifty Years Investing in Industry* (Oxford: Oxford University Press, 1995); Felda Hardymon and Ann Leamon, "3i Group PLC—2006," Harvard Business School Case no. 803-020, 2003; Felda Hardymon, Ann Leamon, and Josh Lerner, "3i Group PLC," Harvard Business School Case no. 9-807-006, 2006; Henry Rinjen, "Global Pursuit," *Upside* 12 (October 2000): 90–94; and "3i Drops Early Stage," *European Venture Capital and Private Equity Journal* 150 (March 2008): 15.

20. Dan Gledhill, "3i Has the Balance to Surf the Net's New Wave," *Independent,* February 20, 2000, B7.

21. This is based on Thomson Reuters, "Datastream Database," http://online.thomsonreuters.com/datastream/.

22. Beth Healy, "3i Group: The Biggest Firm You've Never Heard Of," *Boston Globe,* May 6, 2002.

23. Benjamin Wootliff, "Tech Downturn Hits 3i Group," *Telegraph,* May 18, 2001, http://www.telegraph.co.uk/finance/4490768/Tech-downturn-hits-3i-Group.html.

24. Martin Arnold, "3i Quits Early-Stage Investments," *Financial Times,* March 24, 2008, https://www.ft.com/content/b64a1578-f9c6-11dc-9b7c-000077b07658.

25. For all its importance, the history of real estate private equity is not well documented. Two of the best historical discussions of the origins of the asset class are in Peter Linneman and Stanley Ross, "Real Estate Private Equity," Samuel Zell and Robert Lurie Real Estate Center, Working Paper no. 413, Wharton School, University of Pennsylvania, 2003; and Thea C. Hahn, David Geltner, and Nori Gerardo-Lietz, "Real Estate Opportunity Funds," *Journal of Portfolio Management* 31, no. 5 (2005): 143–153.

26. This discussion is drawn in large part on David Carey and John E. Morris, *King of Capital: The Remarkable Rise, Fall, and Rise Again of Steve Schwarzman and Blackstone* (New York: Crown Business, 2012); John Dionne, Josh Lerner, and Amram Migdal, "Blackstone at Age 30," Harvard Business School Case no. 9-816-013, 2015; and Felda Hardymon, Ann Leamon, and Josh Lerner, "The Blackstone Group's IPO," Harvard Business School Case no. 9-808-100, with updates from the Preqin database and https://www.blackstone.com/.

27. Dionne, Lerner, and Migdal, "Blackstone at Age 30," 2.

28. Dionne, Lerner, and Migdal, "Blackstone at Age 30," 3.

29. Hardymon, Leamon, and Lerner, "The Blackstone Group's IPO," 7.

30. Dionne, Lerner, and Migdal, "Blackstone at Age 30," 4.

第6章　基金管理人面临的挑战

1. This account is drawn from, among other sources, Sarah Buhr, "At Rothenberg Ventures, the Rise and Fall of a Virtual Gatsby," *TechCrunch,* August 18, 2016, https://techcrunch.com/2016/08/18/at-rothenberg-ventures-the-rise-and-fall-of-a-virtual-gatsby/; Matthew

Rhodes-Kropf, Ramana Nanda, and Nathaniel Burbank, "Founder Field Day," Harvard Business School Case no. 815-101 (Boston: Harvard Business Publishing, 2015); and Lauren Smiley and Jessi Hempel, "Trouble in the House of Rothenberg," September 16, 2016, https://backchannel.com/mike-rothenbergs-vc-firm-was-young-splashy-and-loaded-with-cash-now-it-s-all-come-crashing-down-e76fa076c7c5.

2. Rhodes-Kropf, Nanda, and Burbank, "Founder Field Day."

3. See, for instance, Sarah Buhr, "Mike Rothenberg Allegedly Wired $5.2 Million from Silicon Valley Bank without Investor Permission," *TechCrunch*, September 20, 2016, https://techcrunch.com/2016/09/20/mike-rothenberg-allegedly-wired-5-2-million-from-silicon-valley-bank-without-investor-permission/.

4. https://www/sec/gov/news/press-release/2018-160.

5. This account is drawn from, among other sources, Suzanne Andrews, "Won't Someone Please Pay Attention to Teddy Forstmann?," *Institutional Investor*, February 1993, 27–35; Bryan Burrough and John Helyar, *Barbarians at the Gate* (New York: Harper & Row, 1990); "Forstmann Little & Co. History," http://www.fundinguniverse.com/company-histories/forstmann-little-co-history/; Brett Fromson, "Dealmaker of the Decade," *Washington Post*, June 4, 1995, H1, H5; Richard D. Hylton, "How KKR Got Beaten at Its Own Game," *Fortune*, May 2, 1994, 104–107; and Adam Lashinsky, "How Teddy Forstmann Lost His Groove: The Forstmann Little Chief, One of the Greatest Dealmakers Ever, Has Stumbled Badly. Has His Time Passed?," *Fortune*, July 26, 2004, http://archive.fortune.com/magazines/fortune/fortune_archive/2004/07/26/377149/index.htm.

6. A less appealing aspect of Forstmann Little's reliance on mezzanine debt was its implicit requirement that investors in the equity fund had to participate in the mezzanine fund. In these situations, it is natural to wonder whether the mezzanine transactions were done at below-market terms, inflating the returns of the equity fund. For a discussion, see Floyd Norris, "Market Place: Investors Loyal to Buyout Firm," *New York Times*, January 11, 1991, http://www.nytimes.com/1991/01/11/business/market-place-investors-loyal-to-buyout-firm.html.

7. Lashinsky, "How Teddy Forstmann Lost His Groove."

8. The definitive account of the early history of investment partnerships is Guido Astuti, *Origini e Svolgimento Storico della Commenda Fino al Secolo XIII* (Milan: S. Lattes & Co., 1933). The best accounts in English are in Raymond De Roover, "The Organization of Trade," in M. M. Postan, E. E. Rich, and Edward Miller, editors, *The Cambridge Economic History of Europe: Volume III—Economic Organization and Policies in the Middle Ages* (Cambridge: Cambridge University Press, 1963, chapter 2); and Robert S. Lopez and Irving W. Raymond, *Medieval Trade in the Mediterranean World: Illustrative Documents Translated with Introductions and Notes* (New York: Columbia University Press, 1955).

9. Andrew Metrick and Ayako Yasuda, "The Economics of Private Equity Funds," *Review of Financial Studies* 23, no. 6 (2010): 2303–2341.

10. Jessica Davies, "Buyout Shops Rack Up Management Fees," *Private Equity News*, April 24, 2017.

11. Ainslie Chandler, "EQT Offers Investors Their Choice of Carry Formulas," *Bloomberg Brief | Private Equity*, August 6, 2015.

12. Paul Gompers and Josh Lerner, "The Use of Covenants: An Analysis of Venture Partnership Agreements," *Journal of Law and Economics* 39 (October 1996): 463–498.

13. This account is drawn largely from *In the Matter of Fenway Partners, LLC, Peter Lamm, William Gregory Smart, Timothy Mayhew, Jr., and Walter Wiacek, CPA, Respondents*, "Order Instituting Administrative and Cease-and-Desist Proceedings Pursuant to Sections 203(E), 203(F) and 203(K) of the Investment Advisers Act of 1940, Making Findings, and Imposing Remedial Sanctions and a Cease-and-Desist Order," Release no. 4253, US Securities and Exchange Commission, November 3, 2015, https://www.sec.gov/litigation/admin/2015/ia-4253.pdf, and associated documents.

14. Arleen Jacobius, "Zombie PE Funds Draining Investors' Purses," *Pensions & Investments*, January 9, 2012, http://www.pionline.com/article/20120109/PRINT/301099973/zombie-pe-funds-draining-investors-purses.

15. Andrew J. Bowden, "Spreading Sunshine in Private Equity," May 6, 2014, https://www.sec.gov/news/speech/2014--spch05062014cab.html.

16. Ludovic Phalippou, Christian Rauch, and Marc Umber, "Private Equity Portfolio Company Fees," working paper, Said School of Business, Oxford University, 2015.

17. Dan Primack, "I Was Wrong about Private Equity Reform," *Fortune*, February 6, 2015, http://fortune.com/2015/02/06/i-was-wrong-about-private-equity-reform/.

18. Institutional Limited Partners Association, "ILPA Publishes Landmark Guidance on Private Equity Fee Reporting," January 29, 2016, https://ilpa.org/public-industry-news/ilpa-publishes-landmark-guidance-on-private-equity-fee-reporting/.

19. "Texas Teachers OKs More Megasized Checks for Apollo, KKR," *Wall Street Journal*, April 1, 2015, https://blogs.wsj.com/privateequity/2015/04/01/texas-teachers-oks-more-megasized-checks-for-apollo-kkr/; "Blackstone to Get Record $2.5B NJ Investment," *PE Hub*, December 9, 2011, https://www.pehub.com/2011/12/blackstone-to-get-record-25b-nj-investment/.

20. Preqin, *2017 Preqin Global Private Equity & Venture Capital Report* (London: Preqin, 2017) and reports from earlier years.

21. Andrea Rossi, "Decreasing Returns or Mean-Reversion of Luck? The Case of Private Equity Fund Growth," Unpublished working paper, Ohio State University, 2017.

22. At the same time, as Rossi points out, the fact that groups that raise larger funds experience poorer subsequent performance does not mean that the deterioration of performance is entirely due to the increase in fund size. In all likelihood, many of the groups that are most aggressive in raising a larger fund have had a great deal of success in their prior one, partially due to good luck. Due to the fickleness of Lady Luck, these groups are unlikely to have the same success in their next fund.

23. This account is based on that in Josh Lerner, Felda Hardymon, and Ann Leamon, *Venture Capital, Private Equity, and the Financing of Entrepreneurship: The Power of Active Investing* (New York: John Wiley and Sons, 2012), and in turn is based on Alex Hoye and Josh Lerner, "The Exxel Group: September 1995," Harvard Business School Case no. 297-068 (Boston: Harvard Business Publishing, 1997); Alberto Ballve and Josh Lerner, "The Exxel Group: March 2001," Harvard Business School Case no. 9-202-053 (Boston: Harvard Business Publishing, 2001); http://www.exxelgroup.com/site/index.html; and various press accounts.

24. Florencio Lopez-de-Silanes, Ludovic Phalippou, and Oliver Gottschalg, "Giants at the Gate: Investment Returns and Diseconomies of Scale in Private Equity," *Journal of Financial and Quantitative Analysis* 50, no. 3 (2015): 377–411.

25. Cambridge Associates, "Declaring a Major: Sector-Focused Private Investment Funds," Research Note, September 2014.

26. Paul Gompers, Anna Kovner, and Josh Lerner, "Specialization and Success: Evidence from Venture Capital," *Journal of Economics and Management Strategy* 18 (Fall 2009): 827–844.

27. William M. Mercer, *Key Terms and Conditions for Private Equity Investing* (New York: William M. Mercer, 1996).

28. Lisa Keslar, "Private Equity Dust-Up," *Plan Sponsor*, June 1997, http://www.plansponsor.com/MagazineArticle.aspx?id=6442461674.

29. The next several paragraphs are drawn in large part from Victoria Ivashina and Josh Lerner, "Pay Now or Pay Later?: The Economics within the Private Equity Partnership," *Journal of Financial Economics*, forthcoming, 2018.

30. "Venture Lesson," *Crain's Chicago Business*, December 13, 1997, http://www.chicagobusiness.com/article/19971213/ISSUE01/10003805/venture-lesson.

31. "Justin Wender Statement on Quitting Castle Harlan," *PE Hub*, August 6, 2010, https://www.pehub.com/2010/08/justin-wender-statement-on-departure-from-castle-harlan/.

32. "Castle Harlan Stops Fundraising Efforts for Fund VI," *PE Hub*, July 15, 2015, https://www.pehub.com/2015/07/castle-harlan-stops-fundraising-efforts-for-fund-vi/.

33. "Weston Presidio Partners Said to Exit and Firm Cancels New Fund," *Bloomberg Business*, April 30, 2014, http://www.bloomberg.com/news/articles/2014-04-30/weston-presidio-partners-said-to-exit-as-firm-cancels-new-fund.

34. "What Went Wrong at Doughty Hanson?," *Financial News*, April 16, 2015, http://www.efinancialnews.com/story/2015-04-15/douhgty-hanson-private-equity-abandons-fundraising.

35. "Behind the Genteel Facade of the London-Based Private-Equity Firm Lurk Internal Frictions, *Wall Street Journal*, January 5, 2015, http://www.wsj.com/articles/infighting-roils-veteran-british-buyout-firm-1420515182.

36. http://probitaspartners.com/pdfs/emerging_manager_due_diligence_2005.pdf.

37. Based on Katie Benner, "John Doerr to Step Aside and Become Chairman at Kleiner Perkins," *New York Times*, March 31, 2016, https://www.nytimes.com/2016/04/01/technology/john-doerr-to-step-aside-and-become-chairman-at-kleiner-perkins.html; Sarah Mitroff, "Sequoia Capital's Michael Moritz Steps Back Due to Illness," *Venturebeat.com*, May 21, 2012, https://venturebeat.com/2012/05/21/michael-moritz-steps-back/; Alison L. Cowan, "Filling Void at the Top of Clayton & Dubilier," *New York Times*, September 6, 1991, http://www.nytimes.com/1991/09/06/business/business-people-filling-void-at-the-top-of-clayton-dubilier.html; and conversations with executives at these groups.

38. Amar V. Bhide, "McKinsey & Co. (A)—1956," Harvard Business School Case no. 9-393-066, 1992, and follow-on case studies.

39. Karen Richardson and Jason Singer, "Private Equity, Public Offerings Have a History," *Wall Street Journal*, April 2, 2007, C1.

40. For more information on 3i, see Felda Hardymon, Josh Lerner, and Ann Leamon, "3i Group, PLC," Harvard Business School Case no. 803-202, 2004; and Felda Hardymon and Ann Leamon, "3i Group, PLC: May 2006," Harvard Business School Case no. 807-006, 2007.

41. Henry Lahr and Christoph Kaserer, "Net Asset Value Discounts in Listed Private Equity Funds," working paper, http://citeseerx.ist.psu.edu/viewdoc/download?doi=10.1.1.175.6760&rep=rep1&type=pdf.

42. Blackstone Investor Day Presentation, June 2014.

43. Kevin Dowd, "Private Equity Goes Public: A History of PE Stock Performance," *Pitchbook*, May 20, 2016.

44. Landon Thomas Jr., "Stephen Schwarzman of Blackstone Feels the Agony of Victory," *New York Times*, September 4, 2015.

45. Lopez-de-Silanes, Phalippou, and Gottschalg, "Giants at the Gate."

46. This account is drawn from a variety of media sources, especially Liz Hoffman, Jenny Strasburg, and Sarah Krouse, "SoftBank to Buy Fortress Investment Group for $3.3 Billion," February 14, 2017, https://www.wsj.com/articles/softbank-nears-deal-to-buy-fortress-investment-group-for-more-than-3-billion-1487112978; Kana Inagaki and Arash Massoudi, "SoftBank's Masayoshi Son Surprises with Financial Fortress Deal," *Financial Times*, February 15, 2017, https://www.ft.com/content/26995548-f37b-11e6-8758-6876151821a6; Arleen Jacobius, "SoftBank-Fortress Deal Has Investors' Attention," *Pensions & Investments*, February 20, 2017, http://www.pionline.com/article/20170220/PRINT/302209978/softbank-fortress-deal-has-investors-attention; Bethany McLean, "Over the Hedge," *Vanity Fair*, April 2009, http://www.vanityfair.com/news/2009/04/fortress-group200904-2; and Michael Regan, "Fortress and the Curse of Hedge-Fund IPOs," *Bloomberg View*, October 14, 2015, http://www.sltrib.com/home/3059642-155/fortress-and-the-curse-of-hedge-fund.

47. www.preqin.com.

48. Based on a compilation by Evercore and news accounts.

49. Chris Witkowsky, "LPs Don't Like When GPs Sell Stakes," *PE Hub*, May 12, 2017, https://www.pehub.com/buyouts/lps-dont-like-when-gps-sell-minority-stakes/.

50. See, for instance, writings such as Eileen Appelbaum and Rosemary Batt, *Fees, Fees and More Fees: How Private Equity Abuses Its Limited Partners and U.S. Taxpayers* (Washington, DC: Center for Economic and Policy Research, 2016); and http://www.nakedcapitalism.com/.

第7章　私募资本合伙制的新思考

1. This section is drawn from William Elfers, *Greylock: An Adventure Capital Story* (Boston: Greylock Management, 1995); Felda Hardymon, Tom Nicholas, and David Lane, "Greylock Partners," Harvard Business School Case no. 9-813-002, 2013; David Hsu and Martin Kenney, "Organizing Venture Capital: The Rise and Demise of American Research & Development Corporation, 1946–1973," *Industrial and Corporate Change* 14 (2005): 579–616; and Charles Waite, "Greylock Management," in Udayan Gupta, editor, *Done Deals: Venture Capitalists Tell Their Stories* (Boston: Harvard Business School Press, 2000).

2. Elfers, *Greylock: An Adventure Capital Story*, 158–159.

3. Greylock Partners, "What Defines Greylock?," http://webcache.googleusercontent.com/search?q=cache:YxZZigzwggwJ:www.greylock.com/what-defines-greylock/+&cd=2&hl=en&ct=clnk&gl=us.

4. Elfers, *Greylock: An Adventure Capital Story*, 49.

5. Greylock Partners, "What Defines Greylock?"

6. While some aspects of Teays River's activities have been discussed in the public domain (for instance, Michael Fritz, "Washington State Investment Board to Weigh $300 Million Outlay to Teays River Investments," *Farmland Investor Letter*, April 9, 2015, http://www.farmlandinvestorcenter.com/?p=1403&option=com_wordpress&Itemid=171), many aspects have not. This section is largely based on discussions with the firm's management and investors.

7. This paragraph is derived from various filings with the US Securities and Exchange Commission, and Lloyd L. Drury III, "Publicly-Held Private Equity Firms and the Rejection of Law as a Governance Device," *University of Pennsylvania, Journal of Business Law*, 16 (2013): 57–95, http://scholarship.law.upenn.edu/cgi/viewcontent.cgi?article=1460&context=jbl.

8. Pharmaceutical Research and Manufacturers Association, "Biopharmaceutical Research and Development: The Process Behind New Medicines," (Washington, DC: PhRMA, 2015), http://phrma-docs.phrma.org/sites/default/files/pdf/rd_brochure_022307.pdf.

9. Karlene Lukowitz, "Eight O'Clock Dramatizes the Secrets of Whole Bean Coffee," *Marketing Daily*, February 22, 2016, http://www.mediapost.com/publications/article/269496/eight-oclock-dramatizes-the-secrets-of-whole-be.html; Mobis Philipose and Pallavi Pengonda, "Eight O' Clock Buyout," *Daily News and Analysis India*, June 26, 2006; and other press accounts.

10. This account is drawn from "Atrium Companies' Plan of Reorganization Confirmed by U.S. Bankruptcy Court Company on Track to Emerge from Chapter 11 by April 30," *Business Wire*, April 28, 2010, http://www.businesswire.com/news/home/20100428006336/en/Atrium-Companies%E2%80%99-Plan-Reorganization-Confirmed-U.S.-Bankruptcy; Samuel L. Hayes III and Josh Lerner, "The Fojtasek Companies and Heritage Partners: March 1995," Harvard Business School Case no. 297-046, 1997; Josh Lerner, "The Fojtasek Companies and Heritage Partners: October 1998," Harvard Business School Case no. 200-014, 1999; and numerous press accounts.

11. Francois Degeorge, Jens Martin, and Ludovic Phalippou, "On Secondary Buyouts," *Journal of Financial Economics* 120 (2016): 124–145.

12. This account is drawn from, among other sources, Chris Cumming, "Altas Partners Raises $1 Billion for Longer-Life Private-Equity Fund," *Wall Street Journal*, May 2, 2016, https://www.wsj.com/articles/altas-partners-raises-1-billion-for-longer-life-private-equity-fund-1462190580; Jacqueline Nelson, "Altas Doubles Down on Long-Term Vision with $1–Billion fundraising," *Globe and Mail*, May 2, 2016; Kirk Falconer, "Going Long: Why Altas Partners and OPTrust Invested in St. George's University," *PE Hub.com*, August 25, 2014; and Preqin.

13. Cumming, "Altas Partners Raises $1 Billion."

14. Josh Lerner and Lauren Barley, "Bay Partners (A)" and "Bay Partners (B)." Harvard Business School Case nos. 9-213-102 and 9-213-103, 2013; Dan Primack, "The Best VC Firm You Thought Was Dead and Buried," *Fortune*, August 15, 2014, http://fortune.com/2014/08/15/the-best-vc-firm-you-thought-was-dead/.

15. For a discussion of the "control rule" in the context of private capital, see Christopher Gulinello, "Venture Capital Funds, Organizational Law, and Passive Investors," *Albany Law Review* 70 (2006): 303–365.

16. See, for instance, U.S. Securities and Exchange Commission, "Summary Report of Issues Identified in the Commission Staff's Examinations of Select Credit Rating Agencies," July 2008, https://www.sec.gov/news/studies/2008/craexamination070808.pdf; Efraim Benmelech and Jennifer Dlugosz, "The Credit Rating Crisis," in Daron Acemoglu, Kenneth Rogoff, and Michael Woodford, editors, *National Bureau of Economics Macroeconomics Annual 2009* 24 (2010): 161–207; and Jie He, Jun Qian, and Philip E. Strahan, "Credit Ratings and the Evolution of the Mortgage-Backed Securities Market," *American Economic Review Papers and Proceedings* 101 (May 2011): 131–135.

17. This discussion is based on Josh Lerner and Jean Tirole, "A Better Route to Tech Standards," *Science* 343 (February 28, 2014): 972–973.

18. For an example, see the story of VITA in Thomas O. Barnett, "Business Review Letter: VITA," Antitrust Division, U.S. Department of Justice, October 30. 2006; J. Contreras, "Technical Standards and Ex-Ante Disclosure: Results and Analysis of an Empirical Study," *Jurimetrics* 53 (2013): 163–211; and numerous press accounts.

19. William M. Mercer, *Key Terms and Conditions for Private Equity Investing* (New York: William M. Mercer, 1996), 24.

20. Alison King, "US Chamber Endorses Brown, Attacks Warren," NECN, August 15, 2012, http://www.necn.com/news/politics/_NECN__US_Chamber_Endorses_Brown__Attacks_Warren_NECN-247564861.html.

21. Based on MJ Hudson, *Private Equity Fund Terms Report* (London: MJ Hudson, 2017); and Sarah Unsworth, "Hurdle Rates and Carried Interest for Private Equity Real Estate Funds," *Preqin*, August 10, 2012, https://www.preqin.com/blog/0/5539/hurdle-rates-carried-interest.

第8章　直接投资的优势与挑战

1. Preqin, "Private Equity Co-Investment Outlook," *Preqin Special Report*, November 23, 2015.

2. "Record Amounts Pour into Private Equity," *Triago Quarterly*, November 2015, http://www.triago.com/wp-content/uploads/2015/11/Triago-Quarterly_Nov_2015.pdf.

3. Canadian Pension Plan Investment Board, *Annual Reports*, Toronto, various years; Josh Lerner, Matthew Rhodes-Kropf, and Nathaniel Burbank, "Canada Pension Plan Investment Board: October 2012," Harvard Business School Case no. 813-103, 2013.

4. Oliver Gottschalg and Ludovic Phalippou, "The Performance of Private Equity Funds," *Review of Financial Studies* 22 (2009): 1747–1776.

5. Looking across all types of investments (but overwhelmingly publicly traded securities), a CEM Benchmarking survey of nineteen large pension funds found an average expense of 46 basis points (or 0.46%) for external money managers versus 8 basis points for internally managed funds (see Christine Williamson, "More Pension Funds Ponder Going In-House," *Pensions & Investments*, June 29, 2015, http://www.pionline.com/article/20150629/PRINT/306299971/more-pension-funds-ponder-going-in-house). This point is also made by Keith Ambachtsheer

("Maple Revolutionaries," *Economist*, March 3, 2012, http://www.economist.com/node/21548970).

6. Steven Malanga, "The Pension Fund That Ate California," *City Journal* (Winter 2013), https://www.city-journal.org/html/pension-fund-ate-california-13528.html.

7. This account is based on Lori McLeod, "CPPIB Makes Bid for Auckland Airport Official," *Globe and Mail*, December 13, 2007, https://www.theglobeandmail.com/report-on-business/cppib-makes-bid-for-auckland-airport-official/article1091296/; Eric Shackleton, "Auckland Airport, CPPIB Reach Settlement," *Star*, August 18, 2008, https://www.thestar.com/business/2008/08/18/auckland_airport_cppib_reach_settlement.html; and numerous other press accounts.

8. Reputation Institute, "Canada Regains First Place in Reputation Institute's Most Reputable Countries," June 29, 2017, https://www.reputationinstitute.com/CMSPages/GetAzureFile.aspx?path=~\media\media\documents\countryreptrak_pressrelease_2017.pdf&hash=e75265846c7504f2e5318e445ea471dcbd472b3970b7b0b971b034de4bff1df7.

9. This account is drawn from, among other sources, Kyle Pope, "Uneasy Boom: Norway's Oil Bonanza Stirs Fears of a Future When Wells Run Dry—as Output Climbs, Many Say Money Is Being Wasted and a Slump Lies Ahead—a Town's Varying Fortunes," *Wall Street Journal*, October 3, 1995; and Svein Gjedrem, "The Management of Petroleum Wealth," lecture at the Polytechnic Association, November 8, 2005, http://www.bis.org/review/r051116b.pdf.

10. This account is drawn from Seragen's filings with the US Securities and Exchange Commission; the annual reports of the National Association of College and University Business Officers; David Barboza, "Loving a Stock, Not Wisely but Too Well," *New York Times*, September 20, 1998, http://www.nytimes.com/1998/09/20/business/loving-a-stock-not-wisely-but-too-well.html; and Oliver v. Boston University, C.A. no. 16570-NC. (Del. Ch. Apr. 14, 2006).

11. James Iffland, "The Paradox of John Silber," *Chronicle of Higher Education*, October 1, 2012, http://www.chronicle.com/blogs/conversation/2012/10/01/the-paradox-of-john-silber/.

12. Bank of Sweden Prize in Economic Sciences in Memory of Alfred Nobel, "Markets with Asymmetric Information," October 10, 2001, http://www.nobelprize.org/nobel_prizes/economic-sciences/laureates/2001/advanced-economicsciences2001.pdf.

13. This section is based on, among other sources, Juliet Chung and Dawn Lim, "Harvard Endowment to Lay Off Half Its Staff," *Wall Street Journal*, January 25, 2017, https://www.wsj.com/articles/harvard-to-outsource-management-of-its-35-7-billion-endowment-1485363650; Bernard Condon and Nathan Vardi, "How Harvard Investing Superstars Crashed," *Forbes*, February 20, 2009, https://www.forbes.com/2009/02/20/harvard-endowment-failed-business_harvard.html; Kristopher McDaniel, "Harvard Has a Cold," *Chief Investment Officer*, April 9 2012, https://www.ai-cio.com/news/from-the-archives-harvard-has-a-cold/; and Nina Munk, "Rich Harvard, Poor Harvard," *Vanity Fair*, August 2009, https://www.vanityfair.com/news/2009/06/harvard.

14. Michael J. Sandel, *What Money Can't Buy: The Moral Limits of Markets* (New York: Farrar, Straus and Giroux, 2012).

15. Based on Munk, "Rich Harvard, Poor Harvard"; and Christopher Rowland, "How a Hedge Fund Star Lost It All," *New York Times*, August 16, 2007, http://www.nytimes.com/2007/08/16/business/worldbusiness/16iht-hedge.4.7145437.html.

16. Juliet Chung, "Former Harvard Money Whiz Jack Meyer Tries to Regain His Edge: Convexity Capital Management Has Lost $1 Billion of Its Clients' Money over the Last Few Years as Once Reliable Options Trades Backfired," *Wall Street Journal*, April 19, 2017, https://www.wsj.com/articles/under-pressure-ex-harvard-star-jack-meyer-says-its-not-time-to-quit-1492594202.

17. Michael McDonald, "Harvard Called 'Lazy, Fat, Stupid' in Endowment Report Last Year," *Bloomberg Business Week*, October 27, 2016, https://www.bloomberg.com/news/articles/2016-10-27/harvard-called-lazy-fat-stupid-in-endowment-report-last-year; Daphne C. Thompson, "Management Company Reportedly Described as 'Lazy,' 'Stupid' by Employees in 2015 Review," *Harvard Crimson*, October 28, 2016, http://www.thecrimson.com/article/2016/10/28/mckinsey-report-on-hmc-bloomberg-report/.

18. This section is based on Felda Hardymon, Ann Leamon, and Josh Lerner, "Canada Pension Plan Investment Board," Harvard Business School Case no. 809-073 (Boston: Harvard Business Publishing, 2009); and Josh Lerner, Matthew Rhodes-Kropf, and Nathaniel Burbank, "Canada Pension Plan Investment Board: October 2012," Harvard Business School Case no. 813-103, 2013.

19. Hardymon, Leamon, and Lerner, "Canada Pension Plan Investment Board," 14.

20. Richard J. Brennen, "$7M Bonus as CPPIB Loses $24B," *Toronto Star*, May 29, 2009, https://www.thestar.com/news/canada/2009/05/29/7m_bonus_as_cpp_loses_24b.html.

21. Ibid.

22. Madison Marriage, "Listed: Highest-Paid Pension Fund CEOs," *Financial Times*, February 7, 2015, https://www.ft.com/content/623683fc-ae16-11e4-919e-00144feab7de.

23. This list is drawn from numerous media accounts.

24. Lily Fang, Victoria Ivashina, and Josh Lerner, "The Disintermediation of Financial Markets: Evidence from Private Equity," *Journal of Financial Economics* 116, no. 1 (2015): 160–178.

25. Jim Edwards, "Uber's Leaked Finances Show the Company Might—Just Might—Be Able to Turn a Profit," *Business Insider*, February 27, 2017, http://www.businessinsider.com/uber-leaked-finances-accounts-revenues-profits-2017-2; Shubham Kalia and Subrat Patnaik, "Uber's Third-Quarter Net Loss Widens to $1.46 Billion: Source," *Reuters*, November 28, 2017, https://www.reuters.com/article/us-uber-results/ubers-third-quarter-net-loss-widens-to-1-46-billion-source-idUSKBN1DT0BQ.

26. This information is derived from https://www.crunchbase.com/organization/uber/funding-rounds and the various pages on that site that are linked to it.

27. Leslie Hook, "SoftBank-Led Group to Acquire $9bn Stake in Uber: Shareholders Agree to Sell 17% of Car-Booking Company at a Discount," *Financial Times*, December 28, 2017, https://www.ft.com/content/33ca6fbc-ec00-11e7-8713-513b1d7ca85a.

28. Reiner Braun, Tim Jenkinson, and Christoph Schemmerl, "Adverse Selection and the Performance of Private Equity Co-investments," working paper, 2017.

29. Josh Lerner, Jason Mao, Antoinette Schoar, and Nan Zhang, "Investing Outside the Box: Evidence from Alternative Vehicles in Private Capital," Working Paper, 2018.

30. This issue is discussed, for instance, in Marc Wyatt, "Private Equity: A Look Back and a Glimpse Ahead," May 13, 2015, https://www.sec.gov/news/speech/private-equity-look-back-and-glimpse-ahead.html.

31. "Just Say No," *Wikipedia*, https://en.wikipedia.org/wiki/Just_Say_No .

第9章 长期投资的未来

1. See, for instance, Ulf Axelson, Tim Jenkinson, Per Strömberg, and Michael Weisbach, "Borrow Cheap, Buy High? Determinants of Leverage and Pricing in Buyouts," *Journal of Finance* 68 (2013): 2223–2267; and Brad Case, "What Have 25 Years of Performance Data Taught Us about Private Equity Real Estate?," *Journal of Real Estate Portfolio Management* 21 (2015), 1–20.

2. Judith Chevalier, "Capital Structure and Product-Market competition: Empirical Evidence from the Supermarket Industry," *American Economic Review* 85 (1995): 415–435.

3. Steven Davis, John Haltiwanger, Ron Jarmin, Josh Lerner, and Javier Miranda, "Private Equity, Jobs and Productivity," in Anu Gurung and Josh Lerner, editors, *Globalization of Alternative Investments Working Papers Volume 2: Global Economic Impact of Private Equity Report 2009* (Geneva: World Economic Forum, 2009), 25–44. These results were not included in the published paper based on this working paper, but will be explored further in follow-on work.

4. Steven N. Kaplan and Per Strömberg, "Leveraged Buyouts and Private Equity," *Journal of Economic Perspectives* 23 (2009): 121–146.

5. Steven N. Kaplan and Jeremy Stein, "The Evolution of Pricing and Financial Structure in the 1980s," *Quarterly Journal of Economics* 108 (1993): 313–357.

6. Examples include Shai Bernstein, Josh Lerner, Morten Sørensen, and Per Strömberg, "Private Equity and Industry Performance," *Management Science* 63 (2016): 1198–1213; Shai Bernstein and Albert Sheen, "The Operational Consequences of Private Equity Buyouts: Evidence from the Restaurant Industry," *Review of Financial Studies* 29 (2016): 2387–2418; Steve Davis, John Haltiwanger, Ron Jarmin, Josh Lerner, and Javier Miranda, "Private Equity, Jobs and Productivity," *American Economic Review* 104 (2014): 3956–3990; Steven Kaplan, "The Effects of Management Buyouts on Operating Performance and value," *Journal of Financial Economics* 24 (1989): 217–254; and Josh Lerner, Morten Sørensen, and Per Strömberg, "Private Equity and Long-Run Investment: The Case of Innovation," *Journal of Finance* 66 (2011): 445–477. There are also multiple Harvard Business School cases on this subject by both of us.

7. Shai Bernstein, Xavier Giroud, and Richard R. Townsend, "The Impact of Venture Capital Monitoring," *Journal of Finance* 71 (2016): 1591–1622; Thomas Chemmanur, Karthik Krishnan, and Debarshi K. Nandy, "How Does Venture Capital Financing Improve Efficiency in Private Firms? A Look Beneath the Surface," *Review of Financial Studies* 24 (2011): 4037–4090; Thomas Hellmann and Manju Puri, "Venture Capital and the Professionalization of Start-Up Firms: Empirical Evidence," *Journal of Finance* 57 (2000): 169–197; Samuel Kortum and Josh Lerner, "Assessing the Contribution of Venture Capital to Innovation," *RAND Journal of Economics* 31 (2000): 674–692; Manju Puri and Rebecca Zarutskie, "On the Life Cycle Dynamics of Venture-Capital- and Non-Venture-Capital-Financed Firms," *Journal of Finance* 67 (2012): 2247–2293.

8. Davis et al., "Private Equity, Jobs and Productivity."

9. Greenwich Associates, *2015 United States Institutional Investors Report*, January 2016, https://www.greenwich.com/sites/default/files/files/reports/USII-AssetAllctn-2015-MTG.pdf.

10. International Monetary Fund, *Global Financial Stability Report*, September 2011.

11. Australian Prudential Regulation Authority, "Back Series of Annual Fund-Level Superannuation Statistics," February 2017, http://www.apra.gov.au/Super/Publications/Pages/super

annuation-fund-level-publications.aspx; Australian Bureau of Statistics, "Venture Capital and Later Stage Private Equity, Australia, 2015–16," February 2017, http://www.abs.gov.au/AUSSTATS/abs@.nsf/DetailsPage/5678.02015-16?OpenDocument.

12. For more details, see Dan Fitzpatrick, "Calpers to Exit Hedge Funds: Pension Plan to Shed $4 Billion Investment to Simplify Its Assets, Reduce Costs," *Wall Street Journal*, September 15, 2014, https://www.wsj.com/articles/calpers-to-exit-hedge-funds-1410821083; and James B. Stewart, "Hedge Funds Lose Calpers, and More," *New York Times*, September 26, 2014, https://www.nytimes.com/2014/09/27/business/in-calperss-departure-a-watershed-moment-for-hedge-funds.html.

13. Robert Teitelman, "Will Public Pensions Regret Dumping Hedge Funds?" *Institutional Investor*, February 15, 2017, http://www.institutionalinvestor.com/Article/3662075/investors-pensions/will-public-pensions-regret-dumping-hedge-funds.html?ArticleId=3662075#/.WXSocITyvIV.

14. CB Insights, *The History of CVC: From Exxon and DuPont to Xerox and Microsoft, How Corporates Began Chasing 'The Future,'* 2017, https://www.cbinsights.com/research/report/corporate-venture-capital-history.

15. Thomson Reuters, "VentureXpert Database," http://vx.thomsonib.com/NASApp/VxComponent/VXMain.jsp.

16. Paul Gompers and Josh Lerner, "The Determinants of Corporate Venture Capital Success: Organizational Structure, Incentives, and Complementarities," in Randall Morck, editor, *Concentrated Corporate Ownership* (Chicago: University of Chicago Press for the National Bureau of Economic Research, 2000), 17–50.

17. Katie Rogers, "Oberlin Students Take Culture War to the Dining Hall," *New York Times*, December 21, 2015, https://www.nytimes.com/2015/12/22/us/oberlin-takes-culture-war-to-the-dining-hall.html.

18. Examples of the former bodies include the Institutional Limited Partners Association and the International Federation of Sovereign Wealth Funds; of the latter, Invest Europe and the American Investment Council.

致谢

本书试图将过去几十年许多领域的成果汇集在一起，因此我们很难向所有贡献者致谢。我们的合作者所进行的学术研究对本书的贡献最为直接。这些合作者中最相关的是沙伊·伯恩斯坦、保罗·冈珀斯、安娜·科夫纳、方莉莉、安托瓦内特·斯考尔和戴维·沙尔夫斯坦。感谢他们允许我们在本书中使用我们共同提出的一些想法，以及塑造我们自己思想的许多对话。

本书还广泛借鉴了乔希·勒纳与费尔达·哈迪蒙（Felda Hardymon）和安·利蒙（Ann Leamon）为哈佛商学院风险投资和私募股权课程编写的许多案例研究，以及其他一些相关的教科书和案例汇编。还有一些观点利用了伊凡希娜教授的私募股权融资课程的案例。这些案例的主角慷慨地提供了他们的洞见，其中许多见解在本书中都有体现。

在世界经济论坛的支持下，我们在长期投资方面所做的各种努力也直接解决了本书中的许多问题。本书还借鉴了乔希·勒纳的咨询公司贝拉私募市场（Bella Private Markets）与长期投资者和私募资本集团合作实施的现实项目中的见解。书中有许多章节取材于安·利蒙为这些项目而做的研究。特别感谢彼得·科尼利厄斯（Peter Cornelius）、诺里·杰拉多－莱茨（Nori Gerardo-Leitz）、大卫·史文森和艾莉森·塔迪蒂（Alison Tarditi），他们在整个过程中展开了许多有益的对话，并对本书的初稿进行了评论。

我们还要感谢几位帮助完善这本书的研究人员，他们是：陈露婷（Luting Chen）、奥斯汀·米卢诺维奇（Austin Milunovich）、卡夫·莫坦迪（Kaveh Motamedy）、阿列克谢·图兹科夫（Alexey Tuzikov）和张露茜（Lucy Zhang）。贝克图书馆的凯瑟琳·瑞恩（Kathleen Ryan）像往常一样在研究各种事实和数据方面提供了很大帮助。我们的助理维多利亚·科克（Victoria Koc）和玛丽娜·扎尼亚罗维奇（Maryna Zhauniarovich）以各种方式支持了我们的工作。我们也非常感谢哈佛商学院研究部为本书提供的资金支持。